元脱脱等撰

宋史

第一三册

卷一七三至卷一八六（志）

中華書局

宋史卷一百七十三

志第一百二十六

食貨上一

農田

昔武王克商，訪箕子以治道，箕子爲之陳洪範九疇，五行五事之次，卽曰「農用八政」，八政之目，卽以食貨爲先。五行，天道也；五事，人道也。天人之道治，而國家之政興焉。是故食貨而下，五卿之職備舉於是矣：宗伯掌邦禮，祀必有食貨而後儀物備，賓必有食貨而後委積豐；司空掌邦土，民必有食貨而後可奠於厥居；司徒掌邦教，民必有食貨而後可興於禮義；司寇掌邦禁，民必有食貨而後可遠於刑罰；司馬掌邦政，兵必有食貨而後可用於征戍。其曰「農用八政」，農，食貨之本也。唐杜佑作通典，首食貨而先田制，其能推本洪範八政之意歟。

宋承唐、五季之後，太祖興，削平諸國，除藩鎮留州之法，而粟帛錢幣咸聚王畿；嚴守令勸農之條，而稻、粱、桑、枲務盡地力。至於太宗，國用殷實，輕賦薄斂之制，日與羣臣講求而行之。傳至眞宗，內則升中告成之事舉，外則和戎安邊之事滋，由是食貨之議，日盛一日。仁宗之世，契丹增幣，夏國增賜，養兵西陲，費累百萬；然帝性恭儉寡慾，故取民之制，不至掊克。神宗欲伸中國之威，革前代之弊，王安石之流進售其強兵富國之術，而青苗、保甲之令行，民始罹其害矣。哲宗元祐更化，斯民稍望休息；紹聖而後，章惇倡紹述之謀，秕政復作。徽宗既立，蔡京爲豐亨豫大之言，苛征暴斂，以濟多慾，自速禍敗。高宗南渡，雖失舊物之半，猶席東南地產之饒，足以裕國。然百五十年之間，公私粗給而已。

考其祖宗立國初意，以忠厚仁恕爲基，向使究其所爲，勉而進於王道，亦孰能禦之哉？然終宋之世，享國不爲不長，其租稅征榷，規橅節目，煩簡疏密，無以大異於前世，何哉？內則牽於繁文，外則撓於強敵，供億既多，調度不繼，勢不得已，徵求於民；謀國者處乎其間，又多伐異而黨同，易動而輕變。殊不知大國之制用，如巨商之理財，不求近效而貴遠利。宋臣於一事之行，初議不審，行之未幾，卽區區然較其失得，尋議廢格。後之所議未有以瘉於前，其後數人者，又復訾之如前。使上之爲君者莫之適從，下之爲民者無自信守，因革紛紜，非是貿亂，而事弊日益以甚矣。世謂儒者論議多於事功，若宋人之言食貨，大率然也。又謂漢文、景之殷富，得諸黃、老之淸靜，爲黃、老之學者，大忌於紛更，宋法果能然乎？時有古今，世有升降，天地生財，其數有限，國家用財，其端無窮，歸於一是，則「生之者衆，食之者寡，爲之者疾，用之者舒」之外，無他技也。

宋舊史志食貨之法，或驟試而輒已，或亟言而未行。仍之則徒重篇帙，約之則不見其始末，姑去其泰甚，而存其可爲鑒者焉。篇次離爲上下：其一曰農田，二曰方田，三曰賦稅，四曰布帛，五曰和糴，六曰漕運，七曰屯田，八曰常平義倉，九曰課役，十曰振恤。或出或入，動關民生；國以民爲本，故列之上篇焉。其一曰會計，二曰銅鐵錢，三曰會子，四曰鹽，五曰茶，六曰酒，七曰阬冶，八曰礬，九曰商稅，十曰市易，十一曰均輸，十二曰互市舶法。或損或益，有係國體；國不以利爲利，故列之下篇焉。各疏其事，二十有二目，通爲十有四卷云。

農田之制　自五代以兵戰爲務，條章多闕，周世宗始遣使均括諸州民田。太祖卽位，循用其法，建隆以來，命官分詣諸道均田，苛暴失實者輒譴黜。申明周顯德三年之令，課民種樹，定民籍爲五等，第一等種雜樹百，每等減二十爲差，桑棗半之〔一〕；男女十歲以上〔二〕種韭一畦，闊一步，長十步；乏井者，鄰伍爲鑿之；令、佐春秋巡視，書其數，秩滿，第其課爲殿最。又詔所在長吏諭民，有能廣植桑棗、墾闢荒田者，止輸舊租；縣令、佐能招徠勸課，致戶口增羨、野無曠土者，議賞。諸州各隨風土所宜，量地廣狹，土壤瘠埆不宜種藝者，不須責課。遇豐歲，則諭民謹蓋藏，節費用，以備不虞。民伐桑棗爲薪者罪之：剝桑三工以上，爲首者死，從者流三千里；不滿三工者減死配役，從者徒三年。

太宗太平興國中，兩京、諸路許民共推練土地之宜、明樹藝之法者一人，縣補爲農師，令相視田畝肥瘠及五種所宜，某家有種，某戶有丁男，某人有耕牛；卽同鄉三老、里胥召集餘夫，分畫曠土，勸令種蒔，候歲熟共取其利。爲農師者蠲稅免役。民有飮博怠於農務者，農師謹察之，白州縣論罪，以警游惰。所墾田卽爲永業，官不取其租。其後以煩擾罷。初，農時，太宗嘗令取畿內靑苗觀之，聽政之次，出示近臣。是歲，畿內菽粟苗皆長數尺。帝顧謂左右曰：「朕每念耕稼之勤，苟非兵食所資，固當盡復其租稅。」

端拱初，親耕籍田，以勸農事。然畿甸民苦稅重，兄弟旣壯乃析居，其田畝聚稅於一家，卽棄去；縣歲按所棄地除其租，已而匿他舍，冒名佃作。帝聞而思革其弊，會知封丘縣竇玭言之，乃詔賜緋魚，絹百匹；擢太子中允，知開封府司錄事，俾按察京畿諸縣田租。玭專務苛刻以求課最，民實逃亡者，亦搜索於鄰里親戚之家，益造新籍，甚爲勞擾，數月罷之。時州縣之吏多非其人，土地之利不盡出，租稅減耗，賦役不均，上下相蒙，積習成敝。乃詔：「諸知州、通判具如何均平賦稅，招輯流亡，惠恤孤貧，窒塞姦幸，凡民間未便事，限一月附疾置以聞。」而比年多稼不登，富者操奇贏之資，貧者取倍稱之息，一或小稔，富家責償愈急，稅調未畢，資儲罄然。遂令州縣戒里胥、鄉老察視，有取富民穀麥貲財，出息不得踰倍，未輸稅毋得先償私逋，違者罪之。

言者謂江北之民雜植諸穀，江南專種秔稻，雖土風各有所宜，至於參植以防水旱，亦古之制。於是詔江南、兩浙、荆湖、嶺南、福建諸州長吏，勸民益種諸穀，民乏粟、麥、黍、豆種者，於淮北州郡給之；江北諸州，亦令就水廣種秔稻，並免其租。淳化五年，宋、亳數州牛疫，死者過半，官借錢令就江、淮市牛。未至，屬時雨霑足，帝慮其耕稼失時，太子中允武允成獻踏犂，運以人力，卽分命祕書丞、直史館陳堯叟等卽其州依式製造給民。

凡州縣曠土，許民請佃爲永業，蠲三歲租，三歲外，輸三分之一。官吏勸民墾田，悉書于印紙，以俟旌賞。至道二年，太常博士、直史館陳靖上言：

先王之欲厚生民，莫先於積穀而務農，鹽鐵榷酤斯爲末矣。按天下土田，除江淮、湖湘、兩浙、隴蜀、河東諸路地里敻遠，雖加勸督，未遽獲利。今京畿周環二十三州，幅員數千里，地之墾者十纔二三，稅之入者又十無五六。復有匿里舍而稱逃亡，棄耕農而事游惰，賦額歲減，國用不充。

詔書累下，許民復業，蠲其租調，寬以歲時。然鄉縣擾之，每一戶歸業，則刺報所由。朝耕尺寸之田，暮入差徭之籍，追胥責問，繼踵而來，雖蒙蠲其常租，實無補於捐瘠。況民之流徙，始由貧困，或避私債，或逃公稅。亦既亡遯，則鄉里檢其資財，至於室廬、什器、桑棗、材木，咸計其直，或鄉官用以輸稅，或債主取以償逋；生計蕩然，還無所詣，以茲浮蕩，絕意歸耕。

如授以閑曠之田，廣募游惰，誘之耕墾，未計賦租，許令別置版圖，便宜從事；酌民力豐寡、農畝肥磽，均配督課，令其不倦。其逃民歸業，丁口授田，煩碎之事，並取大司農裁決。耕桑之外，令益樹雜木蔬果，孳畜羊犬雞豚。給授桑土，潛擬井田，營造室居，使立保伍，養生送死之具，慶弔問遺之資，並立條制。候至三五年間，生計成立，卽計戶定征，量田輸稅。若民力不足，官借糴錢，或以市餱糧，或以營耕具。凡此給受，委於司農，比及秋成，乃令償直，依時價折納，以其成數關白戶部。

帝覽之喜，令靖條奏以聞。

靖又言：「逃民復業及浮客請佃者，委農官勘驗，以給受田土，收附版籍，州縣未得議其差役；乏糧種、耕牛者，令司農以官錢給借。其田制爲三品：以膏沃而無水旱之患者爲上品，雖沃壤而有水旱之患、埆瘠而無水旱之慮者爲中品，既埆瘠復患於水旱者爲下品。上田人授百畝，中田百五十畝，下田二百畝，並五年後收其租，亦只計百畝，十收其三。一家有三丁者，請加授田，如丁數，五丁者從三丁之制，七丁者給五丁，十丁給七丁；至二十、三十丁者，以十丁爲限。若寬鄉田多，卽委農官裁度以賦之。其室廬、蔬韭及桑棗、榆柳種藝之地，每戶十丁者給百五十畝，七丁者百畝，五丁者七十畝，三丁者五十畝，不及三丁者三十畝。除桑功五年後計其租，餘悉蠲其課。」

宰相呂端謂靖所立田制，多改舊法，又大費資用，以其狀付有司。詔鹽鐵使陳恕等共議，請如靖奏。乃以靖爲京西勸農使，按行陳、許、蔡、潁、襄、鄧、唐、汝等州，勸民墾田，以大理寺丞皇甫選、光祿寺丞何亮副之。選、亮上言功難成，願罷其事。帝志在勉農，猶詔靖經度。未幾，三司以費官錢數多，萬一水旱，恐致散失，事遂寢。

眞宗景德初，詔諸州不堪牧馬閑田，依職田例招主客戶多方種蒔，以沃瘠分三等輸課。河朔戎寇之後，耕具頗闕，牛多瘠死。二年，內出踏犂式，詔河北轉運使詢於民間，如可用，則官造給之；且令有司議市牛送河北。又以兵罷，民始務農創什器，遂權除生熟鐵渡河之禁。是歲，命權三司使丁謂取戶稅條敕及臣民所陳農田利害〔三〕，與鹽鐵判官張若谷、戶部判官王曾等參詳删定，成景德農田敕五卷，三年正月上之。謂等又取唐開元中宇文融請置勸農判官〔四〕，檢戶口、田土僞濫；且慮别置官煩擾，而諸州長吏職當勸農，乃請少卿、監爲刺史、閤門使以上知州者，並兼管內勸農使，餘及通判並兼勸農事〔五〕，諸路轉運使、副兼本路勸農使。詔可。

大中祥符四年，詔曰：「火田之禁，著在禮經，山林之間，合順時令。其或昆蟲未蟄，草木猶蕃，輒縱燎原，則傷生類。諸州縣人畬田，並如鄉土舊例，自餘焚燒野草，須十月後方得縱火。其行路野宿人，所在檢察，毋使延燔。」帝以江、淮、兩浙稍旱卽水田不登，遣使就福建取占城稻三萬斛，分給三路爲種，擇民田高仰者蒔之，蓋旱稻也〔六〕。內出種法，命轉運使揭榜示民。後又種於玉宸殿，帝與近臣同觀；畢刈，又遣內侍持於朝堂示百官。稻比中國者穗長而無芒，粒差小，不擇地而生。六年，免諸路農器之稅。明年，諸州牛疫，又詔民買賣耕牛勿算；繼令羣牧司選醫牛古方，頒之天下。

天禧初，詔諸路自今候登熟方奏豐稔，或已奏豐稔而非時災沴者，卽須上聞，違者重置其罪。先是，民訴水旱者，夏以四月，秋以七月，荆湖、淮南、江浙、川峽、廣南水田不得過期，過期者吏勿受；令佐受訴，即分行檢視，白州遣官覆檢，三司定分數蠲稅，亦有朝旨特增免數及應輸者許其倚格，京畿則特遣官覆檢。太祖時，亦或遣官往外州檢視，不爲常制；傷甚，有免覆檢者。至是，又以覆檢煩擾，止遣官就田所閱視，即定蠲數。時久罷畋遊，令開封府諭民，京城四面禁圍草地，許其耕牧。二年〔七〕，詔民有孝弟力田、儲蓄歲計者，長吏倍存恤之。

初，朝議置勸農之名，然無職局。四年，始詔諸路提點刑獄朝臣爲勸農使、使臣爲副使，所至，取民籍視其差等，不如式者懲革之；勸恤農民，以時耕墾，招集逃散，檢括陷稅，凡農田事悉領焉。置局案，鑄印給之。凡奏舉親民之官，悉令條析勸農之績，以爲殿最黜陟。

自景德以來，四方無事，百姓康樂，戶口蕃庶，田野日闢。仁宗繼之，益務約己愛人。即位之初，下詔曰：「今宿麥既登，秋種向茂，其令州縣諭民，務謹蓋藏，無或妄費。」上書者言賦役未均，田制不立，因詔限田：公卿以下毋過三十頃，牙前將吏應復役者毋過十五頃，止一州之內，過是者論如違制律，以田賞告者。既而三司言：限田一州，而卜葬者牽於陰陽之說，至不敢舉事。又聽數外置墓田五頃。而任事者終以限田不便，未幾即廢。

時又禁近臣置別業京師及寺觀毋得市田。初，眞宗崩，內遣中人持金賜玉泉山僧寺市田，言爲先帝植福，後毋以爲例。繇是寺觀稍益市田。明道二年，殿中侍御史段少連言：「頃歲中人至漣水軍，稱詔市民田給僧寺，非舊制。」詔還民田，收其直入官。後承平寖久，勢官富姓，占田無限，兼并冒僞，習以成俗，重禁莫能止焉。

帝敦本務農，屢詔勸劭，觀稼於郊，歲一再出；又躬耕籍田，以先天下。景祐初，患百姓多去農爲兵，詔大臣條上兵農得失，議更其法。遣尚書職方員外郎沈厚載出懷、衞、磁、相、邢、洺、鎭、趙等州，教民種水田。京東轉運司亦言：「濟、兗間多閑田，而青州兵馬都監郝仁禹知田事，請命規度水利，募民耕墾。」從之。是秋，詔曰：「仍歲饑歉，民多失職。今秋稼甫登，方事斂穫，州縣毋或追擾，以妨農時。刑獄須證逮者速決之。」

帝每以水旱爲憂，寶元初，詔諸州旬上雨雪，著爲令。慶曆三年，詔民犯法可矜者別爲贖令，鄉民以穀麥，市人以錢帛。謂民重穀帛，免刑罰，則農桑自勸，然卒不果行。參知政事范仲淹言：「古者三公兼六卿之職，唐命相判尚書六曹，或兼諸道鹽鐵、轉運使。請於職事中擇其要者，以輔臣兼領。」於是以賈昌朝領農田，未及施爲而仲淹罷，事遂止。皇祐中，於苑中作寶岐殿，每歲召輔臣觀刈穀麥，自是罕復出郊矣。

帝聞天下廢田尚多，民罕土著，或棄田流徙爲閑民。天聖初，詔民流積十年者，其田聽人耕，三年而後收賦〔八〕，減舊額之半；後又詔流民能自復者，賦亦如之。既而又與流民限，百日復業，蠲賦役，五年減舊賦十之八；期盡不至，聽他人得耕。至是，每下赦令，輒以招輯流亡、募人耕墾爲言。民被災而流者，又優其蠲復，緩其期招之。詔諸州長吏、令佐能勸民修陂池、溝洫之久廢者，及墾闢荒田、增稅二十萬已上，議賞；監司能督責部吏經畫，賞亦如之。

久之，天下生齒益蕃，闢田益廣。獨京西唐、鄧間尚多曠土，入草莽者十八九，或請徙戶實之，或議置屯田，或欲遂廢唐州爲縣。嘉祐中，唐守趙尚寬言土曠可闢，民希可招，而州不可廢。得漢邵信臣〔九〕故陂渠遺跡而修復之，假牛犂、種食以誘耕者，勸課勞來。歲餘，流民自歸及淮南、湖北之民至者二千餘戶；引水溉田幾數萬頃，變磽瘠爲膏腴。監司上其狀，三司使包拯亦以爲言，遂留再任。治平中，歲滿當去。英宗嘉其勤，且倚以興輯，特進一官，賜錢二十萬，復留再任。時患守令數易，詔察其有實課者增秩再任，而尚寬應詔爲天下倡。後太守高賦繼之，亦以能勸課被奬，留再任。

天下墾田：景德中，丁謂著會計錄云，總得一百八十六萬餘頃。以是歲七百二十二萬餘戶〔一〇〕計之，是四戶耕田一頃，繇是而知天下隱田多矣。又川峽、廣南之田，頃畝不備，第以五賦約之。至天聖中，國史則云：開寶末，墾田二百九十五萬二千三百二十頃六十畝；至道二年，三百一十二萬五千二百五十一頃二十五畝；天禧五年，五百二十四萬七千五百八十四頃三十二畝。而開寶之數乃倍於景德，則謂之所錄，固未得其實。皇祐、治平，三司皆有會計錄，而皇祐中墾田二百二十八萬餘頃，治平中四百四十萬餘頃，其間相去不及二十年，而墾田之數增倍。以治平數視天禧則猶不及，而敍治平錄者以謂此特計其賦租以知頃畝之數，而賦租所不加者十居其七。率而計之，則天下墾田無慮三千餘萬頃。是時，累朝相承，重於擾民，未嘗窮按，故莫得其實，而廢田見於籍者猶四十八萬頃。

治平四年，詔曰：「歲比不登，今春時雨，農民桑蠶、穀麥，衆作勤勞，一歲之功，併在此時。其委安撫、轉運司敕戒州縣吏，省事息民，無奪其時。」「諸路逃田三十年者除其稅十四，四十年以上十五，五十年以上六分，百年以上七分；佃及十年輸五分，二十年輸七分，著爲令。」

神宗熙寧元年，襄州宜城令朱紘復修木渠，溉田六千頃，詔遷一官。權京西轉運使謝景温言：「在法，請田戶五年內科役皆免。今汝州四縣客戶，不一二年便爲舊戶糾抉，與之同役，因此即又逃竄，田土荒萊。欲乞置墾田務，差官專領，籍四縣荒田，召人請射。更不以其人隸屬諸縣版籍，須五年乃撥附，則五年內自無差科。如招及千戶以上者，優獎。」詔不置務，餘從所請。

明年，分遣諸路常平官，使專領農田水利。吏民能知土地種植之法，陂塘、圩埠、堤堰、溝洫利害者，皆得自言；行之有效，隨功利大小酬賞。民占荒逃田若歸業者，責相保任，逃稅者保任爲輸之。已行新法縣分，田土頃畝、川港陂塘之類，令、佐受代，具墾闢開修之數授諸代者，令照籍有實乃代。

中書議勸民栽桑。帝曰：「農桑，衣食之本。民不敢自力者，正以州縣約以爲貲，升其戶等耳。宜申條禁。」於是司農寺請立法，先行之開封，視可行，頒於天下。民種桑柘毋得增賦。安肅廣信順安軍、保州，令民即其地植桑榆或所宜木，因可限閡戎馬。官計其活茂多寡，得差減在戶租數，活不及數者罰，責之補種。

興修水利田，起熙寧三年至九年，府界及諸路凡一萬七百九十三處，爲田三十六萬一千一百七十八頃有奇。神宗元豐元年，詔開廢田，興水利〔二〕，民力不能給役者，貸以常平錢穀，京西南路流民買耕牛者免征。五年，都水使者范子淵奏：「自大名抵乾寧，跨十五州，河徙地凡七千頃，乞募人耕種。」從之。

哲宗卽位，宣仁太后臨朝，首起司馬光爲門下侍郎，委之以政。詔天下臣民皆得以封事言民間疾苦。光抗疏曰：「四民之中，惟農最苦，寒耕熱耘，霑體塗足，戴日而作〔三〕，戴星而息；蠶婦治繭、績麻、紡緯，縷縷而積之，寸寸而成之，其勤極矣。而又水旱、霜雹、蝗蜮間爲之災，幸而收成，公私之債，交爭互奪。穀未離場，帛未下機，已非己有，所食者糠籺而不足，所衣者綈褐而不完。直以世服田畝，不知舍此之外有何可生之路耳。而況聚斂之臣，於租稅之外，巧取百端，以邀功賞。青苗則彊散重斂，給陳納新；免役則刻剝窮民，收養浮食；保甲則勞於非業之作；保馬則困於無益之費，可不念哉！今者濬發德音，使畎畝之民得上封事。雖其言辭鄙雜，皆身受實患，直貢其誠，不可忽也。」

初，熙寧六年，立法勸民栽桑，有不趨令，則倣屋粟、里布爲之罰。然長民之吏不能究宣德意，民以爲病。至是，楚丘民胡昌等言其不便，詔罷之，且蠲所負罰金。興平縣抑民田爲牧地，民亦自言，詔悉還之。元祐四年，詔：「瀕河州縣，積水冒田，在任官能爲民經畫疏導溝畎，退出良田自百頃至千頃，第賞。」

崇寧中，廣南東路轉運判官王覺，以開闢荒田幾及萬頃，詔遷一官。其後，知州、部使者以能課民種桑棗者，率優其第秩焉。政和六年，立管幹圩岸、圍岸官法，在官三年，無隳損堙塞者賞之。京畿提點刑獄王本言：「前任提舉常平，根括諸縣天荒瘠鹵地一萬二千餘頃入稻田務，已佃者五千三百餘頃，尙慮令、佐不肯究心。」詔比開墾鹻地格推賞。平江府興修圍田二千餘頃，令、佐而下以差減磨勘年。

八年，權淮南、江、浙、荆湖制置發運使任諒奏：「高郵軍有逃田四百四十六頃，楚州九百七十四頃，泰州五百二十七頃，平江府四百九十七頃，以六路計之，何可勝數。欲諸縣專選官按籍根括。」詔逃田可專委縣丞〔三〕，無丞處委他官，餘並從之。

宣和二年，臣僚上言：「監司、守令官帶勸農，莫副上意，欲立四證驗之：按田萊荒治之迹，較戶產登降之籍，驗米穀貴賤之價，考租賦盈虧之數。四證具，則其實著矣。」命中書審定取旨。五年，詔：「江東轉運司根括到逃田一百六十頃一十六畝，兩浙根括到四百五十六頃，召人出租，專充今年增屯戍兵衣糧。」初，政和中，品官限田，一品百頃，以差降殺，至九品爲十頃〔四〕；限外之數，並同編戶差科。七年，又詔：「內外宮觀捨置田，在京不得過五十頃，在外不得過三十頃，不免科差、徭役、支移。雖奉御筆，許執奏不行。」

建炎元年五月，高宗卽位，命有司招誘農民，歸業者振貸之，蠲欠租，免耕牛稅。三年，廣州州學教授林勳獻本政書十三篇，大略謂：「國朝兵農之政，大抵因唐末之故。今農貧而多失職，兵驕而不可用，是以饑民竄卒，類爲盜賊。宜倣古井田之制，使民一夫占田五十畝，其有羨田之家毋得市田；其無田與游惰末作者，皆使爲隸農，以耕田之羨者〔一五〕。雜紐錢穀，以爲什一之稅。本朝二稅之數，視唐增至七倍。今本政之制，每十六夫爲一井，提封百里，爲三千四百井，率稅米五萬一千斛，錢萬二千緡。每井賦二兵一馬，率爲兵六千八百人，馬三千四百匹。此方百里之縣所出賦稅之數。歲取五之一以爲上番之額，以給征役；無事則又分爲四番，以直官府，以給守衛。是民凡三十五年，而役始一徧也。悉上則歲食米萬九千餘斛，錢三千六百餘緡，無事則減四分之三，皆以一同之租稅供之。匹婦之貢，絹三尺，綿一兩，百里之縣，歲收絹四千餘匹，綿三千四百斤〔一六〕；非蠶鄉則布六尺，麻二兩，所收視綿絹倍之。行之十年，則民之口算，官之酒酤，與凡茶、鹽、香、礬之榷，皆可弛以予民。」其說甚備。尋以勳爲桂州節度掌書記。

建炎以來，內外用兵，所在多逃絕之田。紹興二年四月，詔兩浙路收買牛具，貸淮東人戶。七月，詔：知興國軍王綯、知永興縣陳升率先奉詔誘民墾田，各增一秩。三年九月，戶部言：「百姓棄產，已詔二年外許人請射，十年內雖已請射及充職田者，並聽歸業。孤幼及親屬應得財產者，守令驗實給還，冒占者論如律。州縣奉行不虔，監司按劾。」從之。先是，臣僚言：「近詔州縣拘籍被虜百姓稅賦，而苛酷之吏不考其實，其間有父母被虜兒女存者，有中道脫者，有全家被虜而親屬偶歸者，一概籍沒，人情皇皇。」故有是命。十月，募佃江東、西閑田，三等定租：上田畝輸米一斗五升，中田一斗，下田七升。四年，貸廬州民錢萬緡，以買耕牛。

五年五月，立守令墾田殿最格，殘破州縣墾田增及一分，郡守升三季名次，增及九分，遷一官；虧及一分，降三季名次，虧及九分，鐫一官。縣令差減之。增虧各及十分者，取旨賞罰。其後以兩淮、荆湖等路民稍復業，而曠土尚多，戶部復立格上之：每州增墾田千頃，縣半之，守宰各進一秩；州虧五百頃，縣虧五之一，皆展磨勘年。詔頒之諸路。增，謂荒田開墾者；虧，謂熟田不因災傷而致荒者。又令縣具歸業民數及墾田多寡，月上之州，州季上轉運，轉運歲上戶部，戶部置籍以考之。七月，都督行府言：「潭、鼎、岳、澧、荆南歸業之民，其田已佃者，以附近閑田與之，免三年租稅；無產願受閑田者，亦與之。」上諭輔臣曰：「淮北之民襁負而至，亦可給田，以廣招徠之意。」

六年，減江東諸路逃田稅額。知平江府章誼言：「民所甚苦者，催科無法，稅役不均。彊宗巨室阡陌相望，而多無稅之田，使下戶爲之破產。乞委通判一員均平賦役。」九年，宗正少卿方庭實言：「中原士民奔迸南州，十有四年，出違十年之限及流徙僻遠卒未能歸者，望詔有司別立限年。」戶部議：「自新復降赦日爲始〔一七〕，再期五年，如期滿無理認者，見佃人依舊承佃。中原士民流寓東南，往往有墳墓，或官拘籍，或民冒占，便行給還。」從之。十一年，復買牛貸淮南農戶。

十二年，左司員外郎李椿年言經界不正十害，且言：「平江歲入昔七十萬有奇，今按籍雖三十九萬斛〔八〕，然實入纔二十萬耳。詢之土人，皆欺隱也。望考按覈實，自平江始，然後施之天下，則經界正而仁政行矣。」上謂宰執曰：「椿年之論，頗有條理。」秦檜亦言其說簡易可行。程克俊曰：「比年百姓避役，正緣經界不正，行之，乃公私之利。」以椿年爲兩浙路轉運副使，措置經界。椿年請先往平江諸縣，俟就緒卽往諸州，要在均平，爲民除害，不增稅額。十三年，以提舉洪州玉隆觀胡思、直顯謨閣徐林議沮經界，停官遠徙。以民田不上稅簿者沒官，稅簿不謹書者罪官吏。時量田不實者，罪至徒、流，江山尉汪大猷白椿年曰：「法峻，民未喻，固有田少而供多者，願許陳首追正。」椿年爲之輕刑、省費甚衆。

十四年，以椿年權戶部侍郎，措置經界。尋以母憂去，以兩浙轉運副使王鈇權戶部侍郎措置。十五年，詔戶部及所遣官委曲措置，務使賦稅均而無擾。又因興國軍守臣宋時言，詔諸州縣違期歸業者，其田已佃及官賣者，卽以官田之可耕者給還。十六年，王鈇以疾罷。十七年，復以李椿年權戶部侍郎，措置經界。先是，眞州兵燼之餘，瘡痍未復，洪興祖爲守，請復租一年〔九〕，明年又請復之，自是流民寖歸。十八年，墾荒田至七萬餘畝。

十九年，詔敕令所删定官鄭克行四川經界法。克頗峻責州縣，所謂「省莊田」者，雖蔬果、桑柘莫不有征，而邛、蜀民田至什稅其伍。通判嘉州楊承曰：「仁政而虐行之，非法意也。上不違令，下不擾民，則仁政得矣。」召諸邑令謂曰：「平易近民，美成在久，其謹行之。無愧於心，何畏焉？」事迄成，爲列郡最。其後，民有訴不均者，殿中侍御史曹筠劾椿年，罷之。上謂秦檜曰：「若下田受重稅，將無以輸。」檜曰：「臣已諭戶部侍郎宋貺，有未均處亟與改正。」二十年，詔：兩淮沃壤宜穀，置力田科，募民就耕，以廣官莊。知資州楊師錫言：有司奉行失當，田畝不分腴瘠，市居丈尺隙田，亦充稅產。於是降詔曰：「椿年乞行經界，去民十害，今聞寖失本意。凡便民者依已行，害民者與追正。」二十一年四月，宋貺罷。二十六年正月，上謂輔臣曰：「經界事李椿年主之，若推行就緒，不爲不善。今諸路往往中輟，願得一通曉經界者款曲議之。」會潼川府轉運判官王之望上書，言蜀中經界利害甚悉。明年，以之望提點刑獄，畢經界事。

三月，戶部言：「蜀地狹人夥，而京西、淮南膏腴官田尙多，乞許人承佃〔一〇〕，官貸牛、種，八年乃償。並邊免租十年，次邊半之，滿三年與其業。願往者給據津發。」上曰：「善。但貧民乍請荒田，安能便得牛、種？若不從官貸，未免爲虛文，可令相度支給。」四月，通判安豐軍王時升言：「淮南土皆膏腴，然地未盡闢、民不加多者，緣豪強虛占良田，而無偏耕之力；流民襁負而至，而無開耕之地。望凡荒閑田許人剗佃。」戶部議：期以二年，未墾者即如所請；京西路如之。詔以時升爲司農寺丞。十月，用御史中丞湯鵬舉言，離軍添差之人，授以江、淮、湖南荒田，人一頃，爲世業。所在郡以一歲奉充牛、種費，仍免租稅十年，丁役二十年。

二十八年，王之望言：「去年分遣官詣經界不均縣裁正，今已迄事。此後吏民尚敢扇搖以疑百姓者，乞重寘于法。」從之。二十九年，知潭州魏良臣言：「本州歸業之民，以熟田爲荒，不輸租。今令結甲輸稅，自明年始，不實，許人告，以其田賞之。」戶部議：「期踰百日，依匿稅法。」詔可。三十年，初令純州平江縣民實田輸稅，畝輸米二升四合。

孝宗隆興元年，詔：「凡百姓逃棄田宅，出二十年無人歸認者，依戶絕法。」乾道元年正月，都省言：「淮民復業，宜先勸課農桑。令、丞植桑三萬株至六萬株，守、倅部內植二十萬株以上，並論賞有差。」二月，三省、樞密院言：「歸正人貧乏者散居兩淮，去冬淮民種麥甚廣，逃亡未歸，無人收穫。」詔諸郡量口均給，其已歸業者毋例擾之。四年，知鄂州李椿奏：「州雖在江南，荒田甚多，請佃者開墾未幾，便起毛稅，度田追呼，不任其擾，旋卽逃去。今欲召人請射，免稅三年；三年之後爲世業，三分爲率，輸苗一分，更三年增一分，又三年全輸。歸業者別以荒田給之。」又詔楚州給歸正人田及牛具、種糧錢五萬緡。

六年二月，詔曰：「朕深惟治不加進，思有以正其本者。今欲均役法，嚴限田，抑游手，務農桑。凡是數者，卿等二三大臣爲朕任之。」十有二月，監進奏院李結獻治田三議：一曰務本，二曰協力，三曰因時。大略謂：「浙西低田恃堤爲固，若堤岸高厚，則水不能入。乞於蘇、湖、常、秀諸州水田塘浦要處，官以錢米貸田主，乘此農隙，作堰增令高闊，則堤成而水不爲患。方此饑饉，俾食其力，因其所利而利之。秋冬旱涸，涇浜斷流，車畎修築，尤爲省力。」詔令胡堅常相度以聞。其後，戶部以三議切當，但工力浩瀚，欲曉有田之家，各依鄉原畝步出錢米與租田之人，更相修築，庶官無所費，民不告勞。從之。

七年二月，知揚州晁公武奏：「朝廷以沿淮荒殘之久，未行租稅，民復業與創戶者，雖阡陌相望，然聞之官者十纔二三，咸懼後來稅重。昔晚唐民務稼穡則增其租，故播種少；吳越民墾荒田而不加稅，故無曠土。望詔兩淮更不增賦，庶民知勸。」詔可。十月，司馬伋請勸民種麥，爲來春之計。於是詔江東西、湖南北、淮東西路帥漕，官爲借種及諭大姓假貸農民廣種，依賑濟格推賞，仍上已種頃畝，議賞罰。九年，王之奇奏增定力田賞格，募人開耕荒田，給官告綾紙以備書塡，及官會十萬緡充農具等用。以種糧不足，又詔淮東總領所借給稻三萬石。

淳熙五年，詔：「湖北佃戶開墾荒田，止輸舊稅。若包占頃畝，未悉開耕，詔下之日，期以二年，不能徧耕者拘作營田，其增稅、刬佃之令勿行。」六年五月，提舉浙西常平茶鹽顏師魯奏：「設勸課之法，欲重農桑、廣種植也。今鄉民於己田連接閒曠磽确之地，墾成田園，用力甚勤。或以未陳起稅，爲人所訟，卽以盜耕罪之，何以勸力田哉？止宜實田起稅，非特可戢告訐之風，亦見盛世重農之意。」詔可。十有一月，臣僚奏：「比令諸路帥、漕督守令勸諭種麥，歲上所增頃畝。然土有宜否，湖南一路唯衡、永等數郡宜麥，餘皆文具。望止諭民以時播種，免其歲上增種之數，庶得勸課之實。」

七年，復詔兩浙、江、淮、湖南、京西路帥、漕臣督守令勸民種麥，務要增廣。自是每歲如之。八年五月，詔曰：「迺者得天之時，蠶麥旣登，及命近甸取而視之，則穟短繭薄，非種植風厲之功有所未至歟？朕將稽勤惰而詔賞罰焉。」是歲連雨，下田被浸，詔兩浙諸州軍與常平司措置，再借種糧與下戶播種，毋致失時。十有一月，輔臣奏：「田世雄言，民有麥田，雖墾無種，若貸與貧民，猶可種春麥。臣僚亦言，江、浙旱田雖已耕，亦無麥種。」於是詔諸路帥、漕、常平司，以常平麥貸之。

先是，知揚州鄭良嗣言：「兩淮民田，廣至包占，多未起稅。朝廷累限展首，今限滿適旱，乞更展一年。」詔如其請。九年，著作郎袁樞振兩淮還，奏：「豪民占田不知其數〔三〕，二稅旣免，止輸穀帛之課。力不能墾，則廢爲荒地；他人請佃，則以疆界爲詞，官無稽考。是以野不加闢，戶不加多，而郡縣之計益窘。望詔州縣畫疆立券，占田多而輸課少者，隨畝增之；其餘閑田，給與佃人，庶幾流民有可耕之地，而田萊不至多荒。」

紹熙元年，初，朱熹爲泉之同安簿，知三郡經界不行之害。至是，知漳州。會臣僚請行閩中經界，詔監司條具，事下郡。熹訪問講求，纖悉備至。乃奏言：「經界最爲民間莫大之利，紹興已推行處，公私兩利，獨泉、漳、汀未行。臣不敢先一身之勞逸，而後一州之利病，切獨任其必可行也。然必推擇官吏，委任責成；度量步畝，算計精確；畫圖造帳，費從官給；隨產均稅，特許過鄉通縣均紐，庶幾百里之內，輕重齊同。今欲每畝隨九等高下定計產錢，而合一州租稅錢米之數，以產錢爲母，每文輸米幾何，錢幾何，止於一倉一庫受納。既輸之後，却視元額分隸爲省計，爲職田，爲學糧，爲常平，各撥入諸倉庫。版圖一定，則民業有經矣。但此法之行，貧民下戶固所深喜，然不能自達其情；豪家猾吏實所不樂，皆善爲說辭，以惑羣聽；賢士大夫之喜安靜、厭紛擾者，又或不深察而望風沮怯，此則不能無慮。」輔臣請行于漳州。明年春，詔漕臣陳公亮同熹協力奉行。會農事方興，熹益加講究，冀來歲行之。細民知其不擾而利於己，莫不鼓舞，而貴家豪右占田隱稅、侵漁貧弱者，胥爲異論以搖之，前詔遂格。熹請祠去。五年，蠲廬州旱傷百姓貸稻種三萬二千一百石。

慶元元年二月，上以歲凶，百姓飢病，詔曰：「朕德菲薄，饑饉荐臻，使民阽於死亡，夙夜慘怛，寧敢諉過於下耶？顧使者、守令所與朕分寄而共憂也，乃涉春以來，聞一二郡老稚乏食，去南畝，捐溝壑，咎安在耶？豈振給不盡及民歟？得粟者未必饑，饑者未必得歟？偏聚於所近，不能均濟歟？官吏視成而不自省歟？其各悉意措畫，務使實惠不壅，毋以虛文蒙上，則朕汝嘉。」

寧宗開禧元年，夔路轉運判官范蓀言：「本路施、黔等州荒遠，綿亘山谷，地曠人稀，其占田多者須人耕墾，富豪之家誘客戶舉室遷去。乞將皇祐官莊客戶逃移之法校定：凡爲客戶者，許役其身，毋及其家屬；凡典賣田宅，聽其離業，毋就租以充客戶；凡貸錢，止憑文約交還，毋抑勒以爲地客；凡客戶身故、其妻改嫁者，聽其自便，女聽其自嫁。庶使深山窮谷之民，得安生理。」刑部以皇祐逃移舊法輕重適中，可以經久，淳熙比附略人之法太重，今後凡理訴官莊客戶，並用皇祐舊法。從之。

嘉定八年，左司諫黃序奏：「雨澤愆期，地多荒白。知餘杭縣趙師恕請勸民雜種麻、粟、豆、麥之屬，蓋種稻則費少利多，雜種則勞多獲少。慮收成之日，田主欲分，官課責輸，則非徒無益；若使之從便雜種，多寡皆爲己有，則不勸而勤，民可無饑。望如所陳，下兩浙、兩淮、江東西等路，凡有耕種失時者並令雜種，主毋分其地利，官毋取其秋苗，庶幾農民得以續食，官免振救之費。」從之。

知婺州趙懇夫行經界於其州，整有倫緒，而懇夫報罷。士民相率請于朝，乃命趙師嵒繼之。後二年，魏豹文代師嵒爲守，行之益力。於是向之上戶析爲貧下之戶，實田隱爲逃絕之田者，粲然可考。凡結甲册、戶產簿、丁口簿、魚鱗圖、類姓簿二十三萬九千有奇，創庫匱以藏之，歷三年而後上其事于朝。

淳祐二年九月，敕曰：「四川累經兵火，百姓棄業避難，官以其曠土權耕屯以給軍食，及民歸業，占據不還。自今凡民有契券，界至分明，所在州縣屯官隨即歸還。其有違戾，許民越訴，重罪之。」

六年，殿中侍御史兼侍講謝方叔言：

豪強兼并之患，至今日而極，非限民名田有所不可，是亦救世道之微權也。國朝駐蹕錢塘，百有二十餘年矣。外之境土日荒，內之生齒日繁，權勢之家日盛，兼并之習日滋，百姓日貧，經制日壞，上下煎迫，若有不可爲之勢。所謂富貴操柄者，若非人主之所得專，識者懼焉。夫百萬生靈資生養之具，皆本於穀粟，而穀粟之產，皆出於田。今百姓膏腴皆歸貴勢之家，租米有及百萬石者；小民百畝之田，頻年差充保役，官吏誅求百端，不得已，則獻其產於巨室，以規免役。小民田日減而保役不休，大官田日增而保役不及。以此弱之肉，彊之食，兼并寖盛，民無以遂其生。於斯時也，可不嚴立經制以爲之防乎？

去年，諫官嘗以限田爲說，朝廷付之悠悠。不知今日國用邊餉，皆仰和糴。然權勢多田之家，和糴不容以加之，保役不容以及之。敵人睥睨於外，盜賊窺伺於內，居此之時，與其多田厚貲不可長保，曷若捐金助國共紓目前？在轉移而開導之耳。乞諭二三大臣，摭臣僚論奏而行之，使經制以定，兼并以塞，于以尊朝廷，于以裕國計。陛下勿牽貴近之言以搖初意，大臣勿避仇怨之多而廢良策，則天下幸甚。

從之。

十一年九月，赦曰：「監司、州縣不許非法估籍民產，戒非不嚴，而貪官暴吏，往往不問所犯輕重，不顧同居有分財產，壹例估籍，殃及平民。或戶絕之家不與命繼；或經陳訴許以給還，輒假他名支破，竟成乾沒；或有典業不聽收贖，遂使產主無辜失業。違戾官吏，重寘典憲。」是歲，信常饒州、嘉興府舉行經界。

景定元年九月，赦曰：「州縣檢校孤幼財產，往往便行侵用，洎至年及陳乞，多稱前官用過，不即給還。自今如尚違戾，以吏業估償，官論以違制，不以去官、赦、降原減。」

咸淳元年，監察御史趙順孫言：「經界將以便民，雖窮閻下戶之所深願，而未必豪宗大姓之所盡樂。自非有以深服其心，則亦何以使其情意之悉孚哉？且今之所謂推排，非昔之所謂自實也。推排者，委之鄉都，則徑捷而易行；自實者，責之於人戶，則散漫而難集。嘉定以來之經界，時至近也，官有正籍，鄉都有副籍，彪列昈分，莫不具在，爲鄉都者不過按成牘而更業主之姓名。若夫紹興之經界，其時則遠矣，其籍之存者寡矣。因其鱗差櫛比而求焉，由一而至百，由百而至千，由千而至萬，稽其畝步，訂其主佃，亦莫如鄉都之便也。朱熹所以主經界而闢自實者，正謂是也。州縣能守朝廷鄉都任責之令，又隨諸州之便宜而爲之區處，當必人情之悉孚，不令而行矣。」從之。

三年，司農卿兼戶部侍郎季鏞言：「夫經界嘗議修明矣，而修明卒不行；嘗令自實矣，而自實卒不竟。豈非上之任事者每欲避理財之名，下之不樂其成者又每倡爲擾民之說。故寧坐視邑政之壞，而不敢詰猾吏姦民之欺；寧忍取下戶之苛，而不敢受豪家大姓之怨。蓋經界之法，必多差官吏，必悉集都保，必徧走阡陌，必盡量步畝，必審定等色，必紐折計等，姦弊轉生，久不迄事。乃若推排之法，不過以縣統都，以都統保，選任才富公平者，訂田畝稅色，載之圖冊，使民有定產，產有定稅，稅有定籍而已。臣守吳門，已嘗見之施行。今聞紹興亦漸就緒，湖南漕臣亦以一路告成。竊謂東南諸郡，皆奉行惟謹。其或田畝未實，則令鄉局釐正之；圖冊未備，則令縣局程督之。又必郡守察縣之稽違，監司察郡之怠弛，嚴其號令，信其賞罰，期之秋冬以竟其事，責之年歲以課其成，如周官日成、月要、歲會以綜核之。」於是詔諸路漕、帥施行焉。

大抵南渡後水田之利，富於中原，故水利大興。而諸籍沒田募民耕者，皆仍私租舊額，每失之重，輸納之際，公私事例迥殊。私租額重而納輕，承佃猶可；公租額重而納重，則佃不堪命。州縣胥吏與倉庾百執事之人，皆得爲侵漁之道於耕者也。季世金人乍和乍戰，戰則軍需浩繁，和則歲幣重大，國用常苦不繼，於是因民苦官租之重，命有司括賣官田以給用。其初弛其力役以誘之，其終不免於抑配，此官田之弊也。嘉定以後，又有所謂安邊所田，收其租以助歲幣。至其將亡，又限民名田，買其限外所有，謂之公田。初議欲省和糴以紓民力，而其弊極多，其租尤重；宋亡，遺患猶不息也。凡水田、官田之法，公田見於史者，彙其始末而悉載于篇，有足鑒者焉。

紹興元年，詔宣州、太平州守臣修圩。二年，以修圩錢米及貸民種糧，並於宣州常平、義倉米撥借。三年，定州縣圩田租額充軍儲。建康府永豐圩租米，歲以三萬石爲額。圩四至相去皆五六十里，有田九百五十餘頃，近歲墾田不及三之一。至是，始立額。

五年，江東帥臣李光言：「明、越之境，皆有陂湖，大抵湖高於田，田又高於江、海。旱則放湖水溉田，澇則決田水入海，故無水旱之災。本朝慶曆、嘉祐間，始有盜湖爲田者，其禁甚嚴。政和以來，創爲應奉，始廢湖爲田。自是兩州之民，歲被水旱之患。餘姚、上虞每縣收租不過數千斛，而所失民田常賦，動以萬計。莫若先罷兩邑湖田。其會稽之鑑湖、鄞之廣德湖、蕭山之湘湖等處尚多，望詔漕臣盡廢之。其江東、西圩田，蘇、秀圍田，令監司守令條上。」於是詔諸路漕臣議之。其後議者雖稱合廢，竟仍其舊。

初，五代馬氏於潭州東二十里，因諸山之泉，築堤瀦水，號曰龜塘，溉田萬頃。其後堤壞，歲旱，民皆阻飢。七年，守臣呂頤浩始募民修復，以廣耕稼。十六年，知袁州張成己言：「江西良田，多占山岡，望委守令講陂塘灌溉之利。」其後比部員外郎李泳〔三〕言，淮西高原處舊有陂塘，請給錢米，以時修濬。知江陰軍蔣及祖亦請濬治本軍五卸溝以洩水，修復橫河支渠以溉旱。乃並詔諸路常平司行之，每季以施行聞。

二十三年，諫議大夫史才言：「浙西民田最廣，而平時無甚害者，太湖之利也。近年瀕湖之地，多爲兵卒侵據，累土增高，長堤彌望，名曰壩田。旱則據之以漑，而民田不沾其利；澇則遠近泛濫，不得入湖，而民田盡沒。望盡復太湖舊迹，使軍民各安，田疇均利。」從之。二十四年，大理寺丞周環〔三〕言：「臨安、平江、湖、秀四州下田，多爲積水所浸。緣溪山諸水倂歸太湖，自太湖分二派：東南一派由松江入于海，東北一派由諸浦注之江。其沿江泄水，惟白茅一浦最大。今泥沙淤塞，宜決浦故道，俾水勢分派流暢，實四州無窮之利。」詔兩浙漕臣視之。

二十八年，兩浙轉運副使趙子潚、知平江府蔣璨言：「太湖者，數州之巨浸，而獨洩以松江之一川，宜其勢有所不逮。是以昔人於常熟之北開二十四浦，疏而導之江；又於崑山之東開一十二浦，分而納之海。三十六浦後爲潮汐沙積，而開江之卒亦廢，於是民田有淹沒之患。天聖間，漕臣張綸嘗於常熟、崑山各開衆浦；景祐間，郡守范仲淹亦親至海浦，濬開五河；政和間提舉官趙霖復嘗開濬。今諸浦湮塞，又非前比，計用工三百三十餘萬，錢三十三萬餘緡，米十萬餘斛。」於是詔監察御史任古復視之。既而古至平江言：「常熟五浦通江誠便，若依所請，以五千功，月餘可畢。」詔以激賞庫錢、平江府上供米如數給之。二十九年，子潚又言：「父老稱福山塘與丁涇地勢等，若不濬福山塘，則水必倒注于丁涇。」乃命倂濬之。

隆興二年八月，詔：「江、浙水利，久不講修，勢家圍田，堙塞流水。諸州守臣按視以聞。」於是知湖州鄭作肅、知宣州許尹、知秀州姚憲、知常州劉唐稽並乞開圍田，濬港瀆。詔湖州委朱夏卿，秀州委曾愭，平江府委陳彌作，常州、江陰軍委葉謙亨，宣州、太平州委沈樞措置。九月，刑部侍郎吳芾言：「昨守紹興，嘗請開鑑湖廢田二百七十頃，復湖之舊，水無泛溢，民田九千餘頃，悉獲倍收。今尚有低田二萬餘畝，本亦湖也，百姓交佃，畝直纔兩三緡。欲官給其半，盡廢其田，去其租。」戶部請符浙東常平司同紹興府守臣審細標遷。從之。

乾道二年四月，詔漕臣王炎開浙西勢家新圍田，草蕩、荷蕩、菱蕩及陂湖溪港岸際旋築塍畦、圍裹耕種者，所至守令同共措置。炎既開諸圍田，凡租戶貸主家種糧債負，並奏蠲之。六月，知秀州孫大雅代還，言：「州有柘湖、澱山湖、當湖、陳湖，支港相貫，西北可入于江，東南可達于海。旁海農家作壩以却鹹潮，雖利及一方，而水患實害鄰郡；設疏導之，則又害及旁海之田。若於諸港浦置牐啓閉，不惟可以洩水，而旱亦獲利。然工力稍大，欲率大姓出錢，下戶出力，於農隙修治之。」於是以兩浙轉運副使姜詵與守臣視之，詵尋與秀常州、平江府、江陰軍條上利便。詔：「秀州華亭縣張涇牐并澱山東北通陂塘港淺處，俟今年十一月興修；江陰軍、常州蔡涇牐及申港，明年春興修；利港俟休役一年興修；平江府姑緩之。」三年三月，詵使還，奏：「開濬畢功，通洩積水，久浸民田露出塍岸。臣已諭民趁時耕種。恐下戶闕本，良田復荒，望令浙西常平司貸給種糧。」又奏措置、提督、監修等官知江陰軍徐藏等減磨勘年有差。

四年，以彭州守臣梁介修復三縣一十餘堰，灌漑之利及於鄰邦，詔介直祕閣、利路轉運判官。七年，王炎言：「興元府山河堰世傳漢蕭、曹所作。本朝嘉祐中，提舉史炤上堰法，獲降敕書刻石堰上。紹興以來，戶口凋疏，堰事荒廢，遂委知興元府吳拱修復，發卒萬人助役。宣撫司及安撫、都統司共用錢三萬一千餘緡，盡修六堰，濬大小渠六十五里，凡漑南鄭、褒城田二十三萬三千畝有奇。」詔獎諭拱。

九年〔二四〕，戶部侍郎兼樞密都承旨葉衡言：「奉詔覈實寧國府、太平州圩岸，內寧國府惠民、化成舊圩四十餘里，新築九里餘；太平州黃池鎭福定圩周四十餘里，延福〔二五〕等五十四圩周一百五十餘里，包圍諸圩在內，蕪湖縣圩周二百九十餘里，通當塗圩共四百八十餘里。並高廣堅緻，瀕水一岸種植榆柳，足捍風濤，詢之農民，實爲永利。」於是詔獎諭判寧國府魏王愷，略曰：「大江之壖，其地廣袤，使水之蓄洩不病而皆爲膏腴者，圩之爲利也。然水土鬥齧，從昔善壞。卿聿修稼政，巨防屹然，有懷勤止，深用歎嘉。」

九年八月，臣僚言江西連年荒旱，不能預興水利爲之備。於是乃降詔曰：「朕惟旱乾、水溢之災，堯、湯盛時，有不能免。民未告病者，備先具也。豫章諸郡縣，但阡陌近水者，苗秀而實；高卬之地，雨不時至，苗輒就槁。意水利不修，失所以爲旱備乎？唐韋丹爲江西觀察使，治陂塘五百九十八所，灌田萬二千頃。此特施之一道，其利如此，矧天下至廣也。農爲生之本也，泉流灌漑，所以毓五穀也。今諸道名山，川原甚衆，民未知其利。然則通溝瀆，瀦陂澤，監司、守令，顧非其職歟？其爲朕相丘陵原隰之宜，勉農桑，盡地利，平繇行水，勿使失時。雖有豐凶，而力田者不至拱手受弊，亦天人相因之理也。朕將卽勤惰而寓賞罰焉。」

淳熙二年，兩浙轉運判官陳峴言：「昨奉詔徧走平江府、常州、江陰軍，諭民併力開濬利港諸處，並已畢功。始欲官給錢米，歲不下數萬，今皆百姓相率效力而成。」詔常熟知縣劉穎特增一秩，餘論賞有差。三年，賜皇子判明州魏王愷詔曰：「陂湖川澤之利，或通或塞，存乎其人。四明爲州實治鄞，鄞之鄉東西凡十四，而錢湖之水實漑其東之七。吏惰不虔，葑菼蕪翳，利失其舊，農人病焉。卿臨是邦，乃能講求利便而濬治之，遂使並湖七鄉之田，無異時旱乾之患，其爲澤豈淺哉。剡奏徹聞，不忘嘉歎。」

十年，大理寺丞張抑言：「陂澤湖塘，水則資之瀦洩，旱則資之灌漑。近者浙西豪宗，每遇旱歲，占湖爲田，築爲長堤，中植榆柳，外捍茭蘆，於是舊爲田者，始隔水之出入。蘇、湖、常、秀昔有水患，今多旱災，蓋出於此。乞責縣令毋給據，尉警捕，監司覺察。有圍裏者，以違制論；給據與失察者，併坐之。」既而漕臣錢沖之請每圍立石以識之，共一千四百八十九所，令諸郡遵守焉。

紹熙二年，詔守令到任半年後，具水源湮塞合開修處以聞；任滿日，以興修水利圖進，擇其勞效著明者賞之。慶元二年，戶部尚書袁說友等言：「浙西圍田相望，皆千百畝，陂塘漊瀆，悉爲田疇，有水則無地可瀦，有旱則無水可戽。不嚴禁之，後將益甚，無復稔歲矣。」嘉泰元年，以大理司直留佑賢、宗正寺主簿李澄措置，自淳熙十一年立石之後，凡官民圍裏者盡開之。又令知縣並以「點檢圍田事」入銜，每歲三四月，同尉點檢有無姦民圍裹狀，上于州，州聞于朝。三年遣官審視，及委臺諫察之。二年二月，佑賢、澄使還，奏追毀臨安、平江、嘉興、湖、常開掘戶元給佃據。三月，右正言施康年言：「近屬貴戚不體九重愛民之心，止爲一家營私之計，公然投牒以沮成法，乞戒飭；自今有陳狀者，指名奏劾，必罰無赦。」

開禧二年，以淮農流移，無田可耕，詔兩浙州縣已開圍田，許元主復圍，專召淮農租種。

嘉定三年，臣僚言：「竊聞豪民巨室並緣爲姦，加倍圍裹，又影射包占水蕩，有妨農民灌溉。」於是復詔浙西提舉司俟農隙開掘。七年，復臨安府西湖舊界，盡蠲歲增租錢。十七年，臣僚言：「越之鑑湖，溉田幾半會稽，興化之木蘭陂，民田萬頃，歲飲其澤。今官豪侵占，塡淤益狹。宜戒有司每歲省視，厚其瀦蓄，去其壅底，毋容侵占，以妨灌溉。」皆次第行之。

寶慶元年，以右諫議大夫朱端常奏，除嘉泰間已開浙西圍田租錢，蓋稅額尙存，州縣迫民白納故也。寶祐元年，史館校勘黃國面對：「圍田自淳熙十一年識石者當存之，復圍者合權其利害輕重而爲之存毀，其租或歸總所，或隸安邊所，或分隸諸郡。」上曰：「安邊所田，近已撥歸本所。」國又奏：「自丁未已來創圍之田，始因殿司獻草蕩，任事者欲因以爲功，凡旱乾處悉圍之，利少害多，宜開掘以通水道。」上然之。咸淳十年，以江東水傷，除九年圩田租，減四分。

紹興二十七年，趙子濾奏詔措置鎭江府沙田，欲輕立租課，令見佃者就耕；如勢家占吝，追日前所收租利。詔速拘其田措置，蠲其冒佃之租。二十八年正月，詔戶部員外郎莫濛同浙西、江東、淮南漕臣趙子潚、鄧根、孫藎視諸路沙田、蘆場。先是，言者謂江、淮間沙田、蘆場爲人冒占，歲失官課至多，故以命濛等。既而殿中侍御史葉義問言：「奉行者不恤百姓，名爲經量，實逼縣官按圖約紐，惟務增數，以希進用。有力之家初無加損，貧民下戶已受其害。因小利擾之，必致逃移，坐失稅額。」因極論之。二月，詔：「沙田、蘆場止爲勢家詭名冒占，其三等以下戶勿例根括。」六月，以孫藎措置沙田滅裂，罷之。詔：「浙西江東沙田、蘆場，官戶十頃、民戶二十頃以上並增租，餘如舊。置提領官田所掌之，不隸戶部。」二十九年，以莫濛經量沙田、蘆場失實，責監饒州景德鎭稅，遂詔盡罷所增租。

三十二年九月，趙子潚言：「浙西、江東、淮東沙田，往年經量，有不盡不實處，爲人戶包占。期以今冬自陳，給爲己業，與免租稅之半；過期許人告，以全戶所租田賞之。其蘆場量立輕租。」詔以馮方措置。十有一月，方滋疏論沙田。上問：「沙田或以爲可取，或以爲可捐。」陳康伯等奏：「君子小人，各從其類。小人樂於生事，不惜爲國斂怨；君子務存大體，唯恐有傷仁政，所以不同。」上然之，命止前詔勿行。

乾道元年，臣僚言：「浙西、江東、淮東路沙田蘆場，頃畝浩瀚，宜立租稅，補助軍食。」詔復令梁俊彥與張津等措置。二年，輔臣奏：「俊彥所上沙田、蘆場之稅，或十取其一，或取其二，或取其三，皆不分主客。」朝廷疑之。六年，以俊彥所括沙田、蘆場二百八十餘萬畝，其間或已充己業，起稅不一，及包占未起租者，乞並估賣、立租。詔蔡洸〔二六〕、梁俊彥行在置司措置。八年七月，詔提領官田所所催三路沙田、蘆場租錢併歸戶部。十月，遣官實江、淮沙田、蘆場頃畝，悉追正之。

建炎元年，籍蔡京、王黼等莊以爲官田，詔見佃者就耕，歲減租二分。三年，凡天下官田，令民依鄉例自陳輸租。紹興元年，以軍興用度不足，詔盡鬻諸路官田。五年，詔諸官田比鄰田租，召人請買，佃人願買者聽，佃及三十年以上者減價十之二。六年，詔諸路總領諭民投買戶絕、沒官、賊徒田舍〔二七〕及江漲沙田、海退泥田。七年，以賊徒田舍及逃田充官莊，其沒官田依舊出賣。二十年，凡沒官田、城空田、戶絕房廊及田，並撥隸常平司；轉運、提刑、茶鹽司沒入田亦如之。

二十一年，以大理寺主簿丁仲京言，凡學田爲勢家侵佃者，命提學官覺察；又命撥僧寺常住絕產以贍學。戶部議併撥無敕額庵院田，詔可。初，閩以福建六郡之田分三等：膏腴者給僧寺、道院，中下者給土著、流寓。自劉夔爲福州，始貿易取貲。迨張守帥閩，紹興二年秋。上倚以拊循凋瘵，存上等四十餘刹以待高僧，餘悉令民請買，歲入七八萬緡以助軍衣，餘寬百姓雜科，民皆便之。

二十六年，以諸路賣官田錢七分上供，三分充常平司糴本。初，盡鬻官田，議者恐佃人失業，未賣者失租。侍御史葉義問言：「今盡鬻其田，立爲正稅，田旣歸民，稅又歸官，不獨絕欺隱之弊，又可均力役之法。」浙東刑獄使者邵大受亦乞承買官田者免物力三年至十年。一千貫以下免三年，一千貫以上五年，五千貫以上十年。於是詔所在常平沒官、戶絕田，已佃未佃、已添租未添租，並拘賣。二十九年，初，兩浙轉運司官莊田四萬二千餘畝，歲收稻、麥等四萬八千餘斛；營田九十二萬六千餘畝，歲收稻、麥、雜豆等十六萬七千餘斛，充行在馬料及糴錢。四月，詔令出賣。七月，詔諸路提舉常平官督察欺弊，申嚴賞罰。分水令張升佐、宜興令陳迟以賣田稽違，各貶秩罷任。九月，浙東提舉常平都絜以賣田最多，增一秩。三十年，詔承買荒田者免三年租。

乾道二年，戶部侍郎曾懷言：「江西路營田四千餘頃，已佃一千九百餘頃，租錢五萬五百餘貫，若出賣，可得六萬五千餘貫；及兩浙轉運司所括已佃九十餘萬畝，合而言之，爲數浩瀚。今欲遵元詔，見佃願買者減價二分。」詔曾懷等提領出賣，其錢輸左藏南庫別貯之。

四年四月，江東路營田亦令見佃者減價承買，期以三月賣絕，八月住賣；諸路未賣營田，轉運司收租。七年，提舉浙西常平李結乞以見管營田撥歸本司，同常平田立官莊。梁克家亦奏：「戶部賣營田，率爲有力者下價取之，稅入甚微，不如置官莊，歲可得五十萬斛。」八年，以大理寺主簿薛季宣於黃岡、麻城立官莊二十二所。九年，以司農寺丞葉翥等出賣浙東、西路諸官田，以監登聞檢院〔三六〕張孝貢等出賣江東、西路諸官田，以郎官薛元鼎拘催江、浙、閩、廣賣官田錢四百餘萬緡。

淳熙元年，臣僚言：「出賣官田，二年之間，三省、戶部困於文移，監司、州郡疲於出賣。上下督責，不爲不至，始限一季，繼限一年，已賣者纔十三，已輸者纔十二。蓋買產之家，無非大姓。估價之初，以上色之產，輕立價貫，揭榜之後，率先投狀；若中下之產，無人屬意，所立之價，輕重不均。莫若且令元佃之家著業輸租，歲猶可得數十萬斛。」從之。六年，詔諸路轉運、常平司，凡沒官田、營田、沙田、沙蕩之類，復括數賣之。紹熙四年，以臣僚言住賣。慶元元年八月，江東轉運提舉司以紹熙四年住賣以後續沒官田，依鄉價復召人承買，以其錢充常平糴本。十有一月，余端禮、鄭僑言，福建地狹人稠，無以贍養，生子多不舉。福建提舉宋之瑞乞免鬻建、劍、汀、邵沒官田，收其租助民舉子之費，詔從之。四年，詔諸路召賣不行田，覆實減價，其沙礫不可耕處除之。

開禧三年〔三九〕，韓侂冑既誅，金人講解。明年，用廷臣言，置安邊所，凡侂冑與其他權倖沒入之田，及圍田、湖田之在官者皆隸焉。輸米七十二萬二千七百斛有奇，錢一百三十一萬五千緡有奇，藉以給行人金、繒之費。迨與北方絕好，軍需邊用每於此取之。

景定四年，殿中侍御史陳堯道、右正言曹孝慶、監察御史虞虙張晞顏等言廪兵、和糴、造楮之弊，「乞依祖宗限田議，自兩浙、江東西官民戶踰限之田，抽三分之一買充公田。得一千萬畝之田，則歲有六七百萬斛之入可以餉軍，可以免糴，可以重楮，可以平物而安富，一舉而五利具矣。」有旨從其言。朝士有異議者，丞相賈似道奏：「救楮之策莫切於住造楮，住造楮莫切於免和糴，免和糴莫切於買踰限田。」因歷詆異議者之非，帝曰：「當一意行之。」浙西安撫魏克愚言：「取四路民田立限回買，所以免和糴而益邦儲，議者非不自以爲公且忠也。然未見其利，而適見其害。近給事中徐經孫奏記丞相，言江西買田之弊甚詳，若浙西之弊，則尤有甚於經孫所言者。」因歷述其爲害者八事，疏奏不省。

六郡回買公田，畝起租滿石者償二百貫，九斗者償一百八十貫，八斗者償一百六十貫，七斗者償一百四十貫，六斗者償一百二十貫。五千畝以上，以銀半分、官告五分、度牒二分、會子二分半；五千畝以下，以銀半分、官告三分、度牒三分、會子三分半；千畝以下，度牒、會子各半；五百畝至三百畝，全以會子。是歲，田事成，每石官給止四十貫，而半是告、牒，民持之而不得售，六郡騷然。所遣劉良貴、陳訔、趙與訔、廖邦傑、成公策等推賞有差。邦傑之在常州，害民特甚，民至有本無田而以歸併抑買自經者。分置莊官催租，州縣督莊官及時交收運發。

五年，選官充官田所分司，平江、嘉興，安吉各一員，常州、江陰、鎮江共一員，凡公田事悉以委之。是歲七月，彗見于東方。下詔求言，京學生蕭規、葉李等三學六館皆上封章；前祕書監高斯得亦應詔馳驛上封事，力陳買田之失人心、致天變；謝枋得校文江東運司，方山京校文天府，皆指陳得失。未幾，蕭規等眞決黥隸，枋得、山京相繼被劾，斯得雖予郡，尋罷之。

咸淳三年，京師糴貴，勒平江、嘉興上戶運米入京，鞭笞囚繫，死於非命者十七八。太常寺簿陸逵謂：買田本以免和糴，今勒其運米，害甚於前。似道怒，出逵知台州，未至，怖死。四年，以差置莊官弊甚，盡罷之。令諸郡公租以三千石爲一莊，聽民於分司承佃，盜易者以盜賣官田論。其租於先減二分上更減一分。德祐元年三月，詔：「公田最爲民害，稔怨召禍，十有餘年。自今並給佃主，令率其租戶爲兵。」而宋祚訖矣。

校勘記

〔一〕桑棗半之　「桑」原作「梨」，據下文和通考卷四田賦考、太平治蹟統類卷二改。

〔二〕男女十歲以上　長編卷二作「十七歲以上」，太平治蹟統類卷二作「十五以上」，宋刑統卷一二以「十五以下爲小，二十以下爲中」，疑當作「男女十五歲以上」。

〔三〕農田利害　「農田」原作「田農」，據宋會要刑法一之三、長編卷六一改。

〔四〕勸農判官　「官」原作「田」，據長編卷六二、玉海卷一七八改。

〔五〕職當勸農乃請少卿監爲刺史閤門使以上知州者並兼管內勸農使餘及通判並兼勸農事　「職」原作「除」，「管內勸農使」原作「管內勸農事」，「餘」字原脫，據長編卷六二、宋會要職官四二之二改補。

〔六〕蓋旱稻也　「旱」原作「早」，據宋會要食貨一之一八、長編卷七七改。

〔七〕二年　原作「三年」，據本書卷八眞宗紀、宋大詔令集卷一八二令儲蓄戒奢僭詔注改。

〔八〕三年而後收賦　「賦」字原脫，據通考卷四田賦考、長編卷一九二補。

〔九〕邵信臣　按「邵」或作「召」，漢書卷八九本傳、本書卷四二六趙尙寬傳、長編卷一九二都作「召」。

〔一〇〕七百二十二萬餘戶　按宋會要食貨六九之七八、長編卷六六都作「七百四十一萬七千五百七十戶」，玉海卷一八五作「七百四十一萬餘戶」，疑此處數字有誤。

〔一一〕詔開廢田興水利　「興」字原脫，據宋會要食貨六三之一八八、長編卷二八九補。

〔一二〕戴日而作　「日」，司馬光溫國文正司馬公集卷四八乞省覽農民封事劄子、長編卷三五九作「星」。

〔一三〕詔逃田可專委縣丞　「詔」下七字原脫，據宋會要食貨一之三三補。

〔一四〕至九品爲十頃　「頃」原作「畝」。按宋會要食貨六之一，品官限田，每降一品減十頃，以此爲率，降至九品應爲十頃。據改。

〔一五〕其有羨田之家毋得市田其無田與游惰末作者皆使爲隸農以耕田之羨者　「有」、「隸」和句末「者」字原脫，據本書卷四二二林勳傳、繫年要錄卷二六補。

〔一六〕綿三千四百斤　「三」原作「二」，據本書卷四二二林勳傳、繫年要錄卷二六改。

〔一七〕自新復降赦日爲始　「新」字原脫，據宋會要食貨六九之五七補。本書卷二九高宗紀紹興九年正月條：「以金國通和，大赦河南新復州軍。」卽指此。

〔一八〕昔七十萬有奇今按籍雖三十九萬斛　「七十」二字原倒，「九」字原脫。據宋會要食貨六之三七、繫年要錄卷一四七補正。

〔一九〕請復租一年　「一」原作「二」。按下文說：「明年又請復之。」知前所復應只一年。據繫年要錄卷一五八改。

〔二〇〕乞許人承佃　「乞」字原脫，據繫年要錄卷一七二補。

〔二一〕豪民占田不知其數　「豪」字原脫，宋會要食貨六之二八說：「豪民所占之數，不知其幾。」據補。

〔二二〕李泳　原作「李詠」，據宋會要食貨七之四八、繫年要錄卷一六三改。

〔二三〕周環　繫年要錄卷一六七、中興小紀卷三八都作「環周」。

〔二四〕九年　原作「八年」，據宋會要食貨八之四、通考卷六田賦考改。會要「乾道」誤作「乾元」。

〔二五〕延福　原作「廷福」，據同上書同卷同篇改。

〔二六〕蔡洸　原作「蔡光」，據本書卷三九〇本傳、宋會要食貨一之四五改。

〔二七〕投買戶絕沒官賊徒田舍　「官」下四字原脫，按宋會要食貨五之二五、繫年要錄卷九八都有此四字；下文也有「以賊徒田舍及逃田充官莊」句，據補。

〔二八〕監登聞檢院　「監」字原脫。宋會要食貨五之三六作「監登聞檢院」，與宋代登聞檢院置有監官之制合，據補。

〔二九〕開禧三年　「開禧」原作「開熙」。按宋代無「開熙」年號，本書卷三八寧宗紀載開禧三年誅韓侂冑，據改。

宋史卷一百七十四

志第一百二十七

食貨上二

方田　賦稅

方田　神宗患田賦不均，熙寧五年，重修定方田法，詔司農以方田均稅條約幷式〔一〕頒之天下。以東西南北各千步，當四十一頃六十六畝一百六十步，爲一方；歲以九月，縣委令、佐分地計量，隨陂原平澤而定其地，因赤淤黑壚而辨其色；方量畢，以地及色參定肥瘠而分五等，以定稅則；至明年三月畢，揭以示民，一季無訟，卽書戶帖，連莊帳付之，以爲地符。

均稅之法，縣各以其租額〔二〕稅數爲限，舊嘗收蹙奇零，如米不及十合而收爲升，絹不滿十分而收爲寸之類，今不得用其數均攤增展，致溢舊額，凡越額增數皆禁。若瘠鹵不毛，及衆所食利山林、陂塘、溝路、墳墓，皆不立稅。

凡田方之角，立土爲埄〔三〕，植其野之所宜木以封表之。有方帳，有莊帳，有甲帖，有戶帖；其分煙析產、典賣割移，官給契，縣置簿，皆以今所方之田爲正。令既具，乃以濟州鉅野尉王曼爲指教官，先自京東路行之，諸路倣焉。六年，詔土色分五等，疑未盡，下郡縣物其土宜，多爲等以期均當〔四〕，勿拘以五。七年，京東十七州選官四員，各主其方，分行郡縣，以三年爲任。每方差大甲頭二人、小甲頭三人，同集方戶，令各認步畝，方田官驗地色，更勒甲頭、方戶同定。諸路及開封府界秋田災傷三分以上縣權罷，餘候農隙。河北西路提舉司乞通一縣災傷不及一分勿罷。

元豐五年，開封府言：「方田法，取稅之最不均縣先行，即一州而及五縣〔五〕，歲不過兩縣，今府界十九縣，准此行之，十年乃定。請歲方五縣。」從之。其後歲稔農隙乃行，而縣多山林者或行或否。八年，帝知官吏擾民，詔罷之。天下之田已方而見於籍者，至是二百四十八萬四千三百四十有九頃云。

崇寧三年，宰臣蔡京等言：「自開阡陌，使民得以田私相貿易，富者恃其有餘，厚立價以規利，貧者迫於不足，薄移稅以速售，而天下之賦調不平久矣。神宗講究方田利害，作法而推行之，方爲之帳，而步畝高下丈尺不可隱；戶給之帖，而升合尺寸無所遺；以賣買，則民不能容其巧；以推收，則吏不能措其姦。今文籍具在，可舉而行。」詔諸路提舉常平官選官習熟其法，諭州縣官吏各以豐稔日推行，自京西、河北兩路始〔六〕。四年，指教官每三縣加一員，點檢官每路二員。未幾，詔諸路添置指教官不得過三員，又不專差點檢官，從提舉司於本路見任人內選差。五年，詔罷方田。大觀二年，復詔行之，四年罷，其稅賦依未方舊則輸納。十一月，詔：「方田官吏非特妄增田稅，又兼不食之山方之，俾出芻草之直，民戶因時廢業失所。監司其悉改正，毋失其舊。」

政和三年，河北西路提舉常平司奏：「所在地色極多，不下百數，及至均稅，不過十等。第一等雖出十分之稅〔七〕，地土肥沃，尚以爲輕；第十等只均一分，多是瘠鹵，出稅雖少，猶以爲重。若不入等，則積多而至一頃，止以柴蒿之直，爲錢自一百而至五百，比次十等，全不受稅；既收入等，但可耕之地便有一分之稅，其間下色之地與柴蒿之地不相遠，乃一例每畝均稅一分，上輕下重。欲乞土色十等如故外，即十等之地再分上、中、下三等，折畝均數。謂如第十等地每十畝合折第一等一畝，即十等之上〔八〕，受稅十一，不改元則；十等之中，數及十五畝，十等之下〔九〕，數及二十畝，方比上等受一畝之稅，庶幾上下輕重皆均。」詔諸路概行其法。五年，福建、利路茶戶山園，如鹽田例免方量均稅。

宣和元年，臣僚言：「方量官憚於跋履，並不躬親，行纏拍峰、驗定土色，一付之胥吏。致御史臺受訴，有二百餘畝方爲二十畝者，有二頃九十六畝方爲一十七畝者，虔之瑞金縣是也。有租稅十有三錢而增至二貫二百者，有租稅二十七錢則增至一貫四百五十者，虔之會昌縣者是也。望詔常平使者檢察。」二年，遂詔罷之。民因方量流徙者，守令招誘歸業；荒閑田土，召人請佃。自今諸司毋得起請方田。諸路已方量者，賦稅不以有無訴論，悉如舊額輸納；民逃移歸業，已前逋欠稅租，並與除放。

賦稅　自唐建中初變租庸調法作年支兩稅，夏輸毋過六月，秋輸毋過十一月，遣使分道按率。其弊也，先期而苛斂，增額而繁征，至于五代極矣。

宋制歲賦，其類有五：曰公田之賦，凡田之在官，賦民耕而收其租者是也。曰民田之賦，百姓各得專之者是也。曰城郭之賦，宅稅、地稅之類是也。曰丁口之賦，百姓歲輸身丁錢米是也。曰雜變之賦，牛革、蠶鹽之類，隨其所出，變而輸之是也。歲賦之物，其類有四：曰穀，曰帛，曰金、鐵，曰物產是也。穀之品七：一曰粟，二曰稻，三曰麥，四曰黍，五曰穄，六曰菽，七曰雜子。帛之品十：一曰羅，二曰綾，三曰絹，四曰紗，五曰絁，六曰紬，七曰雜折，八日絲線，九日綿，十日布葛。金鐵之品四：一日金，二日銀，三日鐵、鑞，四日銅、鐵錢。物產之品六：一日六畜，二日齒、革、翎毛，三日茶、鹽，四日竹木、麻草、芻萊，五日果、藥、油、紙、薪、炭、漆、蠟，六日雜物。其輸有常處，而以有餘補不足，則移此輸彼，移近輸遠，謂之「支移」。其入有常物，而一時所須〔一〇〕則變而取之，使其直輕重相當，謂之「折變」。其輸之遲速，視收成早暮而寬爲之期，所以紓民力。諸州歲奏戶帳，具載其丁口，男夫二十爲丁，六十爲老。兩稅折科物〔一一〕，非土地所宜而抑配者，禁之。

五代以來，常檢視見墾田以定歲租。吏緣爲姦，稅不均適，繇是百姓失業，田多荒蕪。太祖即位，詔許民闢土，州縣毋得檢括，止以見佃爲額。選官分涖京畿倉庾，及詣諸道，受民租調，有增羨者輒得罪，多入民租者或至棄市。

舊諸州收稅畢，符屬縣追吏會鈔，縣吏厚斂里胥以賂州之吏，里胥復率於民，民甚苦之。建隆四年〔一二〕，乃下詔禁止。令諸州受租籍不得稱分、毫、合、龠、銖、釐、絲、忽，錢必成文，絹帛成尺，粟成升，絲綿成兩，薪蒿成束，金銀成錢。紬不滿半疋、絹不滿一疋者，許計丈尺輸直，無得三戶、五戶聚合成疋，送納煩擾。民輸夏稅，所在遣縣尉部弓手於要路巡護，後聞擾民，罷之，止令鄉耆、壯丁防援。

諸州稅籍，錄事參軍按視，判官振舉。形勢戶立別籍，通判專掌督之，二稅須於三限前半月畢輸。歲起納二稅，前期令縣各造稅籍，具一縣戶數、夏秋稅、苗畝、桑功〔三〕及緣科物爲帳一，送州覆校定，用州印，藏長吏廳，縣籍亦用州印，給付令佐。造夏稅籍以正月一日，秋稅籍以四月一日，並限四十五日畢。

開封府等七十州夏稅，舊以五月十五日起納，七月三十日畢。河北、河東諸州氣候差晚，五月十五日起納，八月五日畢。潁州等一十三州及淮南、江南、兩浙、福建、廣南、荆湖、川峽五月一日起納，七月十五日畢。秋稅自九月一日起納，十二月十五日畢，後又並加一月。或値閏月，其田蠶亦有早晚不同，有司臨時奏裁。繼而以河北、河東諸州秋稅多輸邊郡，常限外更加一月。江南、兩浙、荆湖、廣南、福建土多秔稻，須霜降成實，自十月一日始收租。掌納官吏以限外欠數差定其罰，限前畢，減選、升資。民逋租踰限，取保歸辦，毋得禁繫。中國租二十石輸牛革一，準錢千。川蜀尙循舊制，牛驢死，革盡入官，乃詔蠲之；定民租二百石輸牛革一，準錢千五百〔四〕。

太平興國二年，江西轉運使言：「本路蠶桑數少，而金價頗低。今折徵，絹估少而傷民，金估多而傷官。金上等舊估兩十千，今請估八千；絹上等舊估匹一千，今請估一千三百，餘以次增損。」從之。

咸平三年，以刑部員外、直史館陳靖爲京畿均田使，聽自擇京朝官，分縣據元額定稅，不得增收剩數；逃戶別立籍，令本府招誘歸業；桑功更不均檢，民戶廣令種植。尋聞居民弗諭朝旨，翦伐桑柘，卽詔罷之。六年，廣南西路轉運使馮遠上言：「廉、橫、賓、白州民雖墾田，未嘗輸送，已命官檢括，令盡出常租。」帝曰：「遠方之民，宜省徭賦。」亟命停罷。知袁州何蒙請以金折本州二稅，眞宗曰：「若是，將盡廢耕農矣。」不許。

大中祥符初，連歲豐稔，邊儲有備，河北諸路稅賦，並聽於本州軍輸納。二年，頒幕職州縣官招徠戶口旌賞條制。舊制，縣吏能招增戶口者，縣卽升等，乃加其奉；至有析客戶爲主戶者，雖登于籍，而賦稅無所增。四年，詔禁之。雍熙初，嘗詔荆湖等路民輸丁錢，未成丁、已入老幷身有廢疾者，免之。至是，又除兩浙、福建、荆湖、廣南舊輸身丁錢，歲凡四十五萬四百貫。九年，詔諸路支移稅賦勿至兩次，仍許以粟、麥、蕎、菽互相折輸。

凡歲賦，穀以石計，錢以緡計，帛以匹計，金銀、絲綿以兩計，藁秸、薪蒸以圍計，他物各以其數計。至道末，總七千八十九萬三千；天禧五年，視至道之數有增有減，總六千四百五十三萬。其折變及移輸比壤者，則視當時所須焉。

宋克平諸國，每以恤民爲先務，累朝相承，凡無名苛細之斂，常加劉革，尺縑斗粟，未聞有所增益。一遇水旱徭役，則蠲除倚格，殆無虛歲，倚格者後或凶歉，亦輒蠲之。而又田制不立，甽畝轉易，丁口隱漏，兼并冒僞，未嘗考按，故賦入之利視前代爲薄。丁謂嘗言：二十而稅一者有之，三十而稅一者有之。仁宗嗣位，首寬畿縣田賦，詔三等以下戶毋遠輸。河中府、同華州請免支移，帝以問輔臣，對曰：「西鄙宿兵，非移用民賦則軍食不足。」特詔量減支移。

福州王氏時有田千餘頃，謂之「官莊」，自太平興國中授券予民耕，歲使輸賦。至是，發運使方仲荀言：「此公田也，鬻之可得厚利。」遣尚書屯田員外郎幸惟慶領其事，凡售錢三十五萬餘緡，詔減緡錢三之一，期三年畢償。監察御史朱諫以爲傷民，不可。既而期盡，未償者猶十二萬八千餘緡，詔悉蠲之。後又詔公田重復取賦者皆罷。天聖時，貝州言：「民析居者例加稅，謂之『罰稅』，他州無此比。」詔除之。自是，州縣有言稅之苛細無名者，蠲損甚衆。

自唐以來，民計田輸賦外，增取他物，復折爲賦，謂之「雜變」，亦謂之「沿納」。而名品煩細，其類不一。官司歲附帳籍，並緣侵擾，民以爲患。明道中，帝躬耕籍田，因詔三司以類併合。於是悉除諸名品，併爲一物，夏秋歲入，第分粗細二色，百姓便之。

州縣賦入有籍，歲一置，謂之空行簿，以待歲中催科；閏年別置，謂之實行簿，以藏有司。天聖初，或言實行簿無用，而率民錢爲擾，罷之。景祐元年，侍御史韓瀆言：「天下賦入之繁，但存催科一簿，一有散亡，則耗登之數無從鉤考。請復置實行簿。」詔再閏一造。至慶曆中復故。

時患州縣賦役之煩，詔諸路上其數，俾二府大臣合議蠲減。又詔曰：「稅籍有僞書逃徙，或因推割，用倖走移，若請占公田而不輸稅。如此之類，縣令、佐能究見其弊，以增賦入，量數議賞。」既而諫官王素言：「天下田賦輕重不等，請均定。」而歐陽脩亦言：「秘書丞孫琳嘗往洛州肥鄉縣，與大理寺丞郭諮以千步方田法括定民田，願詔二人者任之。」三司亦以爲然，且請於亳、壽、蔡、汝四州擇尤不均者均之。於是遣諮蔡州。諮首括一縣，得田二萬六千九百三十餘頃，均其賦於民。既而諮言州縣多逃田，未可盡括，朝廷亦重勞人，遂罷。

陝西、河東用兵，民賦率多支移，因增取地里脚錢，民不能堪。五年，詔陝西特蠲之，且令後勿復取。既而詔河東亦然。又令諸路轉運司：「支移、折變，前期半歲書于榜以諭民，有未便者聽自言，主者裁之。」皇祐中，詔：「廣西賦布，匹爲錢二百。如聞有司擅損其價，重困遠人，宜令復故。」州郡歲常先奏雨足歲豐，後雖災害，不敢上聞，故民賦罕得蠲者，乃下詔申飭之。又損開封諸縣田賦，視舊額十之三，命著于法。

支移、折變，貧弱者尤以爲患。景祐初，嘗詔戶在第九等免之，後孤獨戶亦皆免。至是，因下赦書，責轉運司裁損，歲終條上。其後赦書數以爲言，又令折科爲平估，毋得害農。久之，復詔曰：「如聞諸路比言折科民賦，多以所折復變他物，或增取其直，重困良農。雖屢戒敕，莫能奉宣詔令。自今有此，州長吏卽時上聞。」然有司規聚斂，罕能承帝意焉。

初，湖、廣、閩、浙因舊制歲斂丁身錢米，大中祥符間，詔除丁錢，而米輸如故。至天聖中，始幷除婺、秀二州丁錢。後罷籍請罷漳、泉、興化軍丁米，有司持不可。皇祐三年，帝命三司首減郴永州、桂陽監丁米，以最下數一歲爲準，歲減十餘萬石。旣而漳、泉、興化亦第損之。嘉祐四年，復命轉運司裁定郴、永、桂陽、衡、道州所輸丁米及錢絹雜物，無業者弛之，有業者減半；後雖進丁，勿復增取。時廣南猶或輸丁錢，亦命轉運司條上。自是所輸無幾矣。

自郭諮均稅之法罷，論者謂朝廷徒恤一時之勞，而失經遠之慮。至皇祐中，天下墾田視景德增四十一萬七千餘頃，而歲入九穀迺減七十一萬八千餘石，蓋田賦不均，其弊如此。後田京知滄州，均無棣田，蔡挺知博州，均聊城、高唐田；歲增賦穀帛之類，無棣總一千一百五十二，聊城、高唐總萬四千八百四十七，而滄州之民不以爲便，詔輸如舊。嘉祐五年，復詔均定，遣官分行諸路，而秘書丞高本在遣中，獨以爲不可均，纔均數郡田而止。

景德中，賦入之數總四千九百一十六萬九千九百，至皇祐中，增四百四十一萬八千六百六十五，治平中，又增一千四百一十七萬九千三百六十四。其以赦令蠲除以便於民，若逃移、户絶不追者，景德中總六百八十二萬九千七百，皇祐中三十三萬八千四百五十七，治平中一千二百二十九萬八千七百。每歲以災害蠲除者，又不在是焉。

神宗留意農賦，湖、廣之民舊歲輸丁米，大中祥符以後屢裁損，猶不均，熙寧四年，乃遣屯田員外郎周之純往廣東相度均之。元豐三年，詔：諸路支移折税，並具所行月日，上之中書。初，熙寧八年，詔支移二税於起納前半歲諭民〔一五〕，使民宿辦，無倉卒勞費。時有司往往緩期，故申約之。州縣又或令民輸錢，謂之「折斛錢」，而糴賤傾用傷農。海南四州軍税籍殘缺，吏多增損，輒移税入他戶，代輸者類不能自明。瓊州、昌化軍丁税米，歲移輸朱崖軍，道遠，民以爲苦。至是，用體量安撫朱初平等議，根括四州軍税賦舊額，存其正數；二州丁税米止令輸錢於朱崖自糴以便民。

權發遣三司戶部判官李琮〔一六〕根究逃絶税役，江、浙所得逃戶凡四十萬一千三百有奇，爲書上之。明年，除琮淮南轉運副使。兩路凡得逃絶、詭名挾佃、簿籍不載并闕丁凡四十七萬五千九百有奇，正税并積負凡九十二萬二千二百貫、石、匹、兩有奇。琮蓋用貫石萬數立賞，以誘所委之吏，增加浩大，三路之民，大被其害。而唐州亦增民賦，人情騷然。六年，御史翟思言：「始，趙尙寬爲唐守，勸民墾田，高賦繼之，流民自占者衆，凡百畝起稅四畝而已。稅輕而民樂輸，境內殆無曠土。近聞轉運司闢土百畝增至二十畝，恐其勢再致轉徙。望戒飭使者，量加以寬民。」帝每遇水旱，輒輕弛賦租；或因赦宥，又蠲放、倚閣未嘗絕；賦輸遠方不均，皆遣使按之，率以爲常。

哲宗嗣位，宣仁太后同聽政，務行裕民之政，凡民有負，多所寬減。患天下積欠名目煩多，法令不一，王巖叟爲開封，請隨等第立貫百爲催法。兗州鄒令張文仲議其不便，遂令十分爲率，歲隨夏秋料帶納一分，是爲五年十料之法。

陝西轉運使呂大忠令農戶支移，斗輸脚錢十八。御史劾之，下提刑司體量，均其輕重之等。以稅賦戶籍在第一等、第二等者支移三百里，三等、四等者二百里，五等一百里。不願支移而願輸道里脚價者，亦酌度分爲三等，以從其便。河東助軍糧草，支移毋得踰三百里。災傷五分以上者免折變，折變皆循舊法。

紹聖中，嘗詔郡縣貨物用足錢、省陌不等，折變宜用中等。俄以所在時估實値多寡不齊，難概立法，命仍舊焉。言者謂：「欲民不流，不若多積穀；欲多積穀，不若推行折納糴糴之法。今常平雖有折納之法，止用中價，故民不樂輸。若依和糴以實價折之，則無損於民。」

崇寧二年，諸路歲稔，遂行增價折納之法，支移、折變、科率、配買，皆以熙寧法從事，民以穀菽、物帛輸積負零稅者聽之。大觀二年詔：「天下租賦科撥支折，當先富後貧，自近及遠。迺者漕臣失職，有不均之患，民或受害，其定爲令。支移本以便邊餉，內郡罕用焉。間有移用，則任民以所費多寡自擇〔七〕，故或輸本色於支移之地，或輸脚費於所居之邑。而折變之法，以納月初旬估中價準折，仍視歲之豐歉，以定物之低昂，俾官吏毋得私其輕重。七月，詔曰：「比聞慢吏廢期，凡輸官之物，違期促限，蠶者未絲，農者未穫，追胥旁午，民無所措。自今前期督輸者，加一等坐之；致民逃徙者，論更加等。」舊凡以赦令蠲賦，雖多不過三分。四年，乃詔：天下逋賦，五年外戶口不存者，悉蠲之。

京西舊不支移，崇寧中，將漕者忽令民曰：「支移所宜同，今特免；若地里脚費，則宜輸。」自是歲以爲常。脚費，斗爲錢五十六，比元豐既當正稅之數，而反覆紐折，數倍於昔。民至鬻牛易產猶不能繼，轉運司乃用是以取辦理之譽，言者極論其害。政和元年，遂詔應支移而所輸地里脚錢不及斗者，免之。尋詔五等戶稅不及斗者，支移皆免。

時天下戶口類多不實，雖嘗立法比較鉤考，歲終會其數，按籍隳括脫漏，定賞罰之格，然蔡攸等計德、霸二州戶口之數，率三戶四口，則戶版訛隱，不待校而知。乃詔諸路凡奏戶口，令提刑司及提舉常平司參攷保奏。而終莫能拯其弊，故租稅亦不得而均焉。

是時，內外之費寖以不給，中官楊戩主後苑作，有言汝州地可爲稻田者，因用其言，置務掌之，號「稻田務」。復行於府畿，易名公田。南暨襄、唐，西及澠池，北踰大河，民田有溢於初券步畝者，輒使輸公田錢。政和末，又置營繕所，亦爲公田。久之，後苑、營繕所公田皆併於西城所，盡山東、河朔天荒逃田與河堤退灘租稅舉入焉，皆內侍主其事。所括爲田三萬四千三百餘頃，民輸公田錢外，正稅不復能輸。

重和元年，獻言者曰：「物有豐匱，價有低昂，估豐賤之物，俾民輸送，折價既賤，輸官必多，則公私之利也。而州縣之吏，但計一方所乏，不計物之有無，責民所無，其費無量。至於支移，徙豐就歉，理則宜然。豪民賕吏，故徙歉以就豐，齎挾輕貨，以賤價輸官，其利自倍；而貧下戶各免支移，估直既高，更益脚費，視富戶反重。因之逋負，困於追胥。」詔申戒焉。

宣和初，州縣主吏催科失職，逋租數廣，令轉運司察守貳勤惰，聽專達於內侍省。浙西逃田、天荒、草田、葑茭蕩、湖濼退灘等地，皆計籍召佃立租，以供應奉。置局命官，有「措置水利農田」之名，部使者且自督御前租課。

三年，言者論西蜀折科之弊，其略謂：「西蜀初稅錢三百折絹一疋，草十圍計錢二十。今本路絹不用本色，疋折草百五十圍，圍估錢百五十，稅錢三百輸至二十三千。東蜀如之。仍支移新邊，謂之遠倉，民破產者衆。」七年，言者又論：「非法折變，旣以絹折錢，又以錢折麥。以絹較錢，錢倍於絹；以錢較麥，麥倍於錢。展轉增加，民無所訴。」

唐、鄧、襄、汝等州，自治平後，開墾歲增，然未定稅額。元豐中，以所墾新田差爲五等輸稅，元祐元年罷之。大觀三年，用轉運副使張徽言之請，復元豐舊制，俄又以訴者而罷。政和三年，轉運使王璹復言官失租賦，詔依元豐法，第折以見錢，凡得三十萬緡。欽宗立，詔蠲焉。舊稅租加耗，轉運司有拋樁明耗，州縣有暗樁暗耗之名，諸倉場受納，又令民輸頭子錢。熙寧以後，給納並收，其數益增焉，至是悉罷。

高宗建炎元年五月庚寅，詔二稅並依舊法，凡百姓欠租、閣賦及應天府夏稅，悉蠲之。庚子，詔被虜之家蠲夏秋租稅及科配。

紹興元年五月詔：「民力久困，州縣因緣爲姦，今頒式諸路，凡因軍期不得已而貸於民者，並許計所用之多寡，度物力之輕重，依式開具，使民通知，毋得過數科率。」八月，減大觀稅額三分之一。十有一月，言者論：「浙西科斂之害，農末殆不聊生。鬻田而償，則無受者；棄之而遁，則質其妻孥。上下相蒙，民無所措手足。利歸貪吏，而怨歸陛下。願重科斂之罪，嚴貪墨之刑。」詔漕司究實以聞。二年正月，知紹興府陳汝錫違詔科率，謫漳州。四月，建盜范汝爲平，詔蠲本路今年二稅及夏料役錢。既而手詔：「訪聞州縣以爲著令不過三分，甚非所以稱朕惠恤之意，可以赦並免。」十有一月，焚州縣已蠲稅簿，示民以不疑也。五年二月，詔諸路轉運司以增收租數上戶部，課賞罰。

六年八月，預借江、浙來年夏稅紬絹之半，盡令折米：兩浙紬絹各折七千，江南六千有半，每疋折米二石。九月，右司諫王縉〔八〕言：「諸寺院之多產者，類請求貴臣改爲墳院，冀免科敷，則所科歸之下戶。」詔戶部申嚴禁之。十有二月，詔淮西殘破州縣更免租稅二年。是月戊申，詔曰：「朕惟養兵之費，皆取於民，吾民甚苦，而吏莫之恤，夤緣軍須，掊斂無藝，朕甚悼之。監司郡守，朕所委寄以惠養元元者也，今漫不加省，復何賴焉！其各勤乃職，察吏之侵漁納賄者〔九〕，按劾以聞。苟庇覆弗治，朕不汝貸。」是歲，兩浙轉運李迨取婺秀湖州、平江府歲計寬剩錢二十二萬八千緡有奇，依折帛錢限起發。自是以爲例。

七年三月，詔：駐蹕及所過州縣欠紹興五年以前稅賦，並蠲之。七月，詔：新復州軍請佃官田，輸租外免輸正稅〔一〇〕。己田謂之稅，佃田謂之租，舊不併納，劉豫嘗並取之，至是，乃從舊法。九年，蠲新復州軍稅租及土貢、大禮銀絹三年，差徭五年。初，劉豫之僭，凡民間蔬圃皆令三季輸稅。宣諭官方庭實言其不便，起居舍人程克俊言：「河南父老苦豫煩苛久矣，賦斂及於絮縷，割剝至於果蔬。」於是詔新復州縣，取劉豫重斂之法焚之通衢。

十三年，淮東宣撫使韓世忠請以賜田及私產自昔未輸之稅併歸之官，詔獎諭而可之。初，神武右軍都統制張俊〔二〕乞蠲所置產凡和買、科敷，詔特從之。後，三省言：「國家兵革未息，用度至廣，陛下哀憫元元，俾士大夫及勳戚之家與編戶等敷，蓋欲寬民力，均有無。今俊獨得免，則當均在餘戶，是使民爲俊代輸也。方今大將不止俊一人，使各援例求免，何以拒之？望收還前詔。」詔從之。越數年間，俊復乞免歲輸和買絹，三省擬歲賜俊絹五千疋，庶免起例。上以示俊，因諭之曰：「朕固不惜，但恐公議不可。」俊惶悚，力辭賜絹。

十五年，戶部議：「淮法，輸官物用四鈔，曰戶鈔，付民執憑；曰縣鈔，關縣司銷簿；曰監鈔，納官掌之；曰住鈔，倉庫藏之。所以防僞冒、備毀失也。毀失縣鈔者，以監、住鈔銷鑿；若輒取戶鈔，或追驗於人戶者，科杖。」

二十三年，知池州黃子游言：「青陽縣苗稅〔三〕七八倍於諸縣，因南唐嘗以縣爲宋齊丘食邑，畝輸三斗，後遂爲額。」詔減苗稅二分有半，租米二分。是時，兩浙州縣合輸綿、紬、稅絹、茶絹、雜錢、米六色，皆以市價折錢，却別科米麥，有畝輸四五斗者。京西括田，租加於舊。湖南有土戶錢、折絁錢、醋息錢、麴引錢，名色不一。荆南戶口十萬，寇亂以來，幾無人跡。議者希朝廷意，謂流民已復，可使歲輸十二，頻歲復增，積逋至二十餘萬緡。曹泳爲戶部侍郎，責償甚急。蓋自檜再相，密諭諸路暗增民稅七八，故民力重困，餓死者衆，皆檜之爲也。

二十六年，先是，右承議郎魯沖上書論郡邑之弊：「以臣前任宜興一縣言之，漕計合收窠名，有丁鹽、坊場課利錢，租地錢，租絲租紵錢，歲入不過一萬五千餘緡。其發納之數，有大軍錢、上供錢、糴本錢、造船錢、軍器物料錢、天申節銀絹錢之類，歲支不啻三萬四千餘緡。又有見任、寄居官請奉、過往官兵批券、與非泛州郡督索拖欠，略無虛日。今之爲令者，苟以寬恤爲意，而拙於催科，旋踵以不職罷；能迎合上司，慘刻聚斂，則以稱職聞。是使爲令者惴惴惟財賦是念，朝不謀夕，亦何暇爲陛下奉行寬恤詔書、承流宣化者哉？」吏部侍郎許興古議：「今銓曹有知縣、令二百餘闕，無願就者，正緣財賦督迫被罪，所以畏避如此。若罷獻羨餘，蠲民積欠，謹擇守臣，戒飭監司，則吏稱民安矣。」乃詔行之。

二十九年，上聞江西盜賊，謂輔臣曰：「輕傜薄賦，所以息盜。歲之水旱，所不能免，儻不寬恤而惟務科督，豈使民不爲盜之意哉？」於是詔諸路州縣，紹興二十七年以前積欠官錢三百九十七萬餘緡及四等以下戶官欠〔三〕，悉除之。九月，詔：兩浙、江東西水，浙東、江東西螟，其租稅盡蠲之。自是水旱、經兵，時有蠲減，不盡書也。

三十二年六月戊寅，孝宗受禪赦：「凡官司債負、房賃、租賦、和買、役錢及坊場、河渡等錢，自紹興三十年以前並除之。諸路或假貢奉爲名，漁奪民利，使所在居民以土物爲苦，太上皇帝已嘗降詔禁約。自今州軍條上土貢之物，當議參酌天地、祖宗陵寢薦獻及德壽宮甘旨之奉，止許長吏修貢，其餘並罷。州縣因緣多取，以違制坐之。」七月，諸縣受民已輸稅租等鈔，不即銷簿者，當職官吏並科罪；民齎戶鈔不爲使，而抑令重輸者，以違制論，不以赦免，著爲令。八月，詔：「州縣受納秋苗，官吏多收加耗，肆爲姦欺。方時艱虞，用度未足，欲減常賦而未能，豈忍使貪贓之徒重爲民蠹？自今違犯官吏，並置重典，仍沒其家。」此孝宗初詔也。

先是，常州宜興縣無稅產百姓，丁輸鹽錢二百文。下戶有墓地者，謂之墓戶，經界之時均紐正稅，又令帶輸丁鹽絹作折帛錢。至隆興元年，始用知縣姜詔言，令與晉陵、武進、無錫三縣一例隨產均輸。二年四月，知贛州趙公稱以寬剩錢十萬緡爲民代輸夏稅，是後守臣時有代輸者。五月，詔：「温、台、處、徽不通水路，其二稅物帛，許依折法以銀折輸，數外妄有科折，計贓定罪。」

乾道元年，蠲興化軍「猶剩米」之半。以知軍張允蹈言「自建炎三年，本軍秋稅，歲餘軍儲外，猶剩米二萬四千四百餘石，供給福州，謂之『猶剩米』。四十年間，水旱相仍，不復減損」，故有是命。至八年，乃并其半蠲之。三年六月，減臨安府新城縣進際稅賦之半。以知縣耿秉言，曩錢氏以進際爲名，虛額太重故也。十有一月，蠲臨安府屬縣欠乾道元年二稅〔三〕、坊場課利、折帛、免丁等錢。七年，赦令所修輸苗乞取法，受納官比犯人減一等，州縣長官不覺察與同罪。暨上三等及形勢戶逋賦，雖遇赦不除。八年，蠲紹興府增起苗米四萬九千餘石。

淳熙三年，臣僚言：「湖北百姓廣占官田，量輸常賦，似爲過優，比議者欲從實起稅而開陳首之門。殊不思朝廷往年經界，獨兩淮、京西、湖北依舊。蓋以四路被邊，土廣人稀，誘之使耕，猶懼不至，若履畝而稅，孰肯遠徙力耕，以供公上之賦哉？今湖北惟鼎、澧地接湖南，墾田稍多，自荊南、安、復、岳、鄂、漢、沔汙萊彌望，戶口稀少，且皆江南狹鄉百姓，扶老攜幼，遠來請佃，以田畝寬而稅賦輕也。若從議者之言，恐於公家無一毫之益，而良民有無窮之擾矣。如臣所見，且當誘以開耕，不宜恐以增稅。使田疇盡闢，歲收滋廣，一遇豐稔，平糴以實邊，則所省漕運亦博。望且依紹興十六年詔旨，以十分爲率，年增輸一分，不願開墾者，即許退田別佃。期限稍寬，取之有漸，遠民安業，一路幸甚。」詔戶部議之。

四年，臣僚言：「屢赦蠲積欠，以蘇疲民，州縣不能仰承德意，至變易名色以取之。宜下漕司，如合除者毋更取之於州，州毋取之於縣，縣銷民欠籍，書其名數，諭民通知。」詔可。五年八月，詔曰：「比年以來，五穀屢登，蠶絲盈箱，嘉與海內共享阜康之樂，尚念耕夫蠶婦終歲勤動，價賤不足以償其勞。郡邑兩稅，除折帛、折變自有常制，當輸正色者，毋以重價強之折錢。若有故違，重置于法。臨安府刻石，徧賜諸路。」六年，以諫議大夫謝廓然言：「州縣違法科斂，侵漁日甚，其咎雖在縣令，而督迫實由郡守。縣令按劾，而郡守自如。」詔：「自今凡有過需橫取，監司悉行按劾，無詳於小而略於大。」

七年夏，大旱。知南康軍朱熹應詔上封事言：「今民間二稅之入，朝廷盡取以供軍，州縣無復贏餘，於是別立名色巧取。今民貧賦重，惟有覈兵籍，廣屯田，練民兵，可以漸省列屯坐食之兵，稍損州郡供軍之數。使州縣之力寖紓，然後禁其苛斂，責其寬恤，庶幾窮困之民得保生業，無流移漂蕩之患。」八年，詔監司、太守察所部催科不擾者薦之，煩擾害民者劾之。十一年，戶部奏：諸路州軍檢放旱傷米數近六十萬石。上諭王淮曰：「若盡令覈實，恐他年郡縣懷疑，不復檢放。惟寧國數最多，可令漕司覈實而蠲之。」

紹熙元年，臣僚言：「古者賦租出於民之所有，不強其所無。今之爲絹者，一倍折而爲錢，再倍折而爲銀。銀愈貴，錢愈艱得，穀愈不可售，使民賤糶而貴折，則大熟之歲反爲民害。願詔州郡：凡多取而多折者，重置于罰；民有糶不售者，令常平就糴，異時歲歉，平價以糶。庶於民無傷，於國有補。」詔從之。

祕書監楊萬里奏：「民輸粟於官謂之苗，舊以一斛輸一斛，今以二斛輸一斛矣。輸帛於官謂之稅，舊以正絹爲稅絹，今正絹外有和買矣。舊和買官給其直，或以錢，或以鹽，今皆無之，又以絹估直而倍折其錢矣。舊稅畝一錢輸免役一錢，今歲增其額，不知所止矣。既一倍其粟，數倍其帛，又數倍其錢，而又有月樁錢、版帳錢，不知幾倍於祖宗之舊，又幾倍於漢、唐之制乎。此猶東南之賦可知也，至於蜀賦之額外無名者，不可得而知也。陛下欲薄賦斂，當節用度。用節而後財可積，財積而後國可足，國足而後賦可減，賦減而後民可富，民富而後邦可寧。不然，日復日，歲復歲，臣未知其所終也。」時金主璟新立，萬里迓使客于淮，聞其蠲民間房園地基錢，罷鄉村官酒坊，減鹽價，除田租，使虛譽達於吾境，故因轉對而有是言也。

二年，詔曰：「朕惟爲政之道，莫先於養民。故自卽位以來，蠲除甚賦，頒宣寬條，嘉與四方臻於安富。郡守、縣令，最近民者也。誠能拊循惠愛，以承休德，庶幾政平訟理之效。今采之人言，乃聞科斂先期，競務辦集，而民之虛實不問；追呼相繼，敢爲椎剝，而民之安否不恤。財計之外，治理蔑聞，甚不稱朕委屬之意。國用有常，固在經理，而非掊克督趣以爲能也。知本末先後之誼，此朕所貴於守令者。繼自今以軫恤爲心，以牧養爲務，俾民安業，時予汝嘉。」

慶元二年，詔浙江東、西夏稅、和買紬絹並依紹興十六年詔旨折納。紹興十六年詔旨：絹三分折錢，七分本色；紬八分折錢，二分本色。

嘉熙二年臣僚言：「陛下自登大寶以來，蠲賦之詔無歲無之，而百姓未霑實惠。蓋民輸率先期歸於吏胥、攬戶，及遇詔下，則所放者吏胥之物，所倚閣者攬戶之錢，是以寬恤之詔雖頒，愁歎之聲如故。嘗觀漢史恤民之詔，多減明年田租。今宜倣漢故事，如遇朝廷行大惠，則以今年下詔，明年減租，示民先知減數，則吏難爲欺，民拜實賜矣。」從之。

淳祐八年，監察御史兼崇政殿說書陳求魯奏：「本朝仁政有餘，而王制未備。今之兩稅，本大曆之弊法也。常賦之入尙爲病，況預借乎？預借一歲未已也，至于再，至于三；預借三歲未已也，至于四，至于五。竊聞今之州縣，有借淳祐十四年者矣。以百畝之家計之，罄其永業，豈足支數年之借乎？操縱出於權宜，官吏得以簸弄，上下爲姦，公私俱困。臣愚謂今日救弊之策，其大端有四焉：宜採夏侯太初併省州郡之議，俾縣令得以直達於朝廷；遵用宋元嘉六年爲斷之法，俾縣令得以究心於撫字；法藝祖出朝紳爲令之典，以重其權；

光武擢卓茂爲三公之意，以激其氣。然後爲之正其經界，明其版籍，約其妄費，裁其橫斂，則預借可革，民瘼有瘳矣。」

咸淳十年，侍御史陳堅、殿中侍御史陳過等奏：「今東南之民力竭矣，西北之邊患棘矣，諸葛亮所謂危急存亡之時也。而邸第戚畹、御前寺觀，田連阡陌，亡慮數千萬計，皆巧立名色，盡蠲二稅。州縣乏興，鞭撻黎庶，鬻妻賣子〔三五〕，而鐘鳴鼎食之家，蒼頭廬兒，漿酒藿肉；琳宮梵宇之流，安居暇食，優游死生。安平無事之時尤且不可，而況艱難多事之際乎？今欲寬邊患，當紓民力；欲紓民力，當紓州縣，則邸第、寺觀之常賦，不可姑息而不加釐正也。望與二三大臣亟議行之。」詔可。

建炎二年，初復鈔旁定帖錢，命諸路提刑司掌之。紹興二年，詔僞造券旁者並依軍法。五年三月，詔諸州勘合錢貫收十文足。勘合錢，卽所謂鈔旁定帖錢也。初令諸州通判印賣田宅契紙，自今民間爭田，執白契者勿用。十有一月，以調度不足，詔諸路州縣出賣戶帖，令民具田宅之數而輸其直。旣而以苛擾稽緩，乃立價：凡坊郭鄉村出等戶皆三十千，鄉村五等、坊郭九等戶皆一千，凡六等，惟閩、廣下戶差減；期三月足輸送行在，旱傷及四分以上者聽旨。

三十一年，先是，諸州人戶典賣田宅契稅錢所收窠名，七分隸經、總制，三分屬係省。至是，總領四川財賦王之望言，請從本所措置拘收，以供軍用，詔從之。凡嫁資、遺囑及民間葬地，皆令投契納稅，一歲中得錢四百六十七萬餘引，而極邊所捐八郡及瀘、夔〔三〕等未輸者十九郡不與焉。乾道五年，戶部尙書曾懷言：「四川立限拘錢數百萬緡，婺州亦得錢三十餘萬緡，他路恬不加意。」詔：「百姓白契，期三月自陳，再期百日輸稅，通判拘入總制帳。輸送及十一萬緡者，知、通推賞；違期不首，及輸錢違期者，許人告，論如律。」淳熙六年，敕令所進重修淳熙法，有收舟、驢、駝、馬契書之稅，帝命删之，曰：「恐後世有算及舟車之言。」

建炎三年，張浚節制川、陝，承制以同主管川、秦茶馬趙開爲隨軍轉運使，總領四川財賦。自蜀有西師，益、利諸司已用便宜截三路上供錢。川峽布絹之給陝西、河東、京西者。四年秋，遂盡起元豐以來諸路常平司坊場錢，元豐以來封樁者。次科激賞絹，是年初科三十三萬疋，俟邊事寧即罷。紹興十六年，減利、夔三萬疋，惟東、西川三十萬疋至今不減。次奇零絹估錢，即上三路綱也，歲三十萬疋。西川疋理十一引，東川十引。自紹興二十五年至慶元初，兩川並減至六引。次布估錢，成都崇慶府、彭漢邛州、永康六郡，自天聖間，官以三百錢市布一疋，民甚便之，後不復予錢。至是，宣撫司又令民疋輸估錢三引，歲七十餘萬疋，爲錢二百餘萬引。慶元初，累減至一百三十餘萬引。次常平司積年本息，此熙、豐以來所謂青苗錢者。建炎元年，遣駕部員外郎喻汝礪括得八百餘萬緡，至是，取以贍軍矣。次對糴米，謂如戶當輸稅百石，則又科糴百石，故謂之對糴。及他名色錢。如酒、鹽等。大抵於先朝常賦外，歲增錢二千六十八萬緡，而茶不預焉。自是軍儲稍充，而蜀民始困矣。

紹興五年，浚召拜尚書右僕射，以席益爲四川安撫制置大使，趙開爲四川都轉運使。益頗侵用軍期錢，開愬于朝，又數增錢引，而軍計猶不給。六年，以龍圖閣直學士李迨代開爲都轉運使。都官員外郎馮康國言：「四川地狹民貧，祖宗時，正稅重者折科稍輕，正稅輕者折科稍重，二者平準，所以無偏重偏輕之患。百有餘年，民甚安之。近年，漕、總二司輒更舊法，反覆紐折，取數務多，致民棄業逃移。望並罷之，一遵舊制。」詔如所請，令憲臣察其不如法者。

七年三月，迨以贍軍錢粮令四路漕臣分認，而榷茶錢不用，蜀人不以爲是。九月，浚罷，趙鼎爲尚書左僕射。十有一月，以直祕閣張深主管四川茶馬，迨請祠。八年二月，命深及宣撫司參議官陳遠猷並兼四川轉運副使。席益以憂去，樞密直學士胡世將代之。十月，鼎罷，秦檜獨相。九年，和議成。簽書樞密院事樓炤宣諭陝西還，以金四千兩、銀二十萬兩輸激賞庫，皆取諸蜀者。會吳玠卒，以世將爲宣撫副使，以吏部尙書張燾知成都府兼本路安撫使。上諭輔臣曰：「燾可付以便宜。如四川前日橫斂，宜令減以紓民。」成都帥行民事，自燾始。世將奏以宣撫司參議官井度兼四川轉運副使。

十一年正月，趙開卒。自金人犯陝、蜀，開職饋餉者十年，軍用無乏，一時賴之。其後計臣屢易，於開經畫無敢變更。然茶、鹽、榷酤、奇零絹布之征〔三七〕，自是爲蜀之常賦，雖屢經蠲減而害不去，議者不能無咎開之作俑焉。

十月，以鄭剛中爲川、陝宣諭使。十二年，世將卒，改宣撫使。十三年，剛中獻黃金萬兩。十五年正月，剛中奏減成都路對糴米三之一。四月，省四川都轉運使，以其事歸宣撫司。剛中尋以事忤秦檜，於是置四川總領所錢糧官，以太府少卿趙不棄爲之。又改命不棄總領四川宣撫司錢糧。十六年，剛中奏減兩川米脚錢三十二萬緡，激賞絹二萬疋，免創增酒錢三萬四千緡。以四川總制錢五十萬緡充邊費。十七年，以戶部員外郎符行中總領四川宣撫司錢糧，召剛中赴行在，不棄權工部侍郎，知成都府李璆權四川宣撫司事。

先是，剛中奏：「本司舊貯備邊歲入錢引五百八十一萬五千道，如撥供歲計，卽可對減增添，寬省民力。」詔李璆、符行中參酌減放。於是減四川科敷虛額錢歲二百八十五萬緡，兩川布估錢三十六萬五千緡，夔路鹽錢七萬六千緡，坊場、河渡淨利抽貫稅錢四萬六千餘緡，又減兩川米脚錢四十二萬緡。時宣撫司降賜庫貯米一百萬石，乃命行中酌度對糴分數均減。

十八年，罷四川宣撫司，以璆爲四川安撫制置使兼知成都府，太府少卿汪召嗣總領四川財賦軍馬錢粮。宣撫司降賜庫錢，除制置司取撥二十萬緡，餘令總領所貯之。二十二年，總領所奏蠲諸路欠紹興十七年以前折估糴本等錢一百二十九萬餘緡，米九萬八千七百餘石，綾、絹一萬四千餘疋。先是，自講和後，歲減錢四百六十二萬緡有奇，朝廷猶以爲重。二十四年，遣戶部員外郎鍾世明同四川制、總兩司措置裕民。二十五年，以符行中等言，減兩川絹估錢二十八萬緡，潼川府秋稅脚錢四萬緡，利路科斛脚錢十二萬緡，兩川米脚錢四十萬緡，鹽酒重額錢七十四萬緡，激賞絹九千餘疋，合一百六十餘萬緡；蠲州縣紹興十九年至二十三年折估糴本等逋欠二百九十二萬緡。

是時，朝廷雖蠲民舊逋，而符行中督責猶峻，蜀人怨之。於是以蕭振爲四川安撫制置使兼知成都府，行中提舉江州太平興國宮。二十六年，上以蜀民久困供億，詔制置蕭振、總領湯允恭、主管茶馬李潤、成都轉運判官許尹、潼川轉運判官王之望措置寬恤，於是之望奏減四川上供之半。二十七年，用蕭振等言，減三川對糴米十六萬九千餘石，夔路激賞絹五萬疋，兩川絹估錢二十八萬緡有奇，潼川、成都奇零折帛疋一千；又減韓球所增茶額四百六十二萬餘斤，茶司引息虛額錢歲九十五萬餘緡。

初，利州舊宣撫司有積緡二百萬，守者密獻之朝，下制置司取撥。振曰：「此所以備水旱軍旅也，一旦有急，又將取諸民乎？請留其半。」是歲振卒，李文會代之。二十八年，文會卒，中書舍人王剛中代之。二十九年，蠲四川折估糴本積欠錢三百四十萬緡。

乾道二年，蠲奇欠白契稅錢三十七萬餘緡〔二八〕。三年，蠲川、秦茶馬兩司紹興十九年至三十二年州縣侵用及民積欠六十六萬四千九百餘緡。四年，又詔：四川諸州欠紹興三十一年至隆興二年贍軍諸窠名錢物，暨退剝虧分之數，及漏底折欠等錢，並蠲之。蠲成都人戶理運對糴米脚錢三十五萬緡。淳熙十六年詔：「四川歲發湖、廣總領所綱運百三十五萬六千餘貫，自明年始，與免三年。當議對減鹽酒之額，制置、總領同諸路轉運、提刑司條上。其湖、廣歲計，朝廷當自給之。」

紹熙三年，蠲潼川府去年被水州縣租稅，資普榮敍州、富順監凡夏輸亦如之。尋又詔：「本路旱傷州縣租稅，官爲代輸及民已輸者，悉理今年之數。」四年，蠲紹熙三年成都、潼川兩路奇零絹估錢引四十七萬一千四百五十餘道，潼川府激賞絹一十六萬六千九百七十五疋〔二九〕。又詔：四川州縣鹽、酒課額，自明年更放三年。

嘉定七年，再蠲四川州縣鹽、酒課額三年，其合輸湖、廣總領所綱運亦免三年。十一年，錮天水軍今年租役差科，西和州錮十之七，成州錮十之六，將利、河池兩縣各錮十之五，以經兵也。

校勘記

〔一〕方田均稅條約並式　「方田」二字原脫，據長編卷二三七、編年綱目卷一九補。

〔二〕租額　長編卷二三七、通考卷四田賦考同。編年綱目卷一九作「祖額」，按宋制茶鹽酒稅有祖額之規定（參考本書卷一七九校勘記〔一〕），田賦或亦如此，疑以「祖額」爲是。

〔三〕立土爲埄　「埄」原作「峰」，據長編卷二三七、通考卷四田賦考、宋史全文卷一二上改。下文「行纏拍峰」句同。

〔四〕以期均當　「期」原作「其」，據文義和通考卷四田賦考改。

〔五〕卽一州而及五縣　「及」原作「定」，據宋會要食貨四之九、長編卷三二三改。

〔六〕自京西河北兩路始　「河」字原脫。長編紀事本末卷一三八載此事作「京西、河北兩路」，據補。

〔七〕第一等雖出十分之稅　「第一等」三字原脫，據宋會要食貨四之一二、通考卷五田賦考補。

〔八〕卽十等之上　「卽」原作「折」，據同上書同卷同篇改。

〔九〕十等之下　「十」原作「一」，據同上書同卷同篇改。

〔一〇〕一時所須　「須」原作「輸」，據通考卷四田賦考改。

〔一一〕兩稅折科物　「稅」原作「物」，據宋會要食貨七〇之三、長編卷一一改。

〔一二〕建隆四年　「建隆」原作「建炎」，據長編卷四、通考卷四田賦考改。

〔一三〕夏秋稅苗畝桑功　「秋稅」二字原倒，據長編卷三八乙正。

〔一四〕定民租二百石輸牛革一準錢千五百　長編卷一三，「二百」作「二十」，無「千」字。

〔一五〕於起納前半歲諭民　「前」原作「錢」，據宋會要食貨七〇之一四、長編卷三〇〇改。

〔一六〕權發遣三司戶部判官李琮　「遣」字原脫，據宋會要食貨七〇之一三、長編卷三〇〇補。長編繫此事於元豐二年九月。

〔一七〕則任民以所費多寡自擇　「任」原作「賃」，據通考卷五田賦考改。

〔一八〕王縉　原作「王搢」，據宋會要食貨九之三、繫年要錄卷一〇五改。

〔一九〕察吏之侵漁納賄者　「吏」原作「民」，據繫年要錄卷一〇七改。

〔二〇〕七月詔新復州軍請佃官田輸租外免輸正稅　繫年要錄卷一三〇繫此事於九年七月，在宋、金議和之後，是。按編年順序，本句和句下的注文應移置下文「焚之通衢」後。

〔二一〕神武右軍都統制張俊　「都」字原脫，據宋會要食貨九之二五、繫年要錄卷七八補。

〔二二〕青陽縣苗稅　「稅」字原脫，據宋會要食貨一〇之一、繫年要錄卷一六五補。

〔二三〕四等以下戶官欠　「戶」字原脫，據繫年要錄卷一八一、通考卷二七國用考補。

〔二四〕二稅　原作「三稅」，據宋會要食貨六三之二九改。

〔二五〕鬻妻賣子　「賣」原作「買」，據文義改。

〔二六〕瀘夔　「瀘」原作「盧」，按宋無「盧州」而四川有瀘州；繫年要錄卷一九四本條作「瀘州」，據改。

〔二七〕奇零絹布之征　按繫年要錄卷一三九，「奇零」上有「激賞」二字；上文建炎三年條也說：「次科激賞絹。」朝野雜記甲集卷一四兩川激賞絹條也有記載。

〔二八〕蠲奇欠白契稅錢三十七萬餘緡　按宋會要食貨六三之二六記述此事，所蠲者僅是成都府路。又「奇欠」，會要作「畸零殘欠」。

〔二九〕一十六萬六千九百七十五疋　本書卷三六光宗紀作「六萬六千疋」。

宋史卷一百七十五

志第一百二十八

食貨上三

布帛　和糴　漕運

布帛　宋承前代之制，調絹、紬、布、絲、綿以供軍須，又就所產折科、和市。其織麗之物，則在京有綾錦院，西京、眞定、青益梓州場院主織錦綺、鹿胎、透背，江寧府、潤州有織羅務，梓州有綾綺場，亳州市縐紗，大名府織縐縠，青、齊、鄆、濮、淄、濰、沂、密、登、萊、衡、永、全州市平絁。東京榷貨務歲入中平羅、小綾各萬匹，以供服用及歲時賜與。諸州折科、和市，皆無常數，唯內庫所須，則有司下其數供足。自周顯德中，令公私織造並須幅廣二尺五分，民所輸絹匹重十二兩，疏薄短狹、塗粉入藥者禁之；河北諸州軍重十兩，各長四十二尺。宋因其舊。

開寶三年，令天下諸州凡絲、綿、紬、絹、麻布等物，所在約支二年之用，不得廣科市以煩民。初，蓬州請以租絲配民織綾，給其工直，太祖不許。太宗太平興國中，停湖州織綾務，女工五十八人悉縱之。詔川峽市買場、織造院，自今非供軍布帛，其錦綺、鹿胎、透背、六銖、欹正、龜殼等段匹，不須買織，民間有織賣者勿禁。馬元方爲三司判官，建言：「方春乏絕時，預給庫錢貸民，至夏秋令輸絹於官。」大中祥符三年，河北轉運使李士衡又言：「本路歲給諸軍帛七十萬，民間罕有緡錢，常預假於豪民，出倍稱之息，至期則輸賦之外，先償逋欠，以是工機之利愈薄。請預給帛錢，俾及時輸送，則民獲利而官亦足用。」詔優予其直。自是諸路亦如之。或蠶事不登，許以大小麥折納，仍免倉耗及頭子錢。

天聖中，詔減兩蜀歲輸錦綺、鹿胎、透背、欹正之半，罷作綾花紗。明道中，又減兩蜀歲輸錦綺、綾羅、透背、花紗三之二，命改織紬、絹以助軍。景祐初，遂詔罷輸錦背、繡背、遍地密花透背段，自掖庭以及閭巷皆禁用。其後歲輒增益梓路紅錦、鹿胎，慶曆四年復減半。既而又減梓路歲輸絹三之一，紅錦、鹿胎半之。先是，咸平初，廣南西路轉運使陳堯叟言：「準詔課植桑棗，嶺外唯產苧麻，許令折數，仍聽織布赴官場博市，匹爲錢百五十至二百。」

至是，三司請以布償芻直，登、萊端布爲錢千三百六十，沂布千一百，仁宗以取直過厚，命差減其數。自西邊用兵，軍須紬絹，多出益、梓、利三路，歲增所輸之數；兵罷，其費乃減。嘉祐三年，始詔寬三路所輸數。治平中，歲織十五萬三千五百餘匹。

神宗卽位，京師米有餘蓄，命發運司損和糴數五十萬石，市金帛上京，儲之榷貨務，備三路軍須。京東轉運司請以錢三十萬二千二百貫給貸於民，令次年輸絹，匹爲錢千，隨夏稅初限督之。詔運其錢于河北，聽商人入中。

熙寧三年，御史程顥言：「京東轉運司和買紬絹，增數抑配，率千錢課絹一匹，其後和買幷稅絹，匹皆輸錢千五百。」時王廣淵爲轉運使，謂和買如舊，無抑配。顥言其迎合朝廷意。王安石謂廣淵在京東盡力以赴事功，不宜罪以迎合。乃詔所給內帑別額紬絹錢五十萬緡，隨收其本儲之北京，息歸之內帑。右正言李常亦言：「廣淵以陳汝羲所進羨餘錢五十萬緡，隨和買絹錢分配，於常稅折科放買外，更取二十五萬緡，請以顥言付有司。」定州安撫司又言：「轉運司配紬、絹、綿、布於州鎭軍砦等坊郭戶，易錢數多，乞憫其災傷，又居極邊，特蠲損之。」詔提刑司別估，民不願市，令官自賣，已給而抑配者正之。自王安石秉政，專以取息爲富國之務，故當時言利小人如王廣淵輩，假和買紬絹之名，配以錢而取其五分之息，其刻又甚於青苗。然安石右廣淵，顥、常言卒不行。二月，詔移巴蜀羨財，市布帛儲於陝西以備邊，省蜀人輸送及中都漕輓之費。

七年，兩浙察訪沈括言：「本路歲上供帛九十八萬，民苦備償，而發運司復以移用財貨爲名，增預買紬絹十二萬。」詔罷其所增之數。八年，韓琦奏倚閣預買紬絹等，雖稍豐稔，猶當五七歲帶輸。安石以爲不然，言於神宗曰：「預買紬絹，祖宗以來未嘗倚閣，往歲李稷有請，因從之。近方鎭監司爭以寬恤爲事，不計有無，異日國用闕，當復刻剝於民爾。」

元豐以來，諸路預買紬絹，許假封樁錢或坊場錢，少者數萬緡，多者至數十萬緡。其假提舉司寬剩錢者，又或令以絹帛入常平庫，俟轉運司以價錢易取。三年，京東轉運司請增預買數三十萬，卽本路移易，從之。四年，遣李元輔變運川峽四路司農物帛。中書言：物帛至陝西，擇省樣不合者貿易，糴糧儲於邊，期以一年畢。五年，戶部上其數凡八百十六萬一千七百八十四兩，三百四十六萬二千緡有奇。

紹聖元年，兩浙絲蠶薄收，和買幷稅紬絹，令四等下戶輸錢，易左帑紬絹；又令轉運司以所輸錢市金銀，遇蠶絲多，兼市紗、羅、紬、絹上供。元符元年，雄州榷場輸布不如樣，監司、通判貶秩、展磨勘年有差；令損其直，後似此者勿受。

尙書省言：「民多願請預買錢，宜視歲例增給，來歲市紬絹計綱赴京。」左司員外郞陳瓘言：「預買之息，重於常平數倍，人皆以爲苦，何謂願請？今復創增，雖名濟乏，實聚斂之術。」提點京東刑獄程堂亦言：「京東、河北災民流未復，今轉運司東西路歲額無慮二百萬匹兩，又於例外增買，請罷之。」乃詔諸路提舉司勿更給錢，俟蠶麥多，選官置場。崇寧中，諸路預買，令所產州縣鄉民及城郭戶並準貲力高下差等均給。川峽路取元豐數最多一年爲額，舊不給者如故。

江西和買紬絹歲五十萬匹，舊以錢、鹽三七分預給。自鹽鈔法行，不復給鹽，令轉運司盡給以錢，而卒無有，逮今五年，循以爲常，民重傷困。大觀初，詔假本路諸司封樁錢及鄰路所掌封樁鹽各十萬緡給之。其後提舉常平張根復言：「本路和買，未嘗給錢，請盡給一歲蠶鹽，許轉運司移運或民戶至場自請。」而江西十郡和買數多，法一匹給鹽二十斤，比錢九百，歲預於十二月前給之。轉運司得鹽不足，更下發運司會積歲所負給償。

尙書省言大觀庫物帛不足，令兩浙、京東、淮南、江東西、成都、梓州、福建路市羅、綾、紗一千至三萬匹各有差。二年，又令京東、淮南、兩浙市絹帛五萬及三萬匹，並輸大觀庫；又四川各二萬，輸元豐庫。江東西如四川之數，輸崇寧庫。而州縣和買，有以鹽一席折錢六千，令民至期輸紬絹六匹，又前期督促，致多逃徙，詔遞加其罪。坊郭戶預買有家至四五百匹，興仁府萬延嗣戶業錢十四萬二千緡，歲均千餘匹，乃令減半均之。

兩浙和買幷稅紬絹布帛，頭子錢外，又收市例錢四十，例外約增數萬緡，以分給人吏。政和初，詔罷市例錢。諸路紬絹布帛比價高數倍，而給直猶用舊法，言者請稍增之，度支以元豐例定，沮抑不行，令如期給散而已。江東和買，弊如江西，比年纔給二百，轉運司又以重十三兩爲則，不及則，準絲價補納以錢，兩率二百有餘。宣和三年，詔提刑司釐正以聞。先是，成都、河北預買，官戶許減半，四年，令舊嘗全科者如舊。既又以兩浙多官戶，令預買通敷。七年冬，郊祀，河北、京東和買科取物帛絲綿等數並免，以供奉物給降，其所蠲貸，幾數百萬。

初，預買紬絹務優直以利民，然猶未免煩民，後或令民折輸錢，或物重而價輕，民力寖困，其終也，官不給直，而賦取益甚矣。十二月，詔令轉運司各會一路之數，分下州縣經畫，不以錢以他物、不以正月以他月給者，並論以違制。然有司鮮能承順焉。靖康元年，命轉運司以常平錢前一季預備，如正月之期給之，毋貸以他物而損其數。京東州縣勿以逃移戶舊數科著業人，仍先除其數，俟流民歸業均敷。餘路亦如之。

建炎三年春，高宗初至杭州，朱勝非爲相。兩浙轉運副使王琮言：「本路上供、和買、夏稅紬絹，歲爲匹一百一十七萬七千八百，每匹折輸錢二千以助用。」詔許之。東南折帛錢自此始。五月，詔每歲預買綿絹，令登時給其直。又詔江、浙和預買絹減四分之一，仍給見錢，違者寘之法。紹興元年，初賦鼎州和買折帛錢六萬緡，以贍蔡兵。以兩浙夏稅及和買紬絹一百六十餘萬匹，半令輸錢，匹二千。二年，以諸路上供絲、帛並半折錢如兩浙例，江、淮、閩、廣、荊湖折帛錢自此始。時江、浙、湖北、夔路歲額紬三十九萬匹，江南、川、廣、湖南、兩浙絹二百七十三萬匹，東川、湖南綾羅絁七萬匹，西川、廣西布七十七萬匹，成都錦綺千八百餘匹，皆有奇。

三年三月，以兩浙和買物帛，下戶艱於得錢，聽以七分輸正色，三分折見緡。初，洪州和買，八分輸正色，二分折省錢，匹三千。四年，帥臣胡世將請以三分匹折六千省。又言絹直踴貴，請匹增爲五千足。戶部定爲六千足。殿中侍御史張致遠言：「江西殘破之餘，和預買絹請折輸錢，朝廷從之，是欲少寬民力。匹輸錢五千省，比舊直已增其半，較之兩浙時直，匹多一千五百，戶部又令折六貫文足，是欲乘民之急而倍其斂也。物不常貴，則絹有時而易辦；錢額既定，則價無時而可減。」於是詔江西和買絹匹折輸錢六千省，願輸正色者聽。是冬，初令江、浙民戶悉輸折帛錢。當是時，行都月費錢百餘萬緡，重以征戍之費，令民輸紬者全折，輸絹者半折，匹五千二百省。折帛錢由此愈重。

九年正月，復河南，減折帛錢匹一千，未幾又增之。十七年，減折帛錢：江南匹爲六千，兩浙七千，和買六千五百；綿，江南兩爲三百，兩浙四百。二十年，詔：「廣西折布錢因張浚增至兩倍以上，今減作一貫文折輸。」二十九年，中書省奏：江、浙四路所起折帛錢，地里遙遠，宜就近儲之。詔除徽、處、廣德舊折輕貨，餘州當折銀者輸錢，願輸銀者聽，浙西提刑司、三總領所主之。先是，江、浙路折帛錢歲爲錢五百七十三萬餘緡，並輸行都，至是，始外儲之以備軍用。

乾道四年，減兩浙、江東西路〔一〕乾道五年夏稅、和買折帛錢之半。六年，知徽州鄭升卿代還，奏：「州自五代時陶雅守郡，妄增民賦，至今二百餘年，比鄰境諸縣之稅獨重數倍，而雜錢之稅科折尤重，請賜蠲免。」九年，詔徽州額外創科雜錢一萬二千一百八十餘緡，及元認江東、兩浙運司諸處絹一萬六千六百餘匹，並蠲之。

紹熙五年，詔兩浙、江東西和買紬絹折帛錢太重，可自來年匹減錢一貫五百文，三年後別聽旨。所減之錢，令內藏、封樁兩庫撥還。

慶元元年，戶部侍郎袁說友言臨安、餘杭二縣和買科取之弊：「乞將餘杭縣經界元科之額配以絹數，不分等則，以二十四貫定數一匹，衮科而下，足額而止，捐其餘以惠末產之民。如此則吏不得而制民，民無資於詭戶，救弊之良策也。」說友又奏：「貫頭均科之法行，則縣邑無由多取，鄉司無所走弄，而詭挾者不能以幸免，是以姦民頑吏立爲異論以搖之。」詔令集議。二年，吏部尚書葉翥等議請如帥漕所奏推行之，詔可。

建炎元年，知越州翟汝文奏：「浙東和預買絹歲九十七萬六千匹，而越乃六十萬五百匹〔三〕，以一路計之，當十之三。望將三等以上戶減半，四等以下戶權罷。」尋以杭之和買絹偏重，均十二萬匹於兩浙。乾道九年，祕書郎趙粹中言：「兩浙和買，莫重於紹興，而會稽爲最重。緣田薄稅重，詭名隱寄，多分子戶。自經界後至乾道五年，累經推排，減落物力，走失愈重，民力困竭。若據畝均輸，可絕詭戶之弊。」淳熙八年，詔兩淮漕臣吳琚與帥臣張子顏措置。子顏等言：「勢家豪民分析版籍以自託於下戶，是不可不抑。然弊必有原，謂如浙東七州，和買凡二十八萬一千七百三十有八；温州本無科額，合台、明、衢、處、婺之數，不滿一十三萬；而紹興一郡獨當一十四萬六千九百三十有八，則是以一郡視五郡之輸而又贏一萬有奇，此重額之弊也。又如賃牛物力，以其有資民用，不忍科配；酒坊、鹽亭戶，以其嘗趁官課，難令再敷；至於坍江落海之田，壤地漂沒；僧道寺觀之產，或奉詔蠲免；而省額未除，不免陰配民戶，此暗科之弊也。二弊相乘，民不堪命，於是規避之心生，而詭戶之患起。舊例物力三十八貫五百爲第四等，降一文以下即爲第五等，爲詭戶者志於規避，往往止就二三十貫之間立爲砧基。今若自有產有丁係眞五等依舊不科，其有產無丁之戶，將實管田產錢一十五貫以上並科和買，其一十五貫以下則存而不斂，庶幾僞五等不可逃，眞五等不受困。」於是詔：「紹興府攢宮田園、諸寺觀、延祥莊并租牛耕牛合蠲和買，並於省額除之；坊場、鹽亭戶見斂和買物力，及坍江田、放生池合減租稅物力，並覈實取旨。」

十一年，臣僚言兩浙、江東西四路和買不均之弊，送戶部、給舍等官詳議。鄭丙、丘崈議，畝頭均科之說至公至平，詔施行之。十六年，知紹興府王希呂言：「均斂和買，曩者亟於集事，不暇覈實，一切以爲詭戶而科之，於是物力自百文以上皆不免於和買，貧民始不勝其困。乞將創科和買二萬五十七匹有奇盡放，則民被實惠矣。」於是詔下戶和買二萬五十餘匹住催一年，又減元額四萬四千匹有奇；均斂一節，令知紹興府洪邁從長施行。紹熙元年，邁定其法上之，詔依所措置推行，於是紹興貧民下戶稍寬矣。

和糴　宋歲漕以廣軍儲、實京邑。河北、河東、陝西三路及內郡，又自糴買，以息邊民飛輓之勞，其名不一。建隆初，河北連歲大稔，命使置場增價市糴，自是率以爲常。咸平中，嘗出內府綾、羅、錦、綺計直緡錢百八十萬、銀三十萬兩，付河北轉運使糴粟實邊。繼而詔：凡邊州積穀可給三歲卽止。大中祥符初，三路歲豐，仍令增糴廣蓄，靡限常數。後又時出內庫緡錢，或數十萬，或百萬，別遣官經畫市糴，中等戶以下免之。

初，河東旣下，減其租賦。有司言其地沃民勤，頗多積穀，請每歲和市，隨常賦輸送，其直多折色給之。京東西、陝西、河北闕兵食，州縣括民家所積糧市之，謂之推置；取上戶版籍，酌所輸租而均糴之，謂之對糴，皆非常制。麟、府州以轉餉道遠，遣常參官就置場和糴。河北又募商人輸芻粟於邊，以要券取鹽及緡錢、香藥、寶貨於京師或東南州軍，陝西則受鹽於兩池，謂之入中。陝西糴穀，又歲預給靑苗錢，天聖以來，罷不復給，然發內藏金帛以助糴者，前後不可勝數。寶元中，出內庫珠直緡錢三十萬，付三司售之，收其直以助邊費。歐陽脩奉使河東還，言：「河東禁並邊地不許人耕，而私糴北界粟麥爲兵儲，最爲大患。」遂詔岢嵐、火山軍閑田並邊壕十里外者聽人耕，然竟無益邊備，歲糴如故。大抵入中利厚而商賈趨之，罷三路入中，悉以見錢和糴，縣官之費省矣。

熙寧五年，詔以銀絹各二十萬賜河東經略安撫司，聽人賒買，收本息封樁備邊。自是三路封樁，所給甚廣，或取之三司，或取之市易務，或取之他路轉運司，或賜常平錢，或鬻爵、給度牒，而出內藏錢帛不與焉。

七年，以岷州入中者寡，令三司具東南及西鹽鈔法經久通行利病以聞。知熙州王韶建議：「依沿邊和糴例，以一分見緡、九分西鈔，別約價，募入中者。凡邊部入中有闕，則多出京鈔或饒益誘之，以紓用度。」是歲，河東並邊大稔，詔都轉運使李師中與劉庠廣糴，積五年之蓄。復命輔臣議，更以陝西並塞芻糧之法，令轉運司增舊糴三分，以所糴虧羨爲賞罰，仍遣吏按視。而陝西和糴，或以錢、茶、銀、紬、絹糴於弓箭手。

八年，河東察訪使李承之言：「太原路二稅外有和糴糧草，官雖量予錢、布，而所得細微，民無所濟，遇歲凶不蠲，最爲弊法。」繼而知太原韓絳復請和糴於元數省三分，罷支錢、布，乞精選才臣講求利害。詔委陳安石。元豐元年，安石奏：「河東十三州二稅，以石計凡三十九萬二千有餘，而和糴數八十二萬四千有餘，所以歲凶仍輸者，以稅輕、軍儲不可闕故也。舊支錢、布相半，數既奇零，以鈔貿易，略不收半，公家實費，百姓乃得虛名。欲自今罷支糴錢，歲以其錢令並邊州郡和市封樁，即歲災以塡所蠲數，年豐則三歲一免其輸。」朝廷以爲然，始詔河東歲給和糴錢八萬餘緡並罷，以其錢付漕司，如安石議。因用安石爲河東轉運使。其後經略使呂惠卿復請別議立法，除河外三州理爲邊郡宜免，餘十一州可概均糴。下有司議，以歲和糴見數十分之，裁其二，用八分爲額，隨戶色高下裁定，毋更給錢；歲災同秋稅蠲放，以轉運司應給錢補之，災不及五分，聽以久例支移。遂易和糴之名爲助軍糧草。元豐四年，以度支副使蹇周輔兼措置河北糴便司。明年，詔以開封府界、諸路闕額禁軍及淮、浙、福建等路剩鹽息錢，並輸糴便司爲本。令瀛、定、澶等州各置倉，凡封樁，三司毋關預，委周輔專其任，司農寺市易、淤田、水利等司所計置封樁糧草並歸之。六年，詔提點河北西路王子淵兼同措置。未幾，手詔周輔：今河朔豐成，宜廣收糴。是歲，大名東、西濟勝二倉，定州衍積、寶盈二倉與瀛之州倉皆成，周輔召拜戶部侍郎，以左司郎中吳雍代之。明年，雍言河北倉廩皆充實，見儲糧料總千一百七十六萬石。詔賜同措置王子淵三品服。宣和中，罷畿內和糴。

自熙寧以來，和糴、入中之外，又有坐倉、博糴、結糴、俵糴、兌糴、寄糴、括糴、勸糴、均糴等名。其曰坐倉：熙寧二年，令諸軍餘糧願糴入官者，計價支錢，復儲其米於倉。王珪奏曰：「外郡用錢四十可致斗米於京師，今京師乏錢，反用錢百坐倉糴斗米，此極非計。」司馬光曰：「坐倉之法，蓋因小郡乏米而庫有餘錢，故反就軍人糴米以給次月之糧，出於一時急計耳。今京師有七年之儲，而府庫無錢，更糴軍人之米，使積久陳腐，其爲利害非臣所知。」呂惠卿曰：「今坐倉得米百萬石，則減東南歲漕百萬石，轉易爲錢以供京師，何患無錢？」光曰：「臣聞江、淮之南，民間乏錢，謂之錢荒。而土宜秔稻，彼人食之不盡。若官不糴取以供京師，則無所發泄，必甚賤傷農矣。且民有米而官不用米，民無錢而官必使之出錢，豈通財利民之道乎？」不從。明年，又慮元價賤，神、龍衞及諸司每石等第增錢收糴，仍聽行於河北、河東、陝西諸路。元符以後，有低價抑糴之弊，詔禁止之。

其曰博糴：熙寧七年，詔河北轉運、提舉司置場，以常平及省倉歲用餘糧，減直聽民以絲、綿、綾、絹增價博買，俟秋成博糴。崇寧五年，又詔陝西錢重物輕，委轉運司措置，以銀、絹、絲、紬之類博糴斛斗，以平物價。

其曰結糴：熙寧八年，劉佐體量川茶，因便結糴熙河路軍儲，得七萬餘石，詔運給焉。未幾，商人王震言：結糴多散官或浮浪之人，有經年方輸者。詔措置熙河財用孫迥究治以聞。迥奏總管王君萬負熙、河兩州結糴錢十四萬六百三十餘緡、銀三百餘兩。乃遣蔡確馳往本路劾之，君萬及高遵裕皆坐借結糴違法市易，降黜有差。崇寧初，蔡京行於陝西，盡括民財以充數。五年，以星變講修闕政，罷陝西、河東結糴、對糴。

其曰俵糴：熙寧八年，令中書計運米百萬石費約三十七萬緡，帝怪其多。王安石因言：「俵糴非特省六七十萬緡歲漕之費，且河北入中之價，權之在我，遇斗斛貴住糴，卽百姓米無所糶，自然價損，非惟實邊，亦免傷農。」乃詔歲以末鹽錢鈔、在京粳米六十萬貫石，付都提舉市易司貿易。度民田入多寡，豫給錢物，秋成於澶州、北京及緣邊入米麥粟封樁。卽物價踊，權止入中，聽糴便司兌用，須歲豐補償。紹聖三年，呂大忠之言〔三〕，召農民相保，豫貸官錢之半，循稅限催科，餘錢至夏秋用時價隨所輸貼納。崇寧中，蔡京令坊郭、鄉村以等第給錢，俟收，以時價入粟，邊郡弓箭手、青唐蕃部皆然。用俵多寡爲官吏賞罰。

其曰兌糴：熙寧九年，詔淮南常平司於麥熟州郡及時兌糴。元祐二年，嘗以麥熟下諸路廣糴，詔後價若與本相當，卽許變轉兌糴。

其曰寄糴：元豐二年，糴便糧草王子淵論綱舟利害，因言：「商人入中，歲小不登，必邀厚價，故設內郡寄糴之法，以權輕重。」七年，詔河北瀛、定二州所糴數以鉅萬，而散於諸郡寄糴，恐緩急不相及，不若致商人自運。李南公、王子淵俱言：「寄糴法行已久，且近都倉，緩急運致非難。」於是寄糴卒不罷。

其曰括糴：元符元年，涇原經略使章楶請並邊糴買；豫榜諭民，毋得與公家爭糴，卽官儲有乏，括索贏糧之家，量存其所用，盡糴入官。

其曰勸糴、均糴：政和元年，童貫宣撫陝西議行之。鄜延經略使錢卽言：「勸糴非可以久行。均糴先入其斛斗乃給其直，於有斛斗之家未有害也。坊郭之人，素無斛斗，必須外糴，轉有煩費。」疏奏，坐貶。時又詔河北、河東倣陝西均糴，知定州王漢之坐沮格奪職罷。

未幾，遂立均糴法。三年，以歲稔，諸路推行均糴。五年，言者謂：「均糴法嚴，然已糴而不償其直，或不度州縣之力，敷數過多，有一戶而糴數百石者。」乃詔諸路毋輒均糴。既而州縣以和糴爲名，低裁其價，轉運司程督愈峻，科率倍於均糴，詔約止之。宣和三年，方臘平，兩浙亦量官戶輕重均糴。明年，荆湖南、北均糴，以家業爲差。勸糴之法，其後寖及於新邊，鄯廓州、積石軍蕃部患之。

自熙寧以來，王韶開熙河，章惇營溪洞，沈起、劉彝啓交阯之隙，韓存寶、林廣窮乞弟之役，費用科調益繁。陝西宿兵既多，元豐四年，六路大舉西討，軍費最甚於他路。帝先慮科役擾民，令趙禼廉問，頗得其事。又以糧餉麤惡，欲械斬河東、涇原漕臣，以厲其餘，卒以師興役衆，鮮克辦給。又李稷爲鄜延漕臣督運，詔許斬知州以下乏軍興者，民苦摺運，多散走，所殺至數千人，道斃者不在焉。於是文彥博奏言：「關陝人戶，昨經調發，不遺餘力，死亡之餘，疲瘵已甚。爲今之計，正當勞來將士，安撫百姓，全其瘡痍，使得蘇息。」明年，優詔嘉答。初，西師無功，議者慮朝廷再舉，自是，帝大感悟，申飭邊臣固境息兵，關中以蘇。

哲宗卽位，諸老大臣維持初政，益務綏靜，邊郡類無調發，第令諸路廣糴以備蓄積，及詔陝西、麟府州計五歲之糧而已。紹聖初，乃詔河北鎭、定、瀛州糴十年之儲，餘州七年。

其後陝西諸路又連歲興師，及進築鄯、湟等州，費資糧不可勝計。元符二年，涇原經略使章楶諫曰：「伏見興師以來，陝西府庫倉廩儲蓄，內外一空，前後資貸內藏金帛，不知其幾千萬數。卽今所在糧草盡乏，漕臣計無所出，文移指空而已。今者，正休兵息民、淸心省事之時，唯深察臣言，裁決斯事。若更詢主議大臣，竊恐專務興師，上誤聖聽。」主議大臣，指章惇也。時內藏空乏，陝西諸路以軍賞銀絹數寡，請給於內藏庫，詔以絹五十萬匹予之。帝謂近臣曰：「內庫絹才百萬，已輟其半矣。」

蔡京用事，復務拓土，勸徽宗招納靑唐，用王厚經置，費錢億萬，用大兵凡再，始克之，而湟州戍兵費錢一千二十四萬九千餘緡。五年〔四〕，熙河蘭湟運使洪中孚言：「本道靑稞畝收五石，粒當大麥之三。異時人糧給精米，馬料給靑稞，率皆八折，不惟人馬之食自足，而價亦相當。今邊臣不燭事情，精米、靑稞與糙米、大麥一例抵斗給散，卽公有一分之耗，私有一分之贏。會計一路歲費斛斗一百八十萬、雜色五十萬外，靑稞一百三十萬，抵斗歲費二十六萬石，石三十緡，計七百八十萬。」帝慮其米仍麤，將士或有饑色，乃命九折。明年，復令計斗給散，竟罷九折。又於陝西建四都倉：平夏城曰裕財，鎭戎軍曰裕國，通峽砦曰裕民，西安州曰裕邊。自夏人叛命，諸路皆謀進築，陝以西保甲皆運糧。後童貫又自將兵築靖夏、制戎、伏羌等城，窮討深入，凡六七年。至宣和末，饋餉空乏，鄜延至不能支旬月。時邊臣爭務開邊，夔、峽、嶺南不毛之地，草創郡邑，調取於民，費出於縣官，不可勝計。最後有燕山之役，雄、霸等州倉廩皆竭，兵士饑忿，有擲瓦石擊守貳、刃將官者。燕山郭藥師所將常勝一軍，計口給錢廩，月費米三十萬石、錢一百萬緡。河北之民力不能給，於是免夫之議興。初，黃河歲調夫修築埽岸，其不卽役者輸免夫錢。熙、豐間，淮南科黃河夫，夫錢十千，富戶有及六十夫者，劉誼蓋嘗論之。及元祐中，呂大防等主回河之議，力役旣大，因配夫出錢。大觀中，修滑州魚池埽，始盡令輸錢。帝謂事易集而民不煩，乃詔凡河隄合調春夫，盡輸免夫之直，定爲永法。及是，王黼建議，乃下詔曰：「大兵之後，非假諸路民力，其克有濟？諭民國事所當竭力，天下並輸免夫錢，夫二十千，淮、浙、江、湖、嶺、蜀夫三十千。」凡得一千七百餘萬緡，河北羣盜因是大起。

南渡，三邊饋餉，糴事所不容已。紹興間，於江、浙、湖南博糴，多者給官告，少者給度牒，或以鈔引，類多不售，而吏緣爲姦，人情大擾。於是減其價以誘積粟之家，初不拘於官、編之戶。凡降金銀錢帛而州縣阻節不卽還者，官吏並徒二年。廣東轉運判官周綱糴米十五萬石，無擾及無陳腐，撫州守臣劉汝翼〔五〕餉兵不匱，及勸誘賑糴流離，皆轉一官。七年，以饒州之糴石取耗四斗，罪其郡守。自是和糴者計剩科罪。十三年，荆湖歲稔，米斗六七錢，乃就糴以寬江、浙之民。十八年，免和糴，命三總領所置場糴之。舊制：兩浙、江、湖歲當發米四百六十九萬斛，兩浙一百五十萬，江東九十三萬，江西百二十六萬，湖南六十五萬，湖北三十五萬。至是，欠百萬斛有奇。乃詔臨安、平江府及淮東西、湖廣三計司，歲糴米百二十萬斛：浙西凡糴七十六萬〔六〕，淮西十六萬五千，湖廣、淮東皆十五萬。二十八年，除二浙以三十五萬斛折錢，諸路綱米及糴場歲收四百五十二萬斛。二十九年，糴二百三十萬石以備振貸，石降錢二千，以關子、茶引及銀充其數。

孝宗乾道三年秋，江、浙、淮、閩淫雨，詔州縣以本錢坐倉收糴，毋強配於民。四年，糴本給會子及錢銀，石錢二貫五百文。淳熙三年，詔廣西運司，糴錢以歲豐歉市直高下增減給之。寶慶三年，監察御史汪剛中言：「和糴之弊，其來非一日矣，欲得其要而革之，非禁科抑不可。夫禁科抑，莫如增米價，此已試而有驗者，望飭所司奉行。」有旨從之。紹定元年，錫銀、會、度牒於湖廣總所，令和糴米七十萬石餉軍。五年，臣僚言：「若將民間合輸緡錢使輸斛斗，免令賤糶輸錢，在農人亦甚有利，此廣糴之良法也。」從之。開慶元年，沿江制置司招糴米五十萬石，湖南安撫司糴米五十萬石，兩浙轉運司五十萬石，淮、浙發運司二百萬石，江東提舉司三十萬石，江西轉運司五十萬石，湖南轉運司二十萬石，太平州一十萬石，淮安州三十萬石，高郵軍五十萬石，漣水軍一十萬石，廬州一十萬石，並視時以一色會子發下收糴，以供軍餉。

咸淳六年，都省言：「咸淳五年和糴米，除浙西永遠住糴及四川制司就糴二十萬石椿充軍餉外，京湖制司、湖南、江西、廣西共糴一百四十八萬石，凡遇和糴年分皆然。」

漕運　宋都大梁，有四河以通漕運：曰汴河，曰黃河，曰惠民河，曰廣濟河，而汴河所漕爲多。太祖起兵間，有天下，懲唐季五代藩鎭之禍，蓄兵京師，以成彊幹弱支之勢，故於兵食爲重。建隆以來，首浚三河，令自今諸州歲受稅租及筦榷貨利、上供物帛，悉官給舟車，輸送京師，毋役民妨農。開寶五年，率汴、蔡兩河公私船，運江、淮米數十萬石以給兵食。是時京師歲費有限，漕事尙簡。至太平興國初，兩浙既獻地，歲運米四百萬石。所在雇民挽舟，吏並緣爲姦，運舟或附載錢帛、雜物輸京師，又回綱轉輸外州，主藏吏給納邀滯，於是擅貿易官物者有之。八年，乃擇幹彊之臣，在京分掌水陸路發運事。凡一綱計其舟車役人之直，給付主綱吏雇募，舟車到發、財貨出納，並關報而催督之，自是調發邀滯之弊遂革。

初，荊湖、江、浙、淮南諸州，擇部民高貲者部送上供物，民多質魯，不能檢御舟人，舟人侵盜官物，民破產不能償。乃詔牙吏部送，勿復擾民。大通監輸鐵尙方鑄兵器，鍛鍊用之，十裁得四五；廣南貢藤，去其麤者，斤僅得三兩。遂令鐵就冶卽淬治之，藤取堪用者，無使負重致遠，以勞民力。汴河挽舟卒多饑凍，太宗令中黃門求得百許人，藍縷枯瘠，詢其故，乃主糧吏率取其口食。帝怒，捕鞫得實，斷腕徇河上三日而後斬之，押運者杖配商州。雍熙四年，併水陸路發運爲一司。主綱吏卒盜用官物，及用水土雜糅官米，故毁敗舟船致沈溺者，棄市，募告者厚賞之；山河、平河實因灘磧風水所敗，以收救分數差定其罪。端拱元年，罷京城水陸發運，以其事分隸排岸司及下卸司。先是，四河所運未有定制，太平興國六年，汴河歲運江、淮米三百萬石，菽一百萬石；黃河粟五十萬石，菽三十萬石；惠民河粟四十萬石，菽二十萬石；廣濟河粟十二萬石：凡五百五十萬石。非水旱蠲放民租，未嘗不及其數。至道初，汴河運米五百八十萬石。大中祥符初，至七百萬石。

江南、淮南、兩浙、荆湖路租糴，於眞、揚、楚、泗州置倉受納，分調舟船泝流入汴，以達京師，置發運使領之。諸州錢帛、雜物、軍器上供亦如之。陝西諸州菽粟，自黃河三門沿流入汴，以達京師，亦置發運司領之。粟帛自廣濟河而至京師者，京東之十七州；由石塘、惠民河而至京師者，陳、潁、許、蔡、光、壽六州，皆有京朝官廷臣督之。河北衞州東北有御河達乾寧軍，其運物亦廷臣主之。廣南金銀、香藥、犀象、百貨，陸運至虔州而後水運。

川益諸州金帛及租、市之布，自劍門列傳置，分輦負檐至嘉州，水運達荊南，自荊南遣綱吏運送京師，咸平中，定歲運六十六萬匹，分爲十綱。天禧末，水陸運上供金帛、緡錢二十三萬一千餘貫、兩、端、匹，珠寶、香藥二十七萬五千餘斤。諸州歲造運船，至道末三千二百三十七艘，天禧末減四百二十一。先是，諸河漕數歲久益增，景德四年，定汴河歲額六百萬石。天聖四年，荊湖、江、淮州縣和糴上供，小民闕食，自五年後權減五十萬石。慶曆中，又減廣濟河二十萬石。後黃河歲漕益減耗，纔運菽三十萬石，歲創漕船，市材木，役牙前，勞費甚廣；嘉祐四年，罷所運菽，減漕船三百艘。自是歲漕三河而已。

江、湖上供米，舊轉運使以本路綱輸眞、楚、泗州轉般倉，載鹽以歸，舟還其郡，卒還其家。汴舟詣轉般倉運米輸京師，歲擢運者四。河冬涸，舟卒亦還營，至春復集，名曰放凍。卒得番休，逃亡者少；汴船不涉江路，無風波沉溺之患。後發運使權益重，六路上供米團綱發船，不復委本路，獨專其任。文移坌併，事目繁夥，不能檢察。操舟者賕諸吏，得詣富饒郡市賤貿貴，以趨京師。自是江、汴之舟，混轉無辨，挽舟卒有終身不還其家、老死河路者。籍多空名，漕事大弊。

皇祐中，發運使許元奏：「近歲諸路因循，糧綱法壞，遂令汴綱至冬出江，爲他路轉漕，兵不得息。宜敕諸路增船，載米輸轉般倉充歲計如故事。」於是牟利者多以元說爲然，詔如元奏。久之，諸路綱不集。嘉祐三年，下詔切責有司以格詔不行，及發運使不能總綱條，轉運使不能斡歲入。預敕江、湖、兩浙轉運司〔七〕，期以碁年，各造船補卒，團本路綱，自嘉祐五年汴船不得復出江。至期，諸路船猶不足。汴船既不至江外，江外船不得至京師，失商販之利；而汴船工卒訖冬坐食，恆苦不足，皆盜毀船材，易錢自給，船愈壞而漕額愈不及矣。論者初欲漕卒得歸息，而近歲汴船多傭丁夫，每船卒不過一二人，至冬當留守船，實無得歸息者。時元罷已久，後至者數奏請出汴船，執政不許。治平三年，始詔出汴船七十綱，未幾，皆出江復故。

治平二年，漕粟至京師，汴河五百七十五萬五千石，惠民河二十六萬七千石，廣濟河七十四萬石。又漕金帛緡錢入左藏、內藏庫者，總其數一千一百七十三萬，而諸路轉移相給者不預焉。繇京西、陝西、河東運薪炭至京師，薪以斤計一千七百一十三萬，炭以秤計一百萬。是歲，諸路創漕船二千五百四十艘。治平四年，京師秔米支五歲餘。是時，漕運吏卒，上下共爲侵盜貿易，甚則託風水沉沒以滅迹。官物陷折，歲不減二十萬斛。熙寧二年，薛向爲江、淮等路發運使，始募客舟與官舟分運，互相檢察，舊弊乃去。歲漕常數既足，募商舟運至京師者又二十六萬餘石而未已，請充明年歲計之數。

三司使吳充言：「宜自明年減江、淮漕米二百萬石，令發運司易輕貨二百萬緡，計五年所得，無慮緡錢千萬，轉儲三路平糴備邊。」王安石謂：「驟變米二百萬石，米必陡賤；驟致輕貨二百萬貫，貨必陡貴。當令發運司度米貴州郡，折錢變爲輕貨，儲之河東、陝西要便州軍，用常平法糶糴爲便。」詔如安石議。七年，京東路察訪鄧潤甫等言：「山東沿海州郡地廣，豐歲則穀賤，募人爲海運，山東之粟可轉之河朔，以助軍食。」詔京東、河北路轉運司相度，卒不果行。是歲，江、淮上供穀至京師者三分不及一，令督發運使張頡亟辦來歲漕計。

宣徽南院使張方平言：「今之京師，古所謂陳留，天下四衝八達之地，利漕運而贍師旅。國初，浚河渠三道以通漕運，立上供年額，汴河六百萬石，廣濟河六十二萬石，惠民河六十萬石。廣濟河所運，止給太康、咸平、尉氏等縣軍糧，唯汴河運米麥，乃太倉蓄積之實。近罷廣濟河，而惠民河斛斗不入太倉，大衆所賴者汴河。議者屢作改更，必致汴河日失其舊。」十二月，詔濬廣濟河，增置漕舟。其後河成，歲漕京東穀六十萬石。東南諸路上供雜物舊陸運者，增舟水運。押汴河江南、荆湖綱運，七分差三班使臣，三分軍大將、殿侍。又令眞、楚、泗州各造淺底舟百艘，分爲十綱入汴。

元豐五年，罷廣濟河輦運司及京北排岸司，移上供物於淮陽計置入汴，以淸河輦運司爲名。御史言廣濟安流而上，與淸河泝流入汴，遠近險易不同。詔轉運、提點刑獄比較利害以聞。江、淮等路發運副使蔣之奇、都水監丞陳祐甫開龜山運河，漕運往來，免風濤百年沉溺之患。詔各遷兩官，餘官減年循資有差。八年，罷歲運百萬石赴西京。先是，導洛入汴，運東南粟實洛下，至是，戶部奏罷之。是年，立汴河糧綱賞罰，歲終檢察。紹聖二年，置汴綱，通作二百綱。在部進納官銓試不中者，注押上供糧斛，不用衙前、土人、軍將。未幾，復募土人押諸路綱如故。

政和七年，立東南六路州軍知州、通判裝發上供糧斛任滿賞格，自一萬石至四十萬石升名次減年有差。張根爲江南西路轉運副使，歲漕米百二十萬石給中都。江南州郡僻遠，官吏艱於督趣，根常存三十萬石爲轉運之本，以寬諸郡，時甚稱之。宣和二年，詔：「六路米麥綱運依法募官，先募未到部小使臣及非泛補授校尉以上未許參部人幷進納人管押；淮南以五運，兩浙及江東二千里內以四運，江東二千里外及江西三運，湖南、北二運，各欠不及五釐，依格推賞外，仍許在外指射合入差遣一次。召募土人並罷。」七年，詔結絕應奉司江淮諸局、所及罷花石綱，令逐路漕臣速拘舟船裝發綱運備邊。靖康初，汴河決口有至百步者，塞之，工久未訖，乾涸月餘，綱運不通，南京及京師皆乏糧。責都水使者陳求道等，命提舉京師所陳良弼同措置。越兩旬，水復舊，綱運沓至，兩京糧乃足。

河北、河東、陝西三路租稅薄，不足以供兵費，屯田、營田歲入無幾，糴買入中之外，歲出內藏庫金帛及上京榷貨務緡錢，皆不翅數百萬。選使臣、軍大將，河北船運至乾寧軍，河東、陝西船運至河陽，措置陸運，或用鋪兵廂軍，或發義勇保甲，或差雇夫力，車載馱行，隨道路所宜。河北地里差近，西路回遠，又涉磧險，運致甚艱。熙寧六年，詔鄜延路經略司支封樁錢於河東買橐駝三百，運沿邊糧草。

元豐四年，河東轉運司調夫萬一千人隨軍，坊郭上戶有差夫四百人者，其次一二百人。願出驢者三驢當五夫，五驢別差一夫驅喝。一夫雇直約三十千以上，一驢約八千，加之期會迫趣，民力不能勝。軍須調發煩擾，又多不急之務，如絳州運棗千石往麟、府，每石止直四百，而雇直乃約費三十緡。涇原路轉運判官張大寧言：「餽運之策，莫若車便。自熙寧砦〔八〕至磨哆口皆大川，通車無礙，自磨哆至兜嶺下道路亦然。嶺以北即山險少水，車乘難行。可就嶺南相地利建一城砦，使大車自鎮戎軍載糧草至彼，隨軍馬所在，以軍前夫畜往來短運。更於中路量度遠近，以遣回空夫築立小堡應接，如此則省民力之半。」神宗嘉之。京西轉運司調均、鄧州夫三萬，每五百人差一官部押，赴鄜延饋運。其本路程塗日支錢米外，轉運司計自入陝西界至延州程數，日支米錢三十、柴菜錢十文，並先併給。陝西都轉運司於諸州差雇車乘人夫，所過州交替，人日支米二升、錢五十，至沿邊止。運糧出界，止差廂軍。六年，詔熙河蘭會經略制置司，計置蘭州人萬馬二千糧草〔九〕，於次路州軍劃刷官私橐駝二千與經制司，自熙、河摺運。事力不足，發義勇保甲。給河東、陝西邊用非機速者，並作小綱數排日遞送。

大觀二年，京畿都轉運使吳擇仁言：「西輔軍糧，發運司歲撥八萬石貼助，於滎澤下卸，至州尚四五十里，擺置車三鋪，每鋪七十人，月可運八千四百石。所運漸多，據數增添鋪兵。」靖康元年十月，詔曰：「一方用師，數路調發，軍功未成，民力先困。京西運糧，每名六斗，用錢四十貫；陝西運糧，民間倍費百餘萬緡，聞之駭異。今歲四方豐稔，粒米狼戾，但可逐處增價收糴，不得輕議般運〔一〇〕，以稱恤民之意。若般綱水運及諸州支移之類仍舊。」三路陸運以給兵費，大略如此，其他州縣運送或軍興調發以給一時之用，此皆不著。

轉般，自熙寧以來，其法始變，歲運六百萬石給京師外，諸倉常有餘蓄。州郡告歉，則折收上價，謂之額斛。計本州歲額，以倉儲代輸京師，謂之代發。復於豐熟以中價收糴，穀賤則官糴，不至傷農；饑歉則納錢，民以爲便。本錢歲增，兵食有餘。崇寧初，蔡京爲相，始求羨財以供侈費，用所親胡師文爲發運使，以糴本數百萬緡充貢，入爲戶部侍郎。來者傚尤，時有進獻，而本錢竭矣；本錢既竭，不能增糴，而儲積空矣；儲積既空，無可代發，而轉般之法壞矣。

崇寧三年，戶部尚書曾孝廣言：「往年，南自眞州江岸，北至楚州淮堤，以堰瀦水，不通重船，般剝勞費。遂於堰旁置轉般倉，受逐州所輸，更用運河船載之入汴，以達京師。雖免推舟過堰之勞，然侵盜之弊由此而起。天聖中，發運使方仲荀奏請度眞、楚州堰為水閘，自是東南金帛、茶布之類直至京師，惟六路上供斛斗，猶循用轉般法，吏卒糜費與在路折閱，動以萬數。欲將六路上供斛斗，並依東南雜運直至京師或南京府界卸納，庶免侵盜乞貸之弊。」自是六路郡縣各認歲額，雖湖南、北至遠處，亦直抵京師，號直達綱，豐不加糴，歉不代發。方綱米之來，立法峻甚，船有損壞，所至修整，不得踰時。州縣欲其速過，但令供狀，以錢給之，沿流鄉保悉致騷擾，公私橫費百出。又鹽法已壞，迴舟無所得，舟人逃散，船亦隨壞，本法盡廢。

大觀三年，詔直達綱自來年並依舊法復行轉般，令發運司督修倉敖，荆湖北路提舉常平王壽措置諸路運糧舟船。

政和二年，復行直達綱，毀拆轉般諸倉。譚稹上言：「祖宗建立眞、楚、泗州轉般倉，一以備中都緩急，二以防漕渠阻節，三則綱船裝發，資次運行，更無虛日。自其法廢，河道日益淺澀，遂致中都糧儲不繼，淮南三轉般倉不可不復。乞自泗州爲始，次及眞、楚，既有瓦木，順流而下，不甚勞費。俟歲豐計置儲蓄，立法轉般。」淮南路轉運判官向子諲奏：「轉般之法，寓平糴之意，江、湖有米，可糴於眞，兩浙有米，可糴於揚，宿、亳有麥，可糴於泗。坐視六路豐歉，有不登處，則以錢折斛，發運司得以斡旋之，不獨無歲額不足之憂，因可以寬民力。運渠旱乾，則有汴口倉。今所患者，向來糴本歲五百萬緡，支移殆盡。」

宣和五年，乃降度牒及香、鹽鈔各一百萬貫，令呂淙、盧宗原均糴斛斗，專備轉般。江西轉運判官蕭序辰言：「轉般道里不加遠，而人力不勞卸納，年豐可以廣糴厚積，以待中都之用。自行直達，道里既遠，情弊尤多，如大江東西、荆湖南北有終歲不能行一運者，有押米萬石欠七八千石，有抛失舟船、兵梢逃散、十不存一二者。折欠之弊生於稽留，而沿路官司多端阻節，至有一路漕司不自置舟船，截留他路回綱，尤爲不便。」詔發運司措置。六年，以無額上供錢物并六路舊欠發斛斗錢，貯爲糴本，別降三百萬貫付盧宗原，將湖南所起年額，並隨正額預起抛欠斛斗於轉般倉下卸，卻將已卸均糴斗斛轉運上京，所有直達，候轉般斛斗有次第日罷之。靖康元年，令東南六路上供額斛，除淮南、兩浙依舊直達外，江、湖四路並措置轉般。

高宗建炎元年，詔諸路綱米以三分之一輸送行在，餘輸京師。二年，詔二廣、湖南北、江東西綱運輸送江寧府，福建、兩浙路輸送〔二〕平江府，京畿、淮南、京東西、河北、陝西及川綱輸送行在。又詔二廣、湖南北綱運如過兩浙，許輸送平江府；福建綱運過江東、西，亦許輸送江寧府。三年，又詔諸路綱運見錢并糧輸送建康府戶部，其金銀、絹帛並輸送行在。紹興初，因地之宜，以兩浙之粟供行在，以江東之粟餉淮東，以江西之粟餉淮西，荊湖之粟餉鄂、岳、荊南。量所用之數，責漕臣將輸，而歸其餘於行在，錢帛亦然。雇舟差夫，不勝其弊，民間有自毀其舟、自廢其田者。

紹興四年，川、陝宣撫吳玠調兩川夫運米一十五萬斛至利州，率四十餘千致一斛，饑病相仍，道死者衆，蜀人病之。漕臣趙開聽民以粟輸內郡，募舟輓之，人以爲便。總領所遣官就糴於沿流諸郡，復就興、利、閬州置場，聽商人入中。然猶慮民之勞且憊也，又減成都水運對糴米。紹興十六年。

三十年，科撥諸路上供米：鄂兵歲用米四十五萬餘石，於全、永、郴、邵、道、衡、潭、鄂、鼎科撥；荊南兵歲用米九萬六千石，於德安、荊南、澧、純、潭、復、荊門、漢陽科撥；池州兵歲用米十四萬四千石，於吉、信、南安科撥；建康兵歲用米五十五萬石〔三〕，於洪、江、池、宣、太平、臨江、興國、南康、廣德科撥；行在合用米一百十二萬石，就用兩浙米外，於建康、太平、宣科撥；其宣州見屯殿前司牧馬歲用米，并折輸馬料三萬石，於本州科撥；並諸路轉運司樁發。時內外諸軍歲費米三百萬斛，而四川不預焉。

嘉定兵興，揚、楚間轉輸不絕，濠、廬、安豐舟楫之通亦便矣，而浮光之屯，仰饋於齊安、舒、蘄之民，遠者千里，近者亦數百里。至於京西之儲，襄、郢猶可徑達，獨棗陽陸運，夫皆調於湖北鼎、澧等處，道路遼邈，夫運不過八斗，而資糧屝屨與夫所在邀求，費常十倍。中產之家雇替一夫，爲錢四五十千；單弱之人一夫受役，則一家離散，至有斃於道路者。

至於部送綱運，並差見任官，闕則選募得替待闕及寄居官有材幹者，其責繁難，人以爲憚。故自紹興以來優立賞格，其有欠者亦多方而憫之。乾道初，鐲欠五十石以下者；三年，鐲欠百石以下者。九年，初，綱運欠及一分者送有司究弊，至是，臣僚申明綱運欠及一分者亦許其補足。淳熙元年，詔：「不以所欠多寡，並與除放。其有因綱欠追降官資者，如本非侵盜，且補輸已足，許敍復。」自是綱運欠失雖責償於官吏，然以其山川險遠，非一人所能究，亦時寓於鐲放焉。

校勘記

〔一〕江東西路　原脫，據本書卷三四孝宗紀、通考卷二〇市糴考補。

〔二〕六十萬五百匹　本書卷三七二翟汝文傳、繫年要錄卷六都作「二十萬五百匹」。依下文「以一路計之當十之三」推算，此處所舉數字相差甚大，本傳和繫年要錄所舉數字近是。

〔三〕呂大忠之言　句首當脫一「用」字或「以」字。

〔四〕五年　按本書卷二〇徽宗紀、十朝綱要卷一六，熙河蘭湟路建於崇寧四年；又宋羅願新安志卷七洪尚書傳，洪中孚於崇寧間移漕熙河蘭湟路。此上失書崇寧紀元。

〔五〕劉汝翼　宋會要食貨四〇之二一、繫年要錄卷九九都作「劉子翼」。

〔六〕浙西凡糴七十六萬　原脫，據上文歲糴百二十萬斛之數和繫年要錄卷一五八補。

〔七〕江湖兩浙轉運司　「江湖」原作「江淮」，據宋會要食貨四六之一六、宋大詔令集卷一八四令江南荊湖兩浙造船團綱般起赴眞楚泗轉般倉發運司不得撥綱往諸道詔改。

〔八〕熙寧砦　「砦」字原脫，據宋會要食貨四三之二、長編卷三一九補。

〔九〕糧草　「糧」上原衍「般運」二字，據宋會要食貨四八之一八、長編卷三三三刪。

〔一〇〕不得輕議般運　「議」字原脫，據宋會要食貨四八之一九、靖康要錄卷一一補。

〔一一〕江寧府福建兩浙路輸送　原脫，據宋會要食貨四七之一四、通考卷二五國用考補。

〔一二〕建康兵歲用米五十五萬石　按繫年要錄卷一八四，此下尙有「於吉、撫、饒、建昌科撥；鎭江兵歲用米六十萬石」之文。

宋史卷一百七十六

志第一百二十九

食貨上四

屯田　常平　義倉

前代軍師所在，有地利則開屯田、營田，以省餽饟。宋太宗伐契丹，規取燕薊，邊隙一開，河朔連歲繹騷，耕織失業，州縣多閑田，而緣邊益增戍兵。自雄州東際于海，多積水，契丹患之，不得肆其侵突；順安軍西至北平二百里，其地平曠，歲常自此而入。議者謂宜度地形高下，因水陸之便，建阡陌，濬溝洫，益樹五稼，可以實邊廪而限戎馬。端拱二年，分命左諫議大夫陳恕、右諫議大夫樊知古爲河北東、西路招置營田使，恕對極言非便。行數日，有詔令修完城壁，通導溝瀆，而營田之議遂寢。時又命知代州張齊賢制置河東諸州營田，尋亦罷。

六宅使何承矩請於順安砦西引易河築堤爲屯田。既而河朔連年大水，及承矩知雄州，又言宜因積潦蓄爲陂塘，大作稻田以足食。會滄州臨津令閩人黃懋上書言：「閩地惟種水田，緣山導泉，倍費功力。今河北州軍多陂塘，引水溉田，省功易就，三五年間，公私必大獲其利。」詔承矩按視，還，奏如懋言。遂以承矩爲制置河北沿邊屯田使，懋爲大理寺丞充判官，發諸州鎭兵一萬八千人給其役。凡雄莫霸州、平戎順安等軍興堰六百里，置斗門，引淀水灌漑。初年種稻，值霜不成。懋以晚稻九月熟，河北霜早而地氣遲，江東早稻七月卽熟，取其種課令種之，是歲八月，稻熟。初，承矩建議，沮之者頗衆；武臣習攻戰，亦恥於營葺。既種稻不成，羣議愈甚，事幾爲罷。至是，承矩載稻穗數車，遣吏送闕下，議者乃息。而莞蒲、蜃蛤之饒，民賴其利。

度支判官陳堯叟等亦言：「漢、魏、晉、唐於陳、許、鄧、潁暨蔡、宿、亳至于壽春，用水利墾田，陳迹具在。請選官大開屯田，以通水利，發江、淮下軍散卒及募民充役。給官錢市牛、置耕具，導溝瀆，築防堰。每屯千人〔二〕，人給一牛，治田五十畝，雖古制一夫百畝，今且墾其半，俟久而古制可復也。畝約收三斛，歲可收十五萬斛，七州之間置二十屯，可得三百萬斛，因而益之，數年可使倉廩充實，省江、淮漕運。民田未闢，官爲種植，公田未墾，募民墾之，歲登所取，並如民間主客之例。傅子曰：『陸田命懸於天，人力雖修，苟水旱不時，則一年之功棄矣。水田之制由人力，人力苟修，則地利可盡。』且蟲災之害亦少於陸田，水田既修，其利兼倍。」帝覽奏嘉之，遣大理寺丞皇甫選、光祿寺丞何亮乘傳按視經度，然不果行。

至咸平中，大理寺丞黃宗旦〔三〕請募民耕潁州陂塘荒地凡千五百頃。部民應募者三百餘戶，詔令未出租稅，免其徭役。然無助於功利。而汝州舊有洛南務，內園兵種稻，雍熙二年罷，賦予民，至是復置，命京朝官專掌。募民戶二百餘，自備耕牛，立團長，墾地六百頃，導汝水溉灌，歲收二萬三千石。襄陽縣淳河，舊作堤截水入官渠，溉民田三千頃；宜城縣蠻河，溉田七百頃；又有屯田三百餘頃。知襄州耿望請於舊地兼括荒田，置營田上、中、下三務，調夫五百，築堤堰，仍集鄰州兵每務二百人，荆湖市牛七百分給之。是歲，種稻三百餘頃。

四年，陝西轉運使劉綜亦言：「宜於古原州建鎮戎軍置屯田。今本軍一歲給芻粮四十餘萬石、束，約費茶鹽五十餘萬，儻更令遠民輸送，其費益多。請於軍城四面立屯田務，開田五百頃，置下軍二千人、牛八百頭耕種之；又於軍城前後及北至木峽口，各置堡砦，分居其人，無寇則耕，寇來則戰。就命知軍爲屯田制置使，自擇使臣充四砦監押，每砦五百人充屯戍。」從之。旣而原、渭州亦開方田，戎人內屬者皆依之得安其居。

是時兵費浸廣，言屯、營田者，輒詔邊臣經度行之。順安軍兵馬都監馬濟請於靜戎軍〔三〕東壅鮑河，開渠入順安、威虜二軍，置水陸營田於其側。命莫州部署石普護其役，踰年而畢。知保州趙彬復奏決雞距泉，自州西至滿城縣〔四〕，分徐河水南流注運渠，廣置水陸屯田，詔駐泊都監王昭遜共成之。自是定州亦置屯田。五年，罷襄州營田下務。六年，耿望又請於唐州赭陽陂置務如襄州，歲種七十餘頃，方城縣令佐掌之，調夫耘耨。

景德初，從京西轉運使張巽之請，詔止役務兵。二年，令緣邊有屯、營田州軍，長吏並兼制置諸營田、屯田事，舊兼使者如故。大中祥符九年，改定保州、順安軍營田務爲屯田務，凡九州軍皆遣官監務，置吏屬。淮南、兩浙舊皆有屯田，後多賦民而收其租，第存其名。在河北者雖有其實，而歲入無幾，利在蓄水以限戎馬而已。天禧末，諸州屯田總四千二百餘頃，河北歲收二萬九千四百餘石，而保州最多，逾其半焉。

襄、唐二州營田旣廢，景德中，轉運使許逖復之。初，耿望借種田人牛及調夫耨穫，歲入甚廣。後張巽改其法，募水戶分耕，至逖又參以兵夫，久之無大利。天聖四年，遣尙書屯田員外郎劉漢傑往視，漢傑言：「二州營田自復至今，襄州得穀三十三萬餘石，爲緡錢九萬餘；唐州得穀六萬餘石，爲緡錢二萬餘。所給吏兵俸廩、官牛雜費，襄州十三萬餘緡，唐州四萬餘緡，得不補失。」詔廢以給貧民，頃收半稅。

其後陝西用兵，詔轉運司度隙地置營田以助邊計，又假同州沙苑監牧地爲營田，而知永興軍范雍括諸郡牛頗煩擾，未幾遂罷。右正言田況言：「鎮戎、原、渭，地方數百里，舊皆民田，今無復農事，可卽其地大興營田，以保捷兵不習戰者分耕，五百人爲一堡，三兩堡置營田官一領之，播種以時，農隙則習武事。」疏奏，不用。後乃命三司戶部副使夏安期等議並邊置屯田，迄不能成。

治平三年，河北屯田三百六十七頃，得穀三萬五千四百六十八石。熙寧初，以內侍押班李若愚同提點制置河北屯田事。三年，王韶言：「渭源城〔五〕而下至秦州成紀，旁河五六百里，良田不耕者無慮萬頃，治千頃，歲可得三十萬斛。」知秦州李師中論：「韶指極邊見招弓箭手地，恐秦州益多事。」詔遣王克臣等按視，復奏與師中同。再下沈起，起奏：「不見韶所指何地，雖實有之，恐召人耕種，西蕃驚疑。」侍御史謝景溫言：「聞沈起妄指甘谷城弓箭手地以塞韶妄。」而竇舜卿奏：「實止有閑田一頃四十三畝。」中書言：「起未嘗指甘谷城地以實韶奏，而師中前在秦州與韶更相論奏，互有曲直。」詔遂以妄指閑田自著作佐郎責保平軍節度推官，師中亦落待制。其後韓縝知秦州，乃言：「實有古渭砦弓箭手未請空地四千餘頃。」遂復韶故官，從其所請行之。明年，河北屯田司奏：「豐歲屯田，入不償費。」於是詔罷緣邊水陸屯田務，募民租佃，收其兵爲州廂軍。

時陝西曠土多未耕，屯戍不可撤，遠方有輸送之勤，知延州趙卨請募民耕以紓朝廷憂，詔下其事。經略安撫使郭逵言：「懷寧砦所得地百里，以募弓箭手，無閑田。」卨又言之，遂括地得萬五千餘頃，募漢蕃兵幾五千人，爲八指揮，詔遷卨官，賜金帛。而熙州王韶又請以河州蕃部近城川地招弓箭手，以山坡地招蕃兵弓箭手，每砦五指揮，以二百五十人爲額，人給地一頃，蕃官二頃，大蕃官三頃。熙河多良田，七年，詔委提點秦鳳路刑獄鄭民憲興營田，許奏辟官屬以集事。

樞密使吳充上疏曰：「今之屯田，誠未易行。古者一夫百畝，又受田十畝爲公田，莫若因弓箭手倣古助田法行之。熙河四州田無慮萬五千頃，十分取一以爲公田，大約中歲畝一石，則公田所得十五萬石。官無屯營牛具廩給之費，借用衆力而民不勞，大荒不收而官無所損，省轉輸，平糴價，如是者其便有六。」而提點刑獄鄭民憲言：「祖宗時屯、營田皆置務，屯田以兵，營田以民，固有異制。然襄州營田既調夫矣，又取鄰州之兵，是營田不獨以民也；邊州營屯，不限兵民，皆取給用，是屯田不獨以兵也；至於招弓箭手不盡之地，復以募民，則兵民參錯，固無異也。而前後施行，或侵占民田，或差借耨夫，或諸郡括牛，或兵民雜耕，或諸州廂軍不習耕種、不能水土，頗致煩擾。至於歲之所入，不償其費，遂又報罷。惟因弓箭手爲助田法，一夫受田百畝，別以十畝爲公田，俾之自備種糧功力，歲畝收一石，水旱三分除一，官無廩給之費，民有耕鑿之利，若可以爲便。然弓箭手之招至，未安其業，而種糧無所仰給，又責其借力於公田，慮人心易搖，乞候稍稔推行。」九年，詔：「熙河弓箭手耕種不及之田，經略安撫司點廂軍田之，官置牛具農器，人一頃，歲終參較弓箭手、廂軍所種優劣爲賞罰。弓箭手逃地幷營田召佃租課，許就近於本城砦輸納，仍免折變、支移。」

元豐二年，改定州屯田司爲水利司。及章惇築沅州，亦爲屯田務，其後遂罷之，募民租佃，役兵各還所隸。五年，詔提舉熙河等路弓箭手、營田、蕃部共爲一司，隸涇原路制置司。提舉熙河營田康識言：「新復土地，乞命官分畫經界，選知田廂軍，人給一頃耕之，餘悉給弓箭手，人加一頃，有馬者又加五十畝，每五十頃爲一營。」「四砦堡見缺農作廂軍，許於秦鳳、涇原、熙河三路選募廂軍及馬遞鋪卒，願行者人給裝錢二千。」詔皆從之。

知太原府呂惠卿嘗上營田疏曰：「今葭蘆、米脂裏外良田，不啻一二萬頃，夏人名爲『眞珠山』、『七寶山』，言其多出禾粟也。若耕其半，則兩路新砦兵費，已不盡資內地，況能盡闢之乎？前此所不敢進耕者，外無捍衞也。今於葭蘆、米脂相去一百二十里間，各建一砦，又其間置小堡鋪相望，則延州之義合、白草與石州之吳堡、尅胡〔六〕以南諸城砦，千里邊面皆爲內地，而河外三州荒閑之地，皆可墾闢以贍軍用。凡昔爲夏人所侵及蘇安靖棄之以爲兩不耕者，皆可爲法耕之。於是就糴河外，而使河內之民被支移者，量出脚乘之直，革百年遠輸貴糴，以免困公之弊。財力稍豐，又通葭蘆之道於麟州之神木，其通堡砦亦如葭蘆、米脂之法，而橫山膏腴之地，皆爲我有矣。」

七年，惠卿雇五縣耕牛，發將兵外護，而耕新疆葭蘆、吳堡間膏腴地號木瓜原者，凡得地五百餘頃，麟、府、豐州地七百三十頃，弓箭手與民之無力及異時兩不耕者又九百六十頃。惠卿自謂所得極厚，可助邊計，乞推之陝西。八年，樞密院奏：「去年耕種木瓜原，凡用將兵萬八千餘人，馬二千餘匹，費錢七千餘緡，穀近九千石，糗糒近五萬斤，草萬四千餘束；又保甲守禦費緡錢千三百，米石三千二百，役耕民千五百，雇牛千具，皆彊民爲之；所收禾粟、蕎麥萬八千石，草十萬二千，不償所費。又借轉運司錢穀以爲子種，至今未償，增入人馬防拓之費，仍在年計之外。慮經略司來年再欲耕種，乞早約束。」詔諭惠卿毋蹈前失。

河東進築堡砦，自麟石、鄜延南北近三百里，及涇原、環慶、熙河蘭會新復城砦地土，悉募廂軍配卒耕種免役。已而營田司言諸路募發廂軍皆不閑田作，遂各遣還其州。

紹興元年，知荆南府解潛奏辟宗綱、樊賓措置屯田，詔除宗綱充荆南府、歸峽州、荆門公安軍鎭撫使司措置五州營田官，樊賓副之。渡江後營田蓋始於此。其後荆州軍食仰給，省縣官之半焉。二年〔七〕，德安府、復州、漢陽軍鎭撫使陳規放古屯田，凡軍士：相險隘，立堡砦，且守且耕，耕必給費，斂復給糧，依鋤田法，餘並入官。凡民：水田畝賦秔米一斗，陸田豆麥夏秋各五升，滿二年無欠，給爲永業。兵民各處一方，流民歸業寖衆，亦置堡砦屯聚之。凡屯田事，營田司兼之；營田事，府、縣兼之。廷臣因規奏推廣，謂一夫授田百畝，古制也，今荒田甚多，當聽百姓請射。其有闕耕牛者，宜用人耕之法，以二人曳一犂。凡授田，五人爲甲，別給蔬地五畝爲廬舍場圃。兵屯以大使臣主之，民屯以縣令主之，以歲課多少爲殿最。下諸鎭推行之。

詔江東、西宣撫使韓世忠措置建康營田，如陝西弓箭手法。世忠言：「沿江荒田雖多，大半有主，難如陝西例，乞募民承佃。」都督府奏如世忠議，仍蠲三年租，滿五年，田主無自陳者，給佃者爲永業。詔湖北、浙西、江西皆如之，其徭役科配並免。五年，詔淮南、川陝、荆襄屯田。

六年，都督張浚奏改江、淮屯田爲營田，凡官田逃田並拘籍，以五頃爲一莊，募民承佃。

其法五家爲保，共佃一莊，以一人爲長，每莊給牛五具，耒耜及種副之，别給十畝爲蔬圃，貸錢七十千，分五年償〔八〕。命樊賓、王弗行之。尋命五大將劉光世、韓世忠、張俊、岳飛、吳玠及江、淮、荆、襄、利路帥悉領營田使。遷賓司農少卿，提舉江、淮營田，置司建康，弗屯田員外郎副之。官給牛、種，撫存流移，一歲中收穀三十萬石有奇。殿中侍御史石公揆、監中嶽李宋及王弗皆言營田之害，張浚亦覺其擾，請罷司，以監司領之，於是詔帥臣兼領營田。

九月〔九〕，以川陝宣撫吳玠治廢堰營田六十莊，計田八百五十四頃，歲收二十五萬石以助軍儲，賜詔獎諭焉。三十二年，督視湖北、京西軍馬汪澈言：「荆、鄂〔一〇〕兩軍屯守襄、漢，糧餉浩瀚。襄陽古有二渠，長渠溉田七千頃，木渠溉田三千頃，兵後堙廢。今先築堰開渠，募邊民或兵之老弱耕之，其耕牛、耒耜、種糧，令湖北、京西轉運司措置，既省餽運，又可安集流亡。」從之。

隆興元年，臣僚言州縣營田之實，其說有十，曰：擇官必審，募人必廣，穿渠必深，鄉亭必修，器用必備，田處必利，食用必充，耕具必足，定稅必輕，賞罰必行。且欲立賞格以募人，及住廣西馬綱三年以市牛。會有訴襄陽屯田之擾者，上欲罷之。工部尙書張闡言：「今日荆襄屯田之害，以其無耕田之民而課之游民，游民不足而強之百姓，於是百姓舍己熟田而耕官生田，或遠數百里徵呼以來，或名雙丁而役其強壯，老稚無養，一方騷然，罷之誠是也。然自去歲以來，置耕牛農器，修長、木二渠，費已十餘萬，一旦舉而棄之，則荆襄之地終不可耕也。比見兩淮歸正之民，動以萬計，官不能續食，則老弱饑死，強者轉而之他。若使之就耕荆襄之田，非惟可免流離，抑使中原之民聞之，知朝廷有以處我，率皆襁負而至矣。異時墾闢既廣，取其餘以輸官，實爲兩便。」詔除見耕者依舊，餘令虞允文同王珏措置。

二年，江、淮都督府參贊陳俊卿言：「欲以不披帶人，擇官荒田，標旗立砦，多買牛犂，縱耕其中，官不收租，人自樂從。數年之後，墾田必多，穀必賤。所在有屯，則村落無盜賊之憂；軍食既足，則饋餉無轉運之勞。此誠經久守淮之策。」詔從之。

乾道五年三月〔二〕，四川宣撫使鄭剛中撥軍耕種，以歲收租米對減成都路對糴米一十二萬石贍軍。然兵民雜處村疃，爲擾百端；又數百里外差民保甲教耕，有二三年不代者，民甚苦之。知興元府晁公武欲以三年所收最高一年爲額，等第均敷〔三〕召佃，放兵及保甲以護邊。從之。八月，詔鎭江都統司及武鋒軍三處屯田兵並拘收入隊教閱。六年，罷和、揚州屯田。八年，復罷廬州兵屯田。

淳熙十年，鄂州、江陵府駐劄副都統制郭杲言：「襄陽屯田，興置二十餘年，未能大有益於邊計。非田之不良，蓋人力有所未至。今邊陲無事，正宜修舉，爲實邊之計。本司有荒熟田七百五十頃，乞降錢三萬緡，收買耕牛農具，便可施功。如將來更有餘力，可括荒田接續開墾。」從之。

紹熙元年，知和州劉煒以剩田募民充萬弩手分耕。嘉定七年，以京西屯田募人耕種。十三年，四川宣撫安丙、總領任處厚言：「紹興十五年，諸州共墾田二千六百五十餘頃，夏秋輸租米一十四萬一千餘石，餉所屯將兵，罷民和糴，爲利可謂博矣。乾道四年以後，屯兵歸軍教閱，而營田付諸州募佃，遂致租利陷失，驕將豪民乘時占據，其弊不可概舉。今豪強移徙，田土荒閑，正當拘種之秋，合自總領所與宣撫司措置。其逃絕之田，關內外亦多有之，爲數不貲，其利不在營田之下，乞併括之。」初，玠守蜀，以軍儲不繼，治褒城堰爲屯田，民不以爲便。因漕臣郭大中言，約中其數，使民自耕。民皆歸業，而歲入多於屯田。

端平元年八月，以臣僚言，屯五萬人於淮之南北，且田且守，置屯田判官一員經紀其事，暇則教以騎射。初弛田租三年，又三年則取其半。十月，知大寧監邵潛言：「昔鄭剛中嘗於蜀之關隘雜兵民屯田，歲收粟二十餘萬石。是後屯田之利既廢，粮運之費益增，宜詔帥臣縱兵民耕之，所收之粟計直以償之，則總所無轉輸之苦，邊關有儲峙之豐，戰有餘勇，守有餘備矣。」從之。

嘉熙四年，令流民於邊江七十里內分田以耕，遇警則用以守江；於邊城三五十里內亦分田以耕，遇警則用以守城；在砦者則耕四野之田，而用以守砦。田在官者免其租，在民者以所收十之一二歸其主，俟三年事定則各還元業。

咸淳三年，詔曰：「淮、蜀、湖、襄之民所種屯田，既困重額，又困苛取，流離之餘，口體不充，及遇水旱，收租不及，而催輸急於星火，民何以堪！其日前舊欠並除之，復催者以違制論。」

常平、義倉，漢、隋利民之良法，常平以平穀價，義倉以備凶災。周顯德中，又置惠民倉，以雜配錢分數折粟貯之，歲歉，減價出以惠民。宋兼存其法焉。

太祖承五季之亂，海內多事，義倉寖廢。乾德初，詔諸州於各縣置義倉，歲輸二稅，石別收一斗。民饑欲貸充種食者，縣具籍申州，州長吏即計口貸訖，然後奏聞。其後以輸送煩勞，罷之。淳化三年，京畿大穰，分遣使臣於四城門置場，增價以糴，虛近倉貯之，命曰常平，歲饑即下其直予民。

咸平中，庫部員外郎成肅請福建增置惠民倉，因詔諸路申淳化惠民之制。景德三年，言事者請於京東西、河北、河東、陝西、江南、淮南、兩浙皆立常平倉，計戶口多寡，量留上供錢自二三千貫至一二萬貫，令轉運使每州擇清幹官主之，領於司農寺，三司無輒移用。歲夏秋視市價量增以糴，糶減價亦如之，所減不得過本錢。而沿邊州郡不置。詔三司集議，請如所奏。於是增置司農官吏，創廨舍，藏籍帳，度支別置常平案。大率萬戶歲糴萬石，戶雖多，止五萬石。三年以上不糶，即回充糧廩，易以新粟。災傷州郡糶粟〔三〕，斗毋過百錢。後又詔當職官於元約數外增糴及一倍已上者，並與理爲勞績。天禧四年，荊湖、川峽、廣南皆增置常平倉。五年，諸路總糴數十八萬三千餘斛，糶二十四萬三千餘斛。

景祐中，淮南轉運副使吳遵路言：「本路丁口百五十萬，而常平錢粟纔四十餘萬，歲饑不足以救恤。願自經畫增爲二百萬，他毋得移用。」許之。後又詔：天下常平錢粟，三司轉運司皆毋得移用。不數年間，常平積有餘而兵食不足，乃命司農寺出常平錢百萬緡助三司給軍費。久之，移用數多，而蓄藏無幾矣。

自景祐初畿內饑，詔出常平粟貸中下戶，戶一斛。慶曆中，發京西常平粟振貧民，而聚斂者或增舊價糶粟〔四〕，欲以市恩；皇祐三年，詔誡之。淮南、兩浙體量安撫陳升之等言：「災傷州軍乞糴〔五〕常平倉粟，令於元價上量添十文、十五文，殊非恤民之意。」乃詔止於元糴價出糶。五年，詔曰：「比者湖北歲儉，發常平以濟饑者，如聞司農寺復督取，豈朝廷振恤意哉？其悉除之。」

明道二年，詔議復義倉，不果。景祐中，集賢校理王琪請復置：「令五等已上戶，隨夏秋二稅，二斗別輸一升，水旱減稅則免輸。州縣擇便地置倉貯之，領於轉運使。計以一中郡正稅歲入十萬石，則義倉可得五千石，推而廣之，則利博矣。明道中，饑歉，國家欲盡貸饑民則軍食不足，故民有流轉之患。是時，兼并之家出粟數千石則補吏，是豈以官爵爲輕歟？特愛民濟物，不獲已爲之爾。且兼并之家占田常廣，則義倉所入常多；中下之家占田常狹，則義倉所入常少。及水旱振濟，則兼并之家未必待此而濟，中下之民實先受其賜矣。」事下有司會議，議者異同而止。慶曆初，琪復上其議，仁宗納之，命天下立義倉，詔上三等戶輸粟，已而復罷。

其後賈黯又言：「今天下無事，年穀豐熟，民人安樂，父子相保。一遇水旱，則流離死亡，捐棄道路，發倉廩振之則粮不給，課粟富人則力不贍，轉輸千里則不及事，移民就粟則遠近交困。朝廷之臣，郡縣之吏，倉卒不知所出，則民饑而死者過半矣。願放隋制立民社義倉，詔天下州軍遇年穀豐登，立法勸課蓄積，以備凶災。此所謂『樂歲粒米狼戾，多取之而不爲虐』者也，況取之以爲民耶？」下其說諸路以度可否，以爲可行纔四路，餘或謂賦稅之外兩重供輸，或謂恐招盜賊，或謂已有常平足以振給，或謂置倉煩擾。

於是黯復上奏曰：「臣嘗判尚書刑部，見天下歲斷死刑多至四千餘人，其間盜賊率十六七，蓋愚民迫於饑寒，因之水旱，枉陷重辟。故臣請復民社義倉，以備凶歲。今諸路所陳，類皆妄議。若謂賦稅之外兩重供輸，則義倉之意，乃教民儲積以備水旱，官爲立法，非以自利，行之既久，民必樂輸。若謂恐招盜賊，盜賊利在輕貨，不在粟麥，今鄉村富室有貯粟數萬石者，不聞有劫掠之虞。且盜賊之起，本由貧困。臣建此議，欲使民有貯積，雖遇水旱，不憂乏食，則人人自愛而重犯法，此正消除盜賊之原也。若謂有常平足以振給，則常平之設，蓋以準平穀價，使無甚貴甚賤之傷。或遇凶饑，發以振捄，既已失其本意，而費又出公帑，今國用頗乏，所蓄不厚。近歲非無常平，小有水旱，輒流離餓莩，起爲盜賊，則是常平果不足仰以振給也。若謂置倉廩，斂材木，恐有煩擾，則今州縣修治郵傳驛舍，皆斂於民，豈於義倉獨畏煩擾？人情可與樂成，不可與謀始，願自朝廷斷而行之。」然當時牽於衆論，終不果行。

嘉祐二年，詔天下置廣惠倉。初，天下沒入戶絕田，官自鬻之。樞密使韓琦請留勿鬻，募人耕，收其租別爲倉貯之，以給州縣郭內之老幼貧疾不能自存者，領以提點刑獄，歲終具出內之數上之三司。戶不滿萬，留田租千石，萬戶倍之，戶二萬留三千石，三萬留四千石，四萬留五千石，五萬留六千石，七萬留八千石，十萬留萬石。田有餘，則鬻如舊。四年，詔改隸司農寺，州選官二人主出納，歲十月遣官驗視，應受米者書名于籍。自十一月始，三日一給，人米一升，幼者半之，次年二月止。有餘乃及諸縣，量大小均給之。其大略如此。治平三年，常平入五十萬一千四十八石，出四十七萬一千一百五十七石。

熙寧二年，制置三司條例司言：「諸路常平、廣惠倉錢穀，略計貫石可及千五百萬以上，斂散未得其宜，故爲利未博。今欲以見在斛斗，遇貴量減市價糶，遇賤量增市價糴，可通融轉運司苗稅及錢斛就便轉易者，亦許兌換。仍以見錢，依陝西青苗錢例，願預借者給之。隨稅輸納斛斗，半爲夏料，半爲秋料，內有請本色或納時價貴願納錢者，皆從其便。如遇災傷，許展至次料豐熟日納。非惟足以待凶荒之患，民既受貸，則兼并之家不得乘新陳不接以邀倍息。又常平、廣惠之物，收藏積滯，必待年儉物貴然後出糶，所及者不過城市游手之人。今通一路有無，貴發賤斂，以廣蓄積，平物價，使農人有以赴時趨事，而兼幷不得乘其急。凡此皆以爲民，而公家無所利其入，是亦先王散惠興利、以爲耕斂補助之意也。欲量諸路錢穀多寡，分遣官提舉，每州選通判幕職官一員，典幹轉移出納，仍先自河北、京東、淮南三路施行，俟有緒推之諸路。其廣惠倉除量留給老疾貧窮人外，餘並用常平倉轉移法。」詔可。

既而條例司又言：「常平、廣惠倉條約，先行於河北、京東、淮南三路，訪問民間多願支貸，乞遍下諸路轉運司施行，當議置提舉官。」時天下常平錢穀見在一千四百萬貫石。詔諸路各置提舉官二員，以朝官爲之，管當一員，京官爲之，或共置二員，開封府界一員，凡四十一人。

初，神宗既用王安石爲參知政事，安石爲帝言天下財利所當開闔斂散者，帝然其說，遂創立制置三司條例司。安石因請以著作佐郎編校集賢書籍呂惠卿爲制置司檢詳文字，自是專一講求立爲新制，欲行青苗之法。蘇轍自大名推官上書，召對，亦除條例司檢詳文字。安石出青苗法示之，轍曰：「以錢貸民，使出息二分，本非爲利。然出納之際，吏緣爲奸，雖有法不能禁；錢入民手，雖良民不免非理費用；及其納錢，雖富民不免違限。如此則鞭箠必用，州縣多事矣。唐劉晏掌國計，未嘗有所假貸。有尤之者，晏曰：『使民僥倖得錢，非國之福；使吏倚法督責，非民之便。吾雖未嘗假貸，而四方豐凶貴賤，知之未嘗逾時。有賤必糴，有貴必糶，以此四方無甚貴甚賤之病，安用貸爲？』晏之言，漢常平法耳，公誠能行之，晏之功可立竢也。」安石自此逾月不言青苗。

會河北轉運司幹當公事王廣廉召議事，廣廉嘗奏乞度僧牒數千道爲本錢，於陜西轉運司私行青苗法，春散秋斂，與安石意合。至是，請施行之河北，於是安石決意行之，而常平、廣惠倉之法遂變而爲青苗矣。蘇轍以議不合罷。而諸路提舉官往往迎合安石之意，務以多散爲功。富民不願取，貧者乃欲得之，即令隨戶等高下品配，又令貧富相兼，十人爲保，以富者爲保首〔一六〕。王廣廉在河北，一等戶給十五千，等而下之，至五等猶給一千，民間喧然不以爲便。廣廉入奏謂民皆歡呼感德，然言不便者甚衆。右正言李常、孫覺乞詔有司毋以彊民。時提舉府界常平事侯叔獻屢督提點府界縣鎮呂景散錢，景以畿縣各有屯兵，歲入課利僅能贍給；又民戶嘗貸糧五十餘萬石，尚悉以閣；今條例司又以買陜西鹽鈔錢五十萬緡爲青苗錢給散，恐民力不堪。詔送條例司，召提舉司官至中書戒諭之。王安石言：「若此，諸路必顧望，不敢推行新法，第令條例司指揮。」從之。

三年，判大名府韓琦言：

臣準散青苗詔書，務在惠小民，不使兼幷乘急以要倍息，而公家無所利其入。今所立條約，乃自鄉戶一等而下皆立借錢貫陌，三等以上更許增借，坊郭戶有物業勝質當者，亦依鄉戶例支借。且鄉村上等戶幷坊郭有物業者，乃從來兼幷之家，今令多借之錢，一千令納一千三百，則是官自放錢取息，與初詔絕相違戾。又條約雖禁抑勒，然須得上戶爲甲頭以任之，民愚不慮久遠，請時甚易，納時甚難。故自制下以來，上下惶惑，皆謂若不抑散，則上戶必不願請；近下等第與無業客戶雖或願請，必難催納。將來必有行刑督索，及勒干係書手、典押、耆戶長同保均陪之患。

去歲河朔豐稔，米斗不過七八十錢，若乘時多斂，俟貴而糶，不唯合古制，無失陷，兼民被實惠，亦足收其羨贏。今諸倉方糴而提舉司已亟止之，意在移此糴本盡爲青苗錢，則三分之息可爲己功，豈暇更恤斯民久遠之患？若謂陝西嘗行其法，官有所得而民以爲便，此乃轉運司因軍儲有闕，適自冬及春雨雪及時，麥苗滋盛，定見成熟，行於一時可也。今乃建官置司，以爲每歲常行之法，而取利三分，豈陝西權宜之比哉？兼初詔且於京東、淮南、河北三路試行，竢有緒方推之他路。今三路未集，而遽盡於諸路置使，非陛下憂民、祖宗惠下之意。乞盡罷提舉官，第委提點刑獄官依常平舊法施行。

帝袖出琦奏示執政曰：「琦眞忠臣，朕始謂可以利民，不意乃害民如此。且坊郭安得青苗，而使者亦彊與之？」安石勃然進曰：「苟從其所欲，雖坊郭何害？」因難琦奏，曰：「陛下修常平法以助民，至於收息，亦周公遺法也。如桑弘羊籠天下貨財以奉人主私用，乃可謂興利之臣；今抑兼并，振貧弱，置官理財，非所以佐私欲，安可謂興利之臣乎？」曾公亮、陳升之皆言坊郭不當俵錢，與安石論難久之而罷。帝終以琦說爲疑，安石遂稱疾不出。

帝諭執政罷青苗法，公亮、升之欲即奉詔，趙抃獨欲俟安石出自罷之，連日不決。帝更以爲疑，因令呂惠卿諭旨起安石，安石入謝。既視事，志氣愈悍，面責公亮等，由是持新法益堅。詔以琦奏付制置條例司，條例司疏列琦奏而辨析其不然。琦復上疏曰：

制置司多删去臣元奏要語，唯舉大概，用偏辭曲難，及引周禮「國服爲息」之說，文其謬妄，上以欺罔聖聽，下以愚弄天下。臣竊以爲周公立太平之法，必無剝民取利之理，但漢儒解釋或有異同。周禮「園廛二十而稅一，唯漆林之征二十而五」，鄭康成乃約此法，謂：「從官貸錢若受園廛之地，貸萬錢者出息五百。」賈公彥廣其說，謂：「如此則近郊十一者，萬錢期出息一千，遠郊二十而三者，萬錢期出息一千五百，甸、稍、縣、都之民，萬錢期出息二千。」如此，則須漆林之戶取貸，方出息二千五百，當時未必如此。今放青苗錢，凡春貸十千，半年之內便令納利二千，秋再放十千，至歲終又令納利二千，則是貸萬錢者，不問遠近，歲令出息四千。周禮至遠之地止出息二千，今青苗取息過周禮一倍，制置司言比周禮取息已不爲多，是欺罔聖聽，且謂天下之人不能辨也。

且古今異宜，周禮所載有不可施于今者，其事非一。若謂泉府一職今可施行，則制置司何獨舉注疏貸錢取息一事，以誑天下之公言哉？康成又注云：「王莽時貸以治產業者，但計所贏受息，無過歲什一。」公彥疏云：「莽時雖計本多少爲定，及其催科，唯所贏多少。假令萬錢歲贏萬錢催一千，贏五千催五百，餘皆據利催什一。」若贏錢更少，則納息更薄，比今青苗取利尤爲寬少。而王莽之外，上自兩漢，下及有唐，更不聞有貸錢取利之法。今制置司遇堯、舜之主，不以二帝、三王之道上裨聖政，而貸錢取利更過莽時，此天下不得不指以爲非，而老臣不可以不辨也。

況今天下田稅已重，固非周禮什一之法，更有農具、牛皮、鹽麴、鞵錢之類，凡十餘目，謂之雜錢。每夏秋起納，官中更以紬絹斛斗低估，令民以此雜錢折納。又歲散官鹽與民，謂之蠶鹽，折納絹帛。更有預買、和買紬絹，如此之類，不可悉舉，皆周禮田稅什一之外加斂之物，取利已厚，傷農已深，奈何又引周禮「國服爲息」之說，謂放青苗錢取利乃周公太平已試之法？此則誣汙聖典，蔽惑睿明，老臣得不太息而慟哭也！

制置司又謂常平舊法亦糶與坊郭之人。坊郭有物力戶未嘗零糴常平倉斛斗，此蓋欲多借錢與坊郭有業之人，以望收利之多，妄稱周禮以爲無都邑鄙野之限，以文其曲說，唯陛下詳之。

樞密使文彥博亦數言不便，帝曰：「吾遣二中使親問民間，皆云甚便。」彥博曰：「韓琦三朝宰相，不信，而信二宦者乎？」先是，王安石陰結入內副都知張若水、押班藍元震，帝因使二人潛察府界俵錢事，還言民皆情願，無抑配者，故帝益信之。初，羣臣進讀邇英畢，帝問：「朝廷每更一事，舉朝洶洶，何也？」司馬光曰：「青苗出息，平民爲之，尚能以蠶食下戶至饑寒流離，況縣官法度之威乎？」呂惠卿曰：「青苗法願則取之，不願不彊也。」光曰：「愚民知取債之利，不知還債之害，非獨縣官不彊，富民亦不彊也。」帝曰：「陝西行之久，民不以爲病。」光曰：「臣陝西人也，見其病不見其利。朝廷初不許，有司尙能以病民，況法許之乎！」及拜官樞密副使，光上章力辭至六七，曰：「帝誠能罷制置條例司，追還提舉官，不行青苗、助役等法，雖不用臣，臣受賜多矣。不然，終不敢受命。」竟出知永興軍。

當是時，爭青苗錢者甚衆，翰林學士范鎭言：「陛下初詔云公家無所利其入，今提舉司以戶等給錢，皆令出三分之息，物議紛紜，皆云自古未有天子開課場者。民雖至愚，不可不畏。」後以言不行致仕。臺諫官呂公著、孫覺、李常、張戩、程顥等皆以論青苗罷黜。知亳州富弼、知青州歐陽脩繼韓琦論青苗之害，且持之不行，亦坐移鎭。知陳留縣姜潛之官才數月，青苗令下，潛卽榜於縣門，又移之鄉村，各三日無人至，遂撤榜付吏曰：「民不願矣！」

府、寺疑潛壅令，使其屬按驗，無違令者。潛知不免，卽移疾去。

知山陰縣陳舜俞不肯奉行，移狀自劾曰：「方今小民匱乏，願貸之人往往有之。譬如孺子見飴蜜，孰不染指爭食？然父母疾止之，恐其積甘足以生病。故耆老戒其鄉黨，父兄誨其子弟，未嘗不以貸貰爲不善治生。今乃官自出擧，誘以便利，督以威刑，非王道之擧也。況正月放夏料，五月放秋料，而所斂亦在當月，百姓得錢便出息輸納，實無所利。是使民一取青苗錢，終身以及世世一歲常兩輸息錢，乃別爲一賦以弊生民也。」坐謫監南康軍鹽酒稅〔七〕。陝西轉運副使陳繹止環、慶等六州毋散青苗錢，且留常平倉物以備用，條例司劾其罪，詔釋之。五月，制置三司條例司罷歸中書，以常平新法付司農寺，命集賢校理呂惠卿同判寺，兼領田役水利。七年，帝患俵常平官吏多違法，王安石請縣專置一主簿，主給納役錢及常平，不過五百員，費錢三十萬貫耳。從之。

帝以久旱爲憂，翰林學士承旨韓維言：「畿縣近督青苗甚急，往往鞭撻取足，民至伐桑爲薪以易錢。旱災之際，重罹此苦。」帝頗感悟。太皇太后亦嘗爲帝言：「聞民間甚苦青苗、助役錢，盍罷之！」會百姓流離，帝憂見顏色，益疑新法不便，欲罷之。安石不悅，屢求去，四月，出知江寧府。然安石薦韓絳代相，仍以呂惠卿佐之，於安石所爲遵守不變。旣而詔諸路常平錢穀常留一半外，方得給散。兩經倚閣常平錢人戶，不得支借。民間非時闕乏，許以物產爲抵，依常平限輸納。當輸錢而願輸穀若金帛者，官立中價示民。物不盡其錢，足以錢；錢不盡其物者，還其餘直。又聽民以金帛易穀，而有司少加金帛之直。

六年〔二〇〕，戶部言：「準詔諸路常平可酌三年斂散中數，取一年爲格，歲終較其增虧。今以錢銀穀帛貫、石、匹、兩定年額：散一千一百三萬七千七百七十二，斂一千三百九十六萬五千四百五十九。比元豐三年散增二百一十四萬八千三百四十二，斂增一百三萬四千九百六十三；四年散增二百七十九萬九千九百六十四，斂虧一百九十八萬六千五百一十五。」詔三年四年散多斂少及散斂俱少之處，戶部下提舉司具析以聞。

十年，詔開封府界先自豐稔畿縣立義倉法。明年，提點府界諸縣鎭公事蔡承禧言：「義倉之法，以二石而輸一斗，至爲輕矣，乞今年夏稅之始，悉令舉行。」詔可，仍以義倉隸提舉司。京東西、淮南、河東、陝西路義倉以今年秋料爲始，民輸稅不及斗免輸，頒其法於川峽四路。元豐二年，詔威、茂、黎三州罷行義倉法，以夷夏雜居，歲賦不多故也。八年，幷罷諸路義倉。

元祐元年，詔：「提舉官累年積蓄錢穀財物，盡樁作常平錢物，委提點刑獄交管，依舊常平倉法行之。罷各縣專置主簿。」四月，再立常平錢穀給斂出息之法，限二月或正月以散及一半爲額，民間絲麥豐熟，隨夏稅先納所輸之半，願併納者〔一九〕止出息一分。左司諫王巖叟、監察御史上官均、右正言王覿、右司諫蘇轍、御史中丞劉摯交章論復行青苗之非。八月，司馬光奏：「先朝散青苗，本爲利民，並取情願。後提舉官速要見功，務求多散，或舉縣追呼，或排門抄箚；亦有無賴子弟謾昧尊長，錢不入家；亦有他人冒名詐請，莫知爲誰，及至追催，皆歸本戶。今朝廷深知其弊，故悉罷提舉官，不復立額考校，訪聞人情安便。欲下諸路提點刑獄，申嚴州縣抑配之禁。」詔從之。

中書舍人蘇軾不書錄黃，奏曰：「熙寧之法，未嘗不禁抑配，而其害至此。民家量入爲出，雖貧亦足，若令分外得錢，則費用自廣。況子弟欺謾父兄，人戶冒名詐請，似此本非抑配。臣謂以散及一半爲額，與熙寧無異。今許人願請，未免設法罔民，使快一時非理之用，而不慮後日催納之患。二者皆非良法，相去無幾。今已行常平糶糴之法，惠民之外，官亦稍利，何用二分之息，以賈無窮之怨？」於是王巖叟、蘇轍、朱光庭、王覿等復言：「臣等屢有封事，乞罷青苗，皆不蒙付外。願盡付三省，公議得失。」初，同知樞密院范純仁以國用不足，建請復散青苗錢，四月之詔，蓋純仁意也。時司馬光以疾在告，已而臺諫皆言其非，不報。光尋奏乞約束州縣抑配，蘇軾又繳奏，乞盡罷之。光始大悟，遂力疾入對。尋詔：「常平錢穀，止令州縣依舊法趁時糴糶，青苗錢更不支俵。除舊欠二分之息，元支本錢驗見欠多少，分料次隨二稅輸納。」

紹聖元年，詔除廣南東、西路外，並復置義倉，自來歲始，放稅二分已上免輸，所貯專充振濟，輒移用者論如法。二年，戶部尚書蔡京首言：「承詔措置財利，乞檢會熙、豐青苗條約，參酌增損，立爲定制。」淮南轉運司副使莊公岳謂：「自元祐罷提舉官後，錢穀爲他司侵借，所存無幾。欲乞追還給散，隨夏秋稅償納，勿立定額，自無抑民失財之患。」奉議郎鄭僅、朝奉郎郭時亮、承議郎許幾董遵等皆言：「青苗最爲便民，願戒抑配，止收一分之息。」詔並送詳定重修敕令所。三年，舊欠常平錢斛人戶，仍許請給。

宣和五年，令州縣歲散常平錢穀畢，即揭示請人名數，逾月斂之，庶革僞冒之弊。先是，諸路災傷，截撥上供年額米斛數多，致闕中都歲計，令京東、江南、兩浙、荊湖路義倉穀各留三分，餘並起發赴京，補還截撥之數。六年，詔罷之。

高宗紹興元年〔二〇〕，併提舉常平司於提刑司。明年，以臣僚言復常平官，講補助之政以廣儲蓄。九年，用宗正丞鄭鬲言，以常平錢於民輸賦未畢之時，悉數和糴。二十八年，以趙令詪請，糶州縣義倉米之陳腐者。

孝宗隆興二年，遣司農少卿陳良弼點檢浙東常平等倉。乾道六年，知衢州胡堅奏廣糴常平。福建轉運副使沈樞奏，水旱州郡請留轉運司和糴米以續常平，上卽爲之施行。八年，戶部侍郎楊倓奏：「義倉在法夏秋正稅斗輸五合，不及斗者免輸，凡豐熟縣九分以上卽輸一升。今諸路州縣歲收苗米六百餘萬石，其合收義倉米數不少，間有災傷，支給不多。訪聞諸州軍皆擅用，請稽之。」

寧宗慶元元年，詔戶部右曹專領義倉。十一年〔二〕，臣僚言：「紹興初，臺臣嘗請通一縣之數，截留下戶苗米，輸之於縣，別儲以備振濟，使窮民不至於艱食；惟負郭義倉，則就州輸送。至於屬縣之義倉，則令、丞同主之，每歲終，令、丞合諸鄉所入之數上之守、貳，守、貳合諸縣所入之數上之提舉常平，提舉常平合一道之數上之朝廷，考其盈虧，以議殿最。」從之。

寶慶三年，侍御史李知孝言：「郡縣素無蓄積，緩急止仰朝廷，非立法本意。曩淮東總領岳珂任江東轉運判官，以所積經常錢糴米五萬石，樁留江東九郡，以時濟、糶〔三〕，諸郡皆蒙其利。其後史彌忠知饒州，趙彥悈知廣德軍，皆自積錢糴米五千石。以是推之，監司、州郡苟能節用愛民，即有贏羨。若立之規繩，加以黜陟，所糴至萬石者旌擢，其不收糴與擾民及不實者鐫罰，庶幾郡縣趨事，蓄積歲增，實爲經久之利。」有旨從之。

景定元年九月，赦曰：「諸路已糴義米價錢，州郡以低價抑令上戶補糴，正稅逃閣，義米用虧，常平司責縣道陪納，縣道遂敷吏貼、保正長、攬戶等人均納。自今視時收糴，見繫吏貼等人陪納之錢並與除放。」五年，監察御史程元岳奏：「隨秔帶義，法也。今秔糯帶義之外，又有所謂外義焉者，絹、紬、豆也，豈有絹、紬、豆而可加之義乎？縱使違法加義，則絹加絹，紬加紬，豆加豆，猶可言也；州縣一意椎剝，一切理苗而加一分之義，甚者赦恩已蠲二稅，義米依舊追索。貧民下戶所欠不過升合，星火追呼，費用不知幾百倍。破家蕩產，鬻妻子，怨嗟之聲，有不忍聞。望嚴督監司，止許以秔帶義，其餘盡罷。其有循習病民者重其罰。」從之。咸淳二年，以諸路景定三年以前常平義倉米二百餘萬石，減時直糶之。

校勘記

〔一〕每屯千人　「千」原作「十」，據宋會要食貨七之一、長編卷三七改。

〔二〕黃宗旦　原作「王宗旦」，據宋會要食貨一之一七、長編卷五四改。

〔三〕靜戎軍　原作「靖戎軍」，據宋會要食貨二之二、長編卷五一改。

〔四〕滿城縣　原作「蒲城縣」，據宋會要食貨四之二、長編卷五五改。

〔五〕渭源城　原作「渭原城」，據宋會要食貨二之三、長編卷二一六改。

〔六〕尅胡　原作「尅明」，據本書卷八六地理志、武經總要前集卷一七改。長編卷三四四作「尅烏」，乃同音異字。

〔七〕二年　原作「三年」，據宋會要食貨二之九、玉海卷一七七、宋史全文卷一八上改。

〔八〕分五年償　「五年」，宋會要食貨二之一五、繫年要錄卷九八、宋史全文卷一九下都作「二年」。

〔九〕九月　按宋會要食貨二之二〇、繫年要錄卷一一四都繫此事於紹興七年九月，此上應有「七年」二字。

〔一〇〕荆鄂　原作「荆湖」，據宋會要食貨三之八、繫年要錄卷二〇〇、宋史全文卷二三下改。

〔一一〕乾道五年三月　按此下有脫文。鄭剛中任川陝宣撫使，在紹興十二年至十七年間，本條所載，據宋會要食貨三之一八、六三之一四六，乃四川宣撫使虞允文奏中追述鄭剛中事。

〔一二〕均敷　原作「均數」，據宋會要食貨三之一八、六三之一四六改。

〔一三〕糴粟　原作「糴粟」，據文義和長編卷六二改。

〔一四〕糴粟　原作「糴粟」，據文義和長編卷一七一、通考卷二一市糴考改。

〔一五〕糶 原作「糴」，據文義和宋會要食貨五三之七改。

〔一六〕以富者爲保首 「首」上五字原脫，據宋會要食貨四之二一補。

〔一七〕監南康軍鹽酒稅 「監」字原脫，據本書卷三三一陳舜俞傳、通考卷二一市糴考補。

〔一八〕六年 據宋會要食貨五三之一三、長編卷三三二，「六年」上失書「元豐」紀元。按編年順序，本段應移置下文「十年」段之後。

〔一九〕願佯納者 「佯納」，宋會要食貨五三之一四、長編卷三七六都作「併納」。

〔二〇〕紹興元年 本書卷一六七職官志、中興小紀卷二、繫年要錄卷七都繫此事於建炎元年，此處「紹興」應是「建炎」之誤。本段下文的「九年」和「二十八年」則是紹興紀年。

〔二一〕十一年 承上文此指慶元十一年。按慶元無十一年，通考卷二一市糴考繫此事於嘉定十一年，此處失書「嘉定」紀元。

〔二二〕以時濟糶 「糶」原作「糴」，據文義和續通考卷二七市糴考改。

宋史卷一百七十七

志第一百三十

食貨上五

役法上

役法　役出於民，州縣皆有常數。宋因前代之制，以衙前主官物，以里正、戶長、鄉書手課督賦稅，以耆長、弓手、壯丁逐捕盜賊，以承符、人力、手力、散從官給使令；縣曹司至押、錄，州曹司至孔目官，下至雜職、虞候、揀、掐等人，各以鄉戶等第定差。京百司補吏，須不礙役乃聽。

建隆中，詔文武官、內諸司、臺省、寺監、諸軍、諸使，不得占州縣課役戶，州縣不得役道路居民爲遞夫。後又詔諸州職官不得私占役戶供課。京西轉運使程能請定諸州戶爲九等，著于籍，上四等量輕重給役，餘五等免之，後有貧富，隨時升降。詔加裁定。淳化五年，始令諸縣以第一等戶爲里正，第二等戶爲戶長，勿冒名以給役。自餘衆役，多調廂軍。大中祥符五年，提點刑獄府界段惟幾發中牟縣夫二百修馬監倉，羣牧制置使代以廐卒，因下詔禁之。惟詔令有大興作而後調丁夫。

然役有輕重勞佚之不齊，人有貧富彊弱之不一，承平既久，姦僞滋生。命官、形勢占田無限，皆得復役，衙前將吏得免里正、戶長；而應役之戶，困於繁數，僞爲券售田於形勢之家，假佃戶之名，以避徭役。乾興初，始立限田法，形勢敢挾他戶田者聽人告，予所挾田三之一。

時州縣既廣，徭役益衆，太常博士范諷知廣濟軍，因言：「軍地方四十里，戶口不及一縣，而差役與諸郡等，願復爲縣。」轉運司執不可，因詔裁損役人。自是數下詔書，督州縣長吏與轉運使議蠲冗役，以寬民力。又令州縣錄丁產及所產役使，前期揭示，不實者民得自言。役之重者，自里正、鄉戶爲衙前，主典府庫或輦運官物，往往破產。景祐中，稍欲寬其法，乃命募人充役。初，官八品以下死者，子孫役同編戶；至是，詔特蠲之。民避役者，或竄名浮圖籍，號爲出家，趙州至千餘人，詔出家者須落髮爲僧，乃聽免役。禁諸縣非捕盜毋擅役壯丁。慶曆中，令京東西、河北、陝西、河東裁損役人，卽給使不足，益以廂兵。既而詔諸路轉運司條析州縣差徭賦斂之數，委二府大臣裁減，科役不均，以鄉村、坊郭戶均差。時范仲淹執政，謂天下縣多，故役蕃而民瘠，首廢河南諸縣，欲以次及他州。當時以爲非，未幾悉復。王逵爲荆湖轉運使，率民輸錢免役，得緡錢三十萬，進爲羨餘，蒙詔奬。繇是他路競爲掊克以市恩。皇祐中，詔州縣里正、押司、錄事既代而令輸錢免役者，論如違制律。又禁役鄉戶爲長名衙前。

初，知幷州韓琦上疏曰：「州縣生民之苦，無重於里正衙前。有孀母改嫁，親族分居，或棄田與人，以免上等，或非命求死，以就單丁，規圖百端，苟免溝壑之患。每鄉被差疎密，與貲力高下不均。假有一縣甲乙二鄉，甲鄉第一等戶十五戶，計貲爲錢三百萬，乙鄉第一等戶五戶，計貲爲錢五十萬；番休遞役，卽甲鄉十五年一周，乙鄉五年一周。富者休息有餘，貧者敗亡相繼，豈朝廷爲民父母意乎？請罷里正衙前，命轉運司以州軍見役人數爲額，令、佐視五等簿，通一縣計之，籍皆在第一等，選貲最高者一户爲鄉户衙前，後差人放此。卽甲縣戶少而役蕃，聽差乙縣戶多而役簡者。簿書未盡實，聽換取他戶。里正主督租賦，請以戶長代之，二年一易。」下其議京畿、河北、河東、陝西、京東西轉運司度利害，皆以爲便。而知制誥韓絳、蔡襄極論江南、福建里正衙前之弊，絳請行鄉戶五則之法，襄請以產錢多少定役重輕。至和中，命絳、襄與三司置司參定，繼遣尙書都官員外郎吳幾復趨江東，殿中丞蔡稟趨江西，與長吏、轉運使議可否。因請行五則法，凡差鄉戶衙前，視貲產多寡置籍，分爲五則，又第其役輕重放此。假有第一等重役十，當役十人，列第一等戶百；第二等重役五，當役五人，列第二等戶五十，以備十番役使。藏其籍通判治所，遇差人，長吏以下同按視之，轉運使、提點刑獄察其違慢。遂更著淮南、江南、兩浙、荆湖、福建之法，下三司頒焉。

自罷里正衙前，民稍休息。又詔諸路轉運司、開封府界訪衙前之役有重爲害者條奏之；能件悉便利、大去勞弊者議賞。置寬恤民力司，遣使四出。自是州縣力役多所裁損，凡二萬三千六百二十二人。

治平四年，詔曰：「農，天下之大本也，間因水旱，頗致流離，殆州郡差役之法甚煩，其詔中外臣庶條陳利害以聞。」先是，三司使韓絳言：「聞京東民有父子二丁將爲衙前役者，其父告其子曰『吾當求死，使汝曹免於凍餒』，遂自縊而死。又聞江南有嫁其祖母及與母析居以避役者，又有鬻田減其戶等者。田歸官戶不役之家，而役幷於同等見存之戶。望博訪利害，集議裁定，使力役無偏重之害。」役法更議始此。

熙寧元年，知諫院吳充言：「今鄉役之中，衙前爲重。民間規避重役，土地不敢多耕，而避戶等；骨肉不敢義聚，而憚人丁。故近年上戶寖少，中下戶寖多，役使頻仍，生資不給，則轉爲工商，不得已而爲盜賊。宜早定鄉役利害，以時施行。」後帝閱內藏庫奏，有衙前越千里輸金七錢，庫吏邀乞，踰年不得還者。帝重傷之，乃詔制置條例司講立役法。二年，遣劉彝、謝卿材、侯叔獻、程顥、盧秉、王汝翼、曾伉、王廣廉八人行諸路，相度農田水利、稅賦科率、徭役利害。

條例司檢詳文字蘇轍言：「役人之不可不用鄉戶，猶官吏之不可不用士人也。今遂欲兩稅之外別立一科，謂之庸錢，以備官雇，不問戶之高低，例使出錢，上戶則便，下戶實難。」轍以議不合罷。

條例司言：「使民出泉雇役，卽先王致民財以祿庶人在官者之意，願以條目遣官分行天下，博盡衆議。」於是條諭諸路曰：「衙前既用重難分數，凡買撲酒稅坊場，舊以酬衙前者，從官自賣，以其錢同役錢隨分數給之。其廂鎭場務之類，舊酬獎衙前、不可令民買占者，卽用舊定分數爲投名衙前酬獎。如部水陸運及領倉驛、場務、公使庫之類，其舊煩擾且使陪備者，今當省使毋費。承符、散從官等舊苦重役償欠者，今當改法除弊，庶使無困。凡有產業物力而舊無役者，今當出泉以助役。」久之，司農寺言：「今立役條，所寬優者，皆村鄉朴惷不能自達之窮甿；所裁取者，乃仕宦兼并能致人言之豪右。若經制一定，則衙司縣吏無以施誅求巧舞之姦，故新法之行尤所不便。欲先自一兩州爲始，候其成就，即令諸州軍倣視施行，若實便百姓，當特奬之。」詔可。

於是提點府界公事趙子幾奏上府界所在條目，下之司農，詔判寺鄧綰、曾布更議之。綰、布言：「畿內鄉戶，計產業若家資之貧富，上下分爲五等。歲以夏秋隨等輸錢，鄉戶自四等、坊郭自六等以下勿輸。兩縣有產業者，上等各隨縣，中等併一縣輸。析居者隨所析而定，降其等。若官戶、女戶、寺觀、未成丁，減半輸。皆用其錢募三等以上稅戶代役，隨役重輕制祿。開封縣戶二萬二千六百有奇，歲輸錢萬二千九百緡。以萬二百爲祿，贏其二千七百，以備凶荒欠閣，他縣倣此。」然輸錢計等高下，而戶等著籍，昔緣巧避失實。乃詔責郡縣，坊郭三年，鄉村五年，農隙集衆，稽其物產，考其貧富，察其詐僞，爲之升降；若故爲高下者，以違制論。

募法：三人相任，衙前仍供物產爲抵；弓手試武藝，典吏試書計；以三年或二年乃更。爲法既具，揭示一月，民無異辭，著爲令。令下，募者執役，被差者得散去。開封一府罷衙前八百三十人，畿縣鄉役數千，遂頒其法於天下。

天下土俗不同，役重輕不一，民貧富不等，從所便爲法。凡當役人戶，以等第出錢，名免役錢。其坊郭等第戶及未成丁、單丁、女戶、寺觀、品官之家，舊無色役而出錢者，名助役錢。凡敷錢，先視州若縣應用雇直多少，隨戶等均取；雇直既已用足，又率其數增取二分，以備水旱欠閣，雖增毋得過二分，謂之免役寬剩錢。

三年，命集賢校理呂惠卿同判司農寺，已而林旦、曾布相繼典主其事。四年，罷許州衙前幹公使庫，以軍校主之，月給食錢三千。後行於諸路，人皆便之。

兩浙提點刑獄王庭老、提舉常平張靚率民助役錢至七十萬。薛向爲帝言，帝問王安石，安石曰：「提舉官據數取之，朝廷以恩惠科減，於體爲順。」御史中丞楊繪亦言：「靚等科配民輸錢，多者一戶至三百千，乞少裁損，以安民心。」五月，東明縣民數百詣開封府訴超升等第，不受；遂突入王安石私第，安石諭以相府不知；訴之御史臺，臺不受訴，諭令散去。楊繪又言：「司農寺不用舊則，自據戶數創立助役錢等第，下縣令著之籍，如酸棗縣升戶等皆失實。」帝乃命提點司究所從升降，仍嚴升降之法，畿民不願輸錢免役，縣案所當供役歲月，如期役之，與免輸錢。先是，帝既知東明事，及聞繪言，兩降手敕問王安石曰：「酸棗既有自下戶升入上戶，則四等有免輸役錢之名，而無其實。」安石力言嘗取諸縣新舊籍對覆升降，聞外間扇搖役法者，謂輸多必有贏餘，若羣訴必可免，彼既聚衆僥倖，苟受其訴，與免輸錢，當仍役之。帝乃盡用其言。

中書孫迪、張景温體量不願出錢之民，欲困以重役，楊繪復論之。而監察御史劉摯謂：「昨者團結保甲，民方驚擾，又作法使人均出緡錢，非時升降戶等，期會急迫，人情惶駭。」因陳新法十害，其要曰：「上戶常少，中下戶常多，故舊法上戶之役類皆數而重，下戶之役率常簡而輕；今不問上下戶，概視物力以差出錢，故上戶以爲幸，而下戶苦之。歲有豐凶，而役人有定數，助錢歲不可闕，則是賦税有時減閣，而助錢更無蠲損也。役人必用鄉戶，爲其有常產則自重，今既招雇，恐止得浮浪姦僞之人，則帑庾、場務、綱運不惟不能典幹，竊恐不勝其盜用而冒法者衆；至於弓手、耆、壯、承符、散從、手力、胥史之類，恐遇寇則有縱逸，因事輒爲搔擾也。司農新法，衙前不差鄉戶，其舊嘗願爲長名者，聽仍其舊，却用官自召賣酒税坊場幷州縣坊郭人戶助役錢數，酬其重難，惟此一法，有若可行；然坊郭十等戶，緩急科率，郡縣賴之，難更使之均出助錢。乞詔有司，若坊場錢可足衙前雇直，則詳究條目，徐行而觀之。」帝因安石進呈役錢文字，謂之曰：「民供税斂已重，坊郭及官戶等不須減，税戶升等事更與少裁之。」安石曰：「朝廷制法，當斷以義，豈須規規恤淺近之人議論耶？」

於是提點趙子幾怒知東明縣賈蕃不能禁遏縣民來訟，雜摭他事致蕃於理。又使子幾自鞫之。楊繪謂是希安石意指，而致縣令於罪也。即疏辨之曰：「子幾若劾蕃五月十日前事，臣固無言；若所劾後乎此日，是以威脅令佐使民不得赴愬，得爲便乎？」又言：「助役之利一，而難行有五。請先言其利：假如民田有一家而百頃者，亦有戶纔三頃者，其等乃俱在第一，以百頃而較三頃，則已三十倍矣，而受役月日，均齊無異；況如官戶，則除耆長外皆應無役，今例使均出雇錢，則百頃所輸必三十倍於三頃者，而又永無決射之訟，此其利也。然難行之說亦有五：民惟種田，而責其輸錢，錢非田之所出，一也。近邊州軍，就募者非土著，姦細難防，二也。逐處田稅，多少不同，三也。耆長雇人，則盜賊難止，四也。衙前雇人，則失陷官物，五也。乞先議防此五害，然後著爲定制，仍先戒農寺無欲速就以祈恩賞，提舉司無得多取於民以自爲功，如此則誰復妄議。」

劉摯亦言：「趙子幾以他事捃摭賈蕃爲過，且變更役法，意欲便民，民苟以爲有利害也，安可禁其所欲言！今因畿民有訴，而刻薄之人，反怒縣官不能禁遏。臣恐四遠人情，必疑朝廷欲鉗天下之口，而職在主民者，必皆視蕃爲戒，則天下休戚，陛下何由知之？子幾挾情之罪，伏請付吏部施行。」

於是同判司農寺曾布摭繪、摯所言而條奏辨詰之，其略曰：

畿內上等戶盡罷昔日衙前之役，故今所輸錢比舊受役時，其費十減四五；中等人戶舊充弓手、手力、承符、戶長之類，今使上等及坊郭、寺觀、單丁、官戶皆出錢以助之，故其費十減六七；下等人戶盡除前日冗役，而專充壯丁，且不輸一錢，故其費十減八九。大抵上戶所減之費少，下戶所減之費多。言者謂優上戶而虐下戶，得聚斂之謗，臣所未諭也。

提舉司以諸縣等第不實，故首立品量升降之法，開封府、司農寺方奏議時，蓋不知已嘗增減舊數。然舊敕每三年一造簿書，等第嘗有升降，則今品量增減亦未爲非；又況方曉諭民戶，苟有未便，皆與釐正，則凡所增減，實未嘗行。言者則以謂品量立等者，蓋欲多斂雇錢，升補上等以足配錢之數。至於祥符等縣，以上等人戶數多減充下等，乃獨掩而不言，此臣所未諭也。

凡州縣之役，無不可募人之理。今投名衙前半天下，未嘗不典主倉庫、場務、綱運；而承符、手力之類，舊法皆許雇人，行之久矣；惟耆長、壯丁，以今所措置最爲輕役，故但輪差鄉戶，不復募人。言者則以謂衙前雇人，則失陷官物；耆長雇人，則盜賊難止；又以謂近邊姦細之人應募，則焚燒倉庫，或守把城門，則恐潛通外境，此臣所未諭也。

免役或輸見錢，或納斛斗，皆從民便，爲法至此，亦已周矣。言者則謂直使輸錢，則絲帛粟麥必賤，若用他物準直爲錢，則又退揀乞索，且爲民害。如此則當如何而可？此臣所未諭也。

昔之徭役皆百姓所爲，雖凶荒饑饉，未嘗罷役；今役錢必欲稍有餘羨，乃所以爲凶年蠲減之備，其餘又專以興田利、增吏祿。言者則以謂助錢非如稅賦有倚閣減放之期，臣不知昔之衙前、弓手、承符、手力之類，亦嘗倚閣減放否？此臣所未諭也。兩浙一路，戶一百四十餘萬，所輸緡錢七十萬爾；而畿內戶十六萬，率緡錢亦十六萬。是兩浙所輸纔半畿內，然畿內用以募役，所餘亦自無幾。言者則以謂吏緣法意，廣收大計，如兩浙欲以羨錢徼幸，司農欲以出剩爲功，此臣所未諭也。

賈蕃爲令，不受民訴，使趨京師諠譁，其意必有謂也。誠令用心無他，亦可謂不職矣。蕃之不職不法，其狀甚衆，皆趙子幾所不得不問；御史之言，欲舍蕃而治子幾，是不顧陛下之法、陛下之民，宜莫如蕃與御史也。

於是下其疏於繪、摯，使各言狀。

繪錄前後四奏以自辨。摯言：「助役斂錢之法，有大臣及御史主之於內，有大臣親黨爲監司、提舉官而行之於諸路，其勢順易矣；然曠日彌年，終未有定論，爲不順乎民心而已。陛下以司農爲是耶，則事盡前奏，可以覆視；以臣言爲非耶，則貶黜而已。雖復使臣言之，亦不過所謂十害者，而風憲之官，豈當與有司較是非勝負耶？」詔繪知鄭州；摯落館閣校勘、監察御史裏行，監衡州鹽倉。

遣察訪使偏行諸路，促成役書，改助役爲免役，不願就募而強之者論如律。初，詔監司各定所部助役錢數，利路轉運使李瑜欲定四十萬，判官鮮于侁曰：「利路民貧，二十萬足矣。」議不合，遂各爲奏。帝是侁議。侍御史鄧綰言利路役歲須緡錢九萬餘，而李瑜率取至三十三萬有奇，提點刑獄周約亦占名無異辭。詔責瑜、約，而擢侁爲副使。

諸路役書既上之司農，乃頒募役法于天下，用免役錢祿內外胥吏，有祿而贓者，用倉法重其坐。初，京師賦吏祿，歲僅四千緡。至八年，計緡錢三十八萬有奇，京師吏舊有祿及外路吏祿又不在是焉。時知長葛縣樂京稱助役之法不可久行，常平司詢其故，不答，遂罷。京西使者召知湖陽縣劉蒙會議，蒙不肯議，退而條上利害，即投劾去。而權江西提刑提舉金君卿首募受代官部錢帛綱趨京，不差鄉戶衙前，而費減十五六。賜詔獎諭，仍落權爲眞。

免役剩錢，詔州縣用常平法給散收息〔二〕，添給吏人餐錢，仍立爲法。京東免役錢以秋料起催，若雇直多少、役使重輕有未究者，命監司詳具來上，仍須熙寧七年乃行。永興、秦鳳比之他路，民貧役重，詔提舉司併省冗役，次第蠲減，常留一分寬剩，以爲水旱閣放之備。

七年，詔：「役錢千別納頭子五錢，凡修官舍，作什器，夫力輦運之類，皆許取以供費；不給，以情輕贖銅錢足之。諸路公人如弓箭手法，給田募人爲之。凡逃、絕、監牧之田籍於轉運司者，不許射買請佃。提刑司以其田給應募者，而覈其所直，準一年雇役爲錢幾何，而歸其直於轉運司。」衢州西安縣用緡錢十二萬買田，始足募一縣之役。司農寺言，不獨兩浙如此，他路宜亦如之。費多難贍，乃欲改法。遂詔自今用寬剩錢買募役田，須先參會餘錢可以枝梧災傷，方許給買，若田價翔貴之地，則已之。

時免役出錢或未均，參知政事呂惠卿及其弟曲陽縣尉和卿皆請行手實法。其法：官爲定立田產中價，使民各以田畝多少高下，隨價自占；仍幷屋宅分有無蓄息立等，凡居錢五當蓄息之錢一。非用器、田穀而輒隱落者許告，有實，以三分之一充賞。將造簿，預具式示民，令依式爲狀，縣受而籍之。以其價列定高下，分爲五等。既該見一縣之民物產錢數，乃參會通縣役錢本額而定所當輸，明書其數，示衆兩月，使悉知之。詔從其請。

司農寺乞廢戶長、坊正，令州縣坊郭擇相鄰戶三二十家，排比成甲，迭爲甲頭，督輸稅賦苗役，一稅一替。其後，諸路皆言甲頭催稅未便，遂詔耆戶長、壯丁仍舊募充，其保正、甲頭、承帖法並罷。

王安石言給田募役，有害十餘。八年，罷給田募役法，已就募人如舊，闕者勿補。官戶輸役錢免其半，所免雖多，各無過二十千。兩縣以上有物產者通計之，兩州兩縣以上有物產者隨所在輸錢〔三〕，等第不及者從一多處併之。

初，手實法行，言者多論其長告訐，增煩擾。至是，惠卿罷政，御史中丞鄧綰言其法不便，罷之，委司農寺再詳定以聞。

九年，以荆湖兩路敷役錢太重，較一歲入出，寬剩錢數多，詔權減二年。尋詔自今寬剩役錢及買撲坊場錢，更不以給役人，歲具羨數上之司農，餘物凡籍之常平司者，常留一半。侍御史周尹言：「募役錢數外留寬剩一分，聞州縣希提舉司風旨，廣敷民錢，省役額，損雇直，而民間輸數一切如舊，寬剩數多。募直輕而倉法重，役人多不願就募。天下皆謂朝廷設法聚斂，不無疑怨。乞募耆長、戶長及役人不可過減者悉復舊額，約募錢足用，其寬剩止留二分。」

是歲，諸路上司農寺歲收免役錢一千四十一萬四千五百五十三貫、石、匹、兩：金銀錢斛匹帛一千四十一萬四千三百五十二貫、石、匹、兩，絲綿二百一兩；支金銀錢斛六百四十八萬七千六百八十八兩、貫、石、匹；應在銀錢斛匹帛二百六十九萬三千二十貫、匹、石、兩，見在八十七萬九千二百六十七貫、石、匹、兩。

十年，知彭州呂陶奏：「朝廷欲寬力役，立法召募，初無過斂民財之意，有司奉行過當，增添科出，謂之寬剩。自熙寧六年施行役法，至今四年，臣本州四縣，已有寬剩錢四萬八千七百餘貫，今歲又須科納一萬餘貫。以成都一路計之，無慮五六十萬，推之天下，見今約有六七百萬貫寬剩在官。歲歲如此，泉幣絕乏，貨法不通，商旅農夫，最受其弊。臣恐朝廷不知免役錢外有此寬剩數目，乞契勘見在約支幾歲不至闕乏，霈發德音，特免數年；或逐年限定，不得過十分之一。所貴民不重困。」不報。

王安石去位，吳充爲相，沈括獻議莫若稍變役法，雜以差徭爲便。御史知雜蔡確言括反覆，貶括知宣州。

役錢立額，浙東多以田稅錢數爲則，浙西多用物力。至是，詔令通物力、稅錢互紐爲數，從便輸納。淮東路估定物產，如其實直，以均敷取。初，許兩浙坊郭戶家產不及二百千，鄉村戶不及五十千，毋輸役錢，已而鄉戶不及五十千亦不免輸。元豐二年，提舉司言坊郭戶免輸法太優，乃詔如鄉戶法裁定所敷錢數。提舉廣西常平劉誼言：「廣西一路戶口二十萬，而民出役錢至十九萬緡，先用稅錢敷出；稅數不足，又敷之田米；田米不足，復算於身丁。夫廣西之民，身之有丁，既稅以錢，又算以米，是一身而輸二稅，殆前世弊法。今既未能蠲除，而又益以役錢，甚可憫也。至於廣東西監司、提舉司吏一月之給，上同令錄，下倍攝官，乞裁損其數，則兩路身丁田米亦可少寬。」遂詔吏輩月給錢遞減二千，歲遂減役錢一千二百餘緡。三年，司農寺丞吳雍言：「議定淮、浙役書，減冗占千三百餘人，裁省緡錢近二十九萬，會定歲用，寬剩錢一百四萬餘緡，諸路役書多若此類。乞先自近京三兩路修定，下之諸路。」從之。

七年，天下免役緡錢歲計一千八百七十二萬九千三百，場務錢五百五萬九千，穀帛石匹九十七萬六千六百五十七，役錢較熙寧所入多三之一。

帝之力主免役也，知民間通苦差役，而衙投〔三〕之任重行遠者尤甚，特創免役。雖均敷雇直，不能不取之民；然民得一意田畝，實解前日困弊。故羣議雜起，意不爲變。顧其間采王安石策，不正用雇直爲額，而展敷二分以備吏祿、水旱之用。羣臣每以爲言，屢疑屢詰，而安石持之益堅。此其爲法既不究終防弊，而聚斂小人又乘此增取，帝雖數詔禁戒，而不能盡止。至是，雇役不加多，而歲入比前增廣，則安石不能將順德意，其流弊已見矣。

哲宗立，宣仁后垂簾同聽政，門下侍郎司馬光言：

按因差役破產者，惟鄉戶衙前。蓋山野愚戇之人，不能幹事，或因水火損敗官物，或爲上下侵欺乞取，是致欠折，備償不足，有破產者。至於長名衙前，在公精熟，每經重難，別得優輕場務酬獎，往往致富，何破產之有？又鄉者役人皆上等戶爲之，其下等、單丁、女戶及品官、僧道，本來無役，今使之一概輸錢，則是賦斂愈重。自行免役法以來，富室差得自寬，貧者困窮日甚，監司、守令之不仁者，於雇役人之外多取羡餘，或一縣至數萬貫，以冀恩賞。又青苗、免役，賦斂多責見錢。錢非私家所鑄，要須貿易，豐歲追限，尙失半價，若値凶年，無穀可糶，賣田不售，遂致殺牛賣肉，伐桑鬻薪，來年生計，不暇復顧，此農民所以重困也。

臣愚以爲宜悉罷免役錢，諸色役人，並如舊制定差，見雇役人皆罷遣之。衙前先募人投充長名，召募不足，然後差鄉村人戶，每經歷重難差遣，依舊以優輕場務充酬獎。所有見在役錢，撥充州縣常平本錢，以戶口爲率，存三年之蓄，有餘則歸轉運司。凡免役之法，縱富彊應役之人，征貧弱不役之戶，利於富不利於貧。及今耳目相接，猶可復舊名，若更年深，富者安之，民不可復差役矣。

於是始詔修定役書，凡役錢，惟元定額及額外寬剩二分已下許著爲準，餘並除之。若寬剩元不及二分者，自如舊則。尋詔耆戶長、壯丁皆仍舊募人供役，保正、甲頭、承帖人並罷。

元祐元年，侍御史劉摯言：「率戶賦錢，有從來不預差役而概被斂取者，有一戶而輸數百以至千緡者。昔惟衙前一役，有至破產者爾。今天下坊場，官收而官賣之，歲計緡錢無慮數百萬，自可足衙前雇募支酬之直，則役之重者已無所事于農民矣。外惟散從、承符、弓手、手力、耆戶長、壯丁之類，無大勞費，宜並用祖宗差法，自第一等而下通任之。」監察御史王巖叟請於衙前大役立本等相助法，以盡變通之利。借如一邑之中當應大役者百家，而歲取十人，則九十家出力爲助，明年易十戶，復如之，則大役無偏重之弊；其於百色無名之差占，一切非理之資陪，悉用熙寧新法禁之，雖不助猶可爲也。

殿中侍御史劉次莊言：「近制許雇耆戶長須三等已上戶。不知三等已上戶不願受雇，既無願者，則郡縣必陽循雇名，陰用差法，不若立法明差之爲便。」戶部言：「詔凡耆戶長、壯丁並募人供役，竊慮耆戶長雇錢數少〔四〕，無應募者。兼四等以下戶舊不敷役錢，惟輪差壯丁，今悉雇募，用錢額廣，提舉司必從人戶增敷。蓋舊法役不盡雇，亦有輪差輪募之處，欲且如本法。」

中書舍人蘇軾言：「先帝初行役法，取寬剩錢不得過二分，以備災傷。有司奉行過當，行之幾十六七年，積而不用，至三千餘萬貫石。熙寧中，行給田募役法，大略如邊郡弓箭手。臣知密州，先募弓手，民甚便之，曾未半年，此法復罷。」因列其五利。王巖叟言：「蘇軾乞買田募役，其五利難信，而有十弊。」大指謂：「官市民田，慮不當價；民受田就募，既非永業，則鹵莽其耕，又將轉而他之。」而其六弊特詳，曰：「弓箭手雖名應募，實與家居農民無異，雖或番上及緩急不免點集，實不廢田業，非如州縣色役長在官寺，則弓箭手之擾可知矣。然猶聞闕額常難補招，已就招者又時時竄去，引以爲比，不切事情。」其七弊曰：「戶及三等以上，皆能自足，必不肯佃田供役。今立法須二等以上戶方充弓手，三等以上方得供散從官以下色役，乃是用給田募役之名，行揭簿定差之實。既云百姓樂於應募，何以戶降四等必須上二等戶保任？任之而逃，則勒任者就供田役，此豈得云樂應也耶？」上官均亦陳五不可行，軾議遂格。

司馬光復奏：

今免役之法，其害有五：上戶舊充役，固有陪備，而得番休，今出錢比舊費特多，年年無休息。下戶元不充役，今例使出錢。舊日所差皆土著良民，今皆浮浪之人應募，無顧藉，受賕，侵陷官物。又農民出錢難於出力，若遇凶年，則賣莊田、牛具、桑柘，以錢納官。提舉常平倉司惟務多斂役錢，廣積寬剩。此五害也。

今莫若直降敕命，盡罷天下免役錢，其諸色役人，並依熙寧元年以前舊法人數，委本縣令佐揭簿定差。其人不願身自供役，許擇可任者雇代，有逋逃失陷，雇者任之。惟衙前一役，最號重難，固有因而破產者，爲此始作助役法。自後色色優假，禁止陪備，別募命官將校部押遠綱，遂不聞更有破產之人；若今衙前仍行差法，陪備既少，當不至破家。若猶矜其力難獨任，即乞如舊法，於官戶、寺觀、單丁、女戶有屋產月收僦直可及十五千、莊田中熟所收及百石以上者，並隨貧富以差出助役錢，自餘物產，約此爲準。每州椿收，候有重難役使，即以支給。

尚慮役人利害，四方不能齊同。乞許監司、守令審其可否，可則亟行，如未究盡，縣許五日具措畫上之州，州一月上轉運司，轉運司季以聞。朝廷委執政審定，隨一路一州各爲之敕，務要曲盡。然免役行之近二十年，富戶習於優利，一旦變更，不能不懷異同。又差役復行，州縣不能不有小擾，提舉官專以多斂役錢爲功，必競言免役錢不可罷。當此之際，願勿以人言輕壞良法。

知樞密院章惇取光所奏疏略未盡者駮奏之。尚書左丞呂公著言惇專欲求勝，不顧命令大體，望選差近臣詳定。右正言王覿奏：「光議初上，惇嘗同奏，待旣施行，方列光短，其資小人，不當寘腹心地。」於是詔以資政殿大學士韓維、給事中范純仁等專切詳定以聞。

王覿又言：「近制改募爲差，用舊法人數爲則，而熙寧元年以後，募數屢經裁減，則舊數不可復用，請悉準見額定差。」先是，差法旣復，知開封府蔡京如敕五日內盡用開封、祥符兩縣舊役人數，差一千餘人以足舊額。右司諫蘇轍言：「開封府亟用舊額盡差，如壇子之類，近例率用剩員，今悉改差民戶，故爲煩擾以搖成法，乞正其罪。」

司馬光之始議差役，中書舍人范百祿言于光曰：「熙寧免役法行，百祿爲咸平縣，開封罷遣衙前數百人，民皆欣幸。其後有司求羨餘，務刻剝，乃以法爲病。今第減助免錢額以寬民力可也。」光雖不從，及議州縣吏因差役受賕從重法加等配流，百祿押刑房，固執不可曰：「鄉民因徭爲吏，今日執事而受賕，明日罷役，復以財遺人，若盡以重法繩之，將見黥面赭衣充塞道路矣。」光曰：「微公言，幾爲民害。」遂已之。

蘇轍又言：

差役復行，應議者有五：其一曰舊差鄉戶爲衙前，破敗人家，甚如兵火。自新法行，天下不復知有衙前之患；然而天下反以爲苦者，農家歲出役錢爲難，及許人添䓟見賣坊場，遂有輸納不給者爾。向使止用官賣坊場課入以雇衙前，自可足辦，而他色役人止如舊法，則爲利較然矣。初疑衙前多是浮浪投雇，不如鄉差稅戶可託。然行之十餘年，投雇者亦無大敗闕，不足以易鄉差衙前之害。今略計天下坊場錢，一歲可得四百二十餘萬貫，若立定中價，不許添䓟，三分減一，尚有二百八十餘萬貫。而衙前支費及召募非泛綱運，一歲共不過一百五十餘萬緡，則是坊場之直，自可了辦衙前百費，何用更差鄉戶？今制盡復差役，知衙前若無陪備〔五〕，故以鄉戶爲之；至於坊場，元無明降處分，不知官自出賣耶，抑仍用以酬獎衙前也？若仍用以酬獎，即召募部綱以何錢應用？若不與之錢，卽舊名重難，鄉戶衙前仍前自備，爲害不小。

其二，坊郭人戶舊苦科配，新法令與鄉戶並出役錢，而免科配，其法甚便。但數錢太重，未爲經久之法。乞取坊郭、官戶、寺觀、單丁、女戶，酌今役錢減定中數，與坊場錢用以支雇衙前及召募非泛綱運外，却令樁備募雇諸色役人之用。

其三，乞用見今在役人數定差，熙寧未減定前，其數實冗，不可遵用。

其四，熙寧以前，散從、弓手、手力諸役人常苦逆送，自新法以來，官吏皆請雇錢，役人既便，官亦不至闕事，乞仍用雇法。

其五，州縣胥吏並量支雇錢募充，仍罷重法，亦許以坊場、坊郭錢爲用；不足用，方差鄉戶，鄉戶所出雇錢，不得過官雇本數。

詔送看詳役法所詳定，擇其要者先奏以行。

於是役人悉用見數爲額，惟衙前用坊場、河渡錢雇募，不足，方許揭簿定差。其餘役人，惟該募者得募，餘悉定差。遂罷官戶、寺觀、單丁、女戶出助役法〔六〕，其今夏役錢卽免輸。尋以衙前不皆有雇直，遂改雇募爲招募。凡熙、豐嘗立法禁以衙前及役人非理役使及令陪備圓融之類，悉申行之，耆壯依保正長法。坊場河渡錢、量添酒錢之類，名色不一，惟於法許用者支用外，並樁備招募衙前、支酬重難及應緣役事之用。如一州錢不供用，許移別州錢用之，一路不足，許從戶部通他路移用；其或有餘，毋得妄用，其或不足，毋得減募增置〔七〕。衙前最爲重役，若已招募足額，上一等戶有虛閑不差者，令供次等色役。鄉差役人，在職官如敢抑令別雇承符、散從承代其役者，轉運司劾奏重責。時提舉常平司已罷置，凡役事改隸提刑司。

殿中侍御史呂陶言：「天下版籍不齊，或以稅錢貫百，或以田地頃畝，或以家之積財，或以田之受種。雖皆別爲五等，然有稅錢一貫〔八〕、占田一頃、積財千緡、受種十石而入之一等。一等之上，無等可加，遂至稅緡、田畝、積財、受種十倍於此，亦不過同在一等。憑此差役，必不均平，雖無今日納錢之勞，反有昔時偏頗陪費之害。莫若裁量新舊，著爲條約：如稅錢一貫爲第一等，合於本等中差一役，稅錢兩倍於一役者併差二役，又倍卽差三役；雖稅錢更多，不過三役，並聽雇人。或本縣戶多役少，則上戶之役不須併差，但可次敍休役年月遠近而均其勞逸。假令甲充役後可閑五年，乙稅錢兩倍於甲，可閑三年，丙又倍於乙，可閑一年。其以田土頃畝之類爲等并其餘同等多少不侔者，並倣此。又成、梓兩路差役，舊專以戶稅爲差等，熙寧初，別定坊郭戶營運錢以助免役。乃在稅產之外，州縣抑認成額，至今不減，至有停閑居業移避鄉村，猶不得免。今方議法，坊郭等第固不可偏廢，然須參究虛實，別行排定，以寬民力。」並送詳定所。

蘇轍又言：「雇募衙前改爲招募，旣非明以錢雇，必無肯就招者，勢須差撥，不知歲收坊場、河渡緡錢四百二十餘萬，欲於何地用之？熙寧以前，諸路衙前多雇長名當役，如西川全是長名，淮南、兩浙長名太半以上，餘路亦不減半。今坊場官既自賣，必無願充長名，則衙前並是鄉戶。雖號招募，而上戶利於免役，方肯占名，與差無異。上戶既免衙前重役，則凡役皆當均及以次人戶，如此則下戶充役，多如熙寧前矣。」

校勘記

〔一〕給散收息　「收息」原作「休息」，據宋會要食貨六五之一三、長編卷二三一改。

〔二〕隨所在輸錢　「在」字原脫，據長編卷二六七補。

〔三〕衙投　通考卷一二職役考作「衙役」，疑是。

〔四〕竊慮耆戶長雇錢數少　「耆」字原脫，據上文及宋會要食貨六五之二七、長編卷三六四補。

〔五〕知衙前若無陪備　「若」原作「苦」，欒城集卷三六論差役五事：「衙前若無差遣，不聞有破產之人，以此欲差鄉戶。」宋會要食貨六五之四三同，據改。

〔六〕出助役法　宋會要食貨六五之四六、長編卷三七一全句作：「官戶、僧道、寺觀、單丁、女戶出錢助役指揮勿行。」疑「出」下脫一「錢」字。

〔七〕毋得減募增置　通考卷一三職役考作「毋得減募增差」。

〔八〕稅錢一貫　「稅」下原衍「賦」字，據宋會要食貨六五之五〇、長編卷三七六刪。

宋史卷一百七十八

志第一百三十一

食貨上六

役法下　振恤

役法　中書舍人蘇軾在詳定役法所，極言役法可雇不可差，第不當於雇役實費之外，多取民錢，若量入爲出，不至多取，則自足以利民。司馬光不然之，光言：「差役已行，續聞有命：雇募不足，方許定差。屢有更張，號令不一。又轉運使欲合一路共爲一法，不令州縣各從其宜，或已受差却釋役使去，或已辭雇却復拘之入役，或仍舊用錢招雇，或不用錢白招，紛紜不定，寖違本意。」遂條舉始奏之文，嘗許州縣、監司陳列宜否。「自今外官苟見利否，縣許直上轉運司，州許直奏，使下情無壅。詳定所第當稽閱監司、州縣所陳，詳定可否；非其任職而務出奇論、不切事情者勿用，亦不可以一路、一州、一縣土風利害概行天下。」從之。

未幾，詔：「諸路坊郭五等以上，及單丁、女戶、官戶、寺觀第三等以上，舊輸免役錢者並減五分，餘戶等下此者悉免輸，仍自元祐二年始。凡支酬衙前重難及綱運公皂迓送飱錢，用坊場、河渡錢給賦。不足，方得於此六色錢助用；而有餘，封樁以備不時之須。」

臣僚上言：「朝廷雖立差法，而明許民戶雇代，州縣多已施行。近命弓手須正身，恐公私未便。」詔：「不願身自任役，許募嘗爲弓手而有勞效者，雇直雖多，毋踰元募之數。」御史中丞劉摯言：「弓手不可不用差法者，蓋鄉人在役，則不獨有家丁子弟之助，至於族姻鄉黨，莫不與爲耳目，有捕輒獲；又土著自重，無逃亡之患。自行雇募，盜寇充斥，蓋浮惰不能任責故也。如五路弓手，熙寧未變法前，身自執役，最號彊勁，其材藝捕緝勝於他路。近日復差，不聞有不樂而願出錢雇人。惟是川蜀、江、浙等路，昨升差上一等戶，皆習於驕脆，不肯任察捕之責。欲乞五路必差正身，餘路卽用新敕，鳌爲三色：舊有戶等已嘗受差者，曾有戰鬥勞效應留者，願雇人代己者。立此三色，所冀新舊相兼，漸習禦捕。」侍御史王巖叟亦言雇代恐不能任事，略與摯同。

監察御史上官均言：「役之最重，莫如衙前，其次弓手。今東南長名衙前招募既足，所差不及上戶，上戶必差弓手，則是以上戶就中戶之役，實爲優幸。上戶產厚而役輕，下戶產薄而無役，然則所當補恤，正在中戶。今若增上戶役年，使中戶番休稍久，則補除相均矣。」又言：「近許當差弓手戶役得雇人爲代〔二〕，此法最便。議者謂『身任其役，則自愛而重犯法』熙寧募法久行，何嘗聞盜賊充斥？彼自愛之民，承符帖追逮則可，俾之與賊角死，豈其能哉？兩浙諸路〔三〕以法案差弓手，必責正身，至有涕泣辭免者。此豈可恃以爲用哉？今既立法許雇嘗爲弓手而有勞效之人，比之泛募，宜有間矣。」

殿中侍御史呂陶謁告歸成都，因令與轉運司議定役法。後議立增減役年之法曰：「戶多之鄉以十二年，戶少以九年，而應差之戶通輪一周。以一周月日而參之戶等，戶稅多者占役之日多，少者以率減下，則均適無頗矣。雖以等周差，皆許募人爲代，如此則四等往往少差，而五等差所不及矣。衙前悉令招募，以坊場錢支酬重難，此法爲允。」

當是時，議役法者皆下之詳定所，久不能決。於是文彥博言：「差役之法，置局衆議，命令雜下，致久不決。」於是詔罷詳定局，役法專隸戶部。

諫議大夫鮮于侁言：「開封府多官戶，祥符縣至闔鄉止有一戶應差，請裁其濫。凡保甲之授班行者，如進納人例，須至升朝，方免色役。」舊法，戶賦免役錢及三百緡者，令仍輸錢免役。侍御史王巖叟謂：「此法不見其利。借如兩戶，其一輸錢及三百千，其一及二百八九十千，相去幾何，而應差者三年五年卽得休息，其應輸助者畢世入錢，無有已時，非至破家，終不得免。此其勢必巧爲免計，有弟兄則析居，不則減賣其業，但少降三百千之數，則遂可免。不出二三年，高彊戶皆成中戶。」其後又詔〔三〕：「舊輸免役錢戶及百千以上，令如六色戶輸錢助役。蓋欲以其錢廣雇，使番休優久。凡戶少之鄉，應差不及三番者，許以六色錢募州役；尙不及兩番，則申戶部，移用他州錢，以紓差期。鄉戶衙前受役，當休無代，卽如募法給雇食之直；若願就投募者，仍免本戶身役，不願者，速募人代之。

元祐三年，翰林學士兼侍讀蘇軾言：「差役之法，天下皆云未便。昔日雇役，中戶歲出幾何，今者差役，中戶歲費幾何，更以幾年一役較之，約見其數，則利害灼然。而況農民在官，官吏百端蠶食，比之雇人，苦樂十倍。五路百姓朴拙，間遇差爲胥吏，又須轉雇慣習之人，尤爲患苦。」尋詔郡縣各具差役法利害，條析以聞。

四年，右正言劉安世言，御史中丞李常請復雇募，懷姦害政。先是，常言：「差法詔下，民知更不輸錢，讙呼相慶，行之旣久，始覺不輸錢爲害。何也？差法廢久，版籍不明，重輕無準，鄉寬戶多者僅得更休，鄉狹戶窄者頻年在役。上戶極等昔有歲輸百千至三百千者，今止差爲弓手，雇人代役，歲不過用錢三四十千。中下戶舊輸錢不過三二千，而今所雇承符、散從之類，不下三十千。然則今法徒能優便上戶，而三等四等戶困苦日甚。望詔一二練事臣僚，使與賦臣取差雇二法便於百姓者行之。無牽新書，無執舊說，民以爲善，斯善矣。」而安世則以責民出錢爲非，乞固守差役初議，故以常爲罪。

知杭州蘇軾亦言：

改行差法，則上戶之害皆去〔四〕。獨有三等人戶，方雇役時，戶歲出錢極不過三四千，而今一役二年，當費七十餘千。休閑不過六年，則是八年之中，昔者徐出三十餘千，而今者併出七十餘千，苦樂可知。

朝廷既取六色錢，許用雇役以代中戶，頗除一害，以全二利。今惟狹鄉戶少，役者替閑不及三番，方得用六色錢募人以代州役，此法未允。何者？百姓出錢本爲免役，今乃限以番次，不許盡用〔五〕。留錢在官，其名不正，又所雇者少，未足以紓中戶之勞。

又投名衙前不足元額，而鄉差衙前又當更代，即又別差，更不支錢；若願就長名，則支酬重難盡以給之，仍計日月除其戶役及免助役錢二十千；及州役惟吏人、衙前得皆雇募，此外悉用差法，如休役未及三年，即以助役錢支募，此法尤爲未通。自元豐前，不聞天下有闕額衙前者，豈嘗抑勒，直以重難月給可以足用故也。當時奉使如李承之之徒，所至已輒減刻，元祐改法，又行減削，既多不支月給，如何肯就招募？今不循其本，乃欲重困鄉差，全不支錢，而應募之人盡數支給，又放免役錢二十貫，欲以誘脅盡令應募，何如直添重難月給，令招募得行。乞促招闕額長名衙前剋期須足，如合增錢雇募，上之監司，議定卽行。

役率以二年爲一番，向來尙許一戶歇役不及三番，則令雇募，是欲百姓空閑六年。今忽減作三年〔六〕。幸六色錢足用有餘，正可加添番數，而乃減番添役，農民皆紛然妄謂朝廷移此錢他之。雖云量留一分備用，若有餘剩數，却量減下無丁戶及女戶所敷役錢，此乃空言無實。丁口、產稅開收增減，年年不同，如何前知來年應用而預爲樁科？若亟行減下，臨期不足，又須增取，吏緣爲姦，不可勝防矣。大抵六色錢以免役取，當於雇役乎盡之，然後名正而人服。惟有一事不得不慮：州縣六色錢多少不同，若各隨多少以爲之用，則敷錢多處，役戶優閑太久，六色人戶反覺敷錢數多。欲乞今後六色錢常存一年備用之數，而會計歲所當用，以贏餘而通一路，酌人戶貧富、色役多少預行品配，以一路六色錢通融分給，令州縣盡用雇人，以本處色役輕重爲先後。如此則錢均而無弊，雇人稍廣，中戶漸蘇，則差役良法可以久行而不變矣。

是時，論役法未便者甚衆。五年，再詔中書舍人王巖叟、樞密都承旨韓川、諫議大夫點檢戶曹文字劉安世同看詳利害。戶部請：「河北、河東、陝西鄉差衙前，以投募人所得雇直爲則，而減半給之。投名衙前惟差耆長，他役皆免〔七〕。」

六年，三省援三路投募衙前役例，概行他路。詔：「凡投募人免其戶二等已下色役，鄉差人戶悉用投名人代之，願長投募者聽。」又詔：「諸州衙前已許量支雇直、餐錢，慮費廣難支，轉運、提刑司其隨土俗參酌立定優重分數及月給餐錢，用支酬額錢給之，不得過舊法元數。」州役之應鄉差者，若一鄉人戶終役皆未及四年，許以助役錢募人爲之。總計一州雇直，其助役錢不足用，即於戶狹役煩鄉分先與雇代一役，役竟按籍復差如初。諸州歲計助役錢常留一分外，以雇直對計，或闕或剩，提刑司通一路移用。應差諸縣手力，合一鄉休役皆不及三年者，亦許用助役錢雇募；既終一役，別有閑及三年者，復行差法。諸州縣置差役都鼠尾簿，取民戶稅產、物力高下差取，分五等排定，而疏其色役年月及其更代人姓名於逐戶之下。每遇差役，即按籍自上而下，吏毋得移竄先後。坊場、河渡錢以雇衙前而有寬剩，亦令補助其餘役人。

三省言：

朝廷審定民役，差募兼行，斟酌補除，極爲詳備；而州縣不盡用助役錢募人，以補頻役之地。今括具綱目，下之州縣，使恪承之。

其一曰：應差之戶，三等以上許休役四年，四等以下許休役六年。若戶少無與更代，即役不及應閑年數，即用助役錢募人代役以足之。其二曰：狹鄉之縣役人，除衙前州胥許雇、壯丁直差不雇外，凡州縣役人皆許招募，以就募月日補除應差而閑不及四年、六年之人，使及年數。每縣通計應差、應募役數若干，立定二額：差者訖役，以應差人承之；雇者有闕，別募人充數。二額悉已立定，如戶力應升應降，須俟三年造簿日按籍別定；未應造簿，止憑定額爲準。若本等戶少，不充州縣合役之數，即用次等戶之物力及本等七分者爲之。其三曰：寬鄉之縣，除已雇衙前、州胥外，餘役皆以序按差。其四曰：官雇弓手，先雇嘗充弓手之人，如不足，以武勇有雇籍者充。他役人願就雇，其選受亦如之。其五曰：壯丁皆按戶版簿名次實輪充役，半年而更。其六曰：一州一路有狹鄉役頻縣分，募錢不足，提刑司以一路助役寬剩錢通融移用；又不足，以坊場、河渡寬剩錢給之。仍通紐一歲應用支酬衙前之類費錢若干，而十分率之，每年於寬剩數內更留二分，以備支酬衙前之類，樁留至五年，通迭一全年寬剩總額，即止不樁；又不足，戶部以別路逐色寬剩錢移用以補足之。其七曰：助錢歲歲樁留一分，每及五分止，或時支用，即隨撥補，使常足五分之數。其八曰：軍人應差迓送者，本以代有雇錢役人，其沿迓送軍人有費，提刑司計數歸之轉運司。其九曰：重役人應替而願仍就募者，許給雇錢受役。其十曰：役人須有稅產乃得就募。其有蔭應贖及曾犯徒刑，雖願募不雇。若工藝人，須有貲產人二戶任之。雇直雖多，皆不得加于舊法已募之數。其十一曰：陝西鎮戎德順軍、熙州衙前，皆受田于官以當募直，內地戶願如其法應田募者聽之，仍以坊場、河渡錢〔八〕補還轉運司合輸租課。

凡縣，歲具色役輕重、鄉分寬狹、凡役雇直有無餘欠，各以其實校別而上之州。州上監司，監司聚議，連書上戶部。仍別具一路移用及寬剩縣分錢數，致之戶部。至是，遂參先是，收到官田，嘗令：田已籍于官及見佃人逃亡，悉拘入之，留充雇募衙前。至是，遂參行田募之法。

八年，詔：「耆長、壯丁役期已足，不許連續爲之。」蓋知其利於賕請，不願更罷故也。民有執父母喪而應在役者，三等以下戶除之，二等以上戶令量納役錢，在戶錢十分止責輸三分，服除日仍舊。

哲宗始親政，三省言役法尚未就緒，帝曰：「第行元豐舊法，而減去寬剩錢，百姓何有不便？」范純仁曰：「四方異宜，須因民立法，乃可久也。」遂令戶部議之。右司諫朱勃〔九〕言：「輸錢免役，有過數多斂者；用錢雇役，有立直太重者；役色之內，又有優便而願自投募，不必給雇者。請詳爲裁省。」中書言：「自行差法十年，民間苦於差擾，前後議者紛紜，更變不一，未有底止。」

於是詔：「復免役法，凡條約悉用元豐八年見制。鄉差役人，有應募者可以更代，卽罷遣之。許借坊場、河渡及封樁錢以爲雇直，須有役錢日補足其數。所輸免役錢，自今年七月始。耆戶長、壯丁召雇，不得已保正、保長、保丁充代〔一〇〕，其他役色應雇者放此。所敷寬剩錢，不得過一分，昔常過數，今應減下者，先自下五等人戶始。路置提舉官一員，視提刑置司之州爲治。如方俗利害不同，事有未盡未便而應更改增損舊法者，畫一條疏，與轉運、提刑司連奏。」

又詔：用舊法取量添酒錢贏數，給推法司吏餐錢；不足，則抵當息錢亦許貼用。先嘗以七月起輸，其後又自來年始。土俗差雇不一，姑仍其舊，俟起輸，至五月盡行雇法，凡因差在役者悉罷遣之。舊免役法行，壯丁間有差而不募者，其毋敷役錢如故。凡錢額所敷，取三年雇直實支，而酌一年中數，立爲歲額，以均敷取。此外所取寬餘，不得過通額十分之一。免役錢方復未輸，且以助役錢給雇直，不足，雖免役寬剩錢亦許給用。

七月，戶部看詳役法所言：「幕職監當官之官、罷官，依元豐制，悉用雇役人迓送而差定其數，凡元祐溢額所添廂軍皆罷減。其有抑鄉差之人仍舊在役，或改易名字就便應募，悉計其在役月日應得更代者，以次蠲遣之。諸路舊立出等高彊戶，戶力轉高，數取難勝，應出免役錢百千以上，每累及百千，悉與減免三分。凡人戶匿寄財產、假借戶貫、冒名官戶苟可避免等第科配者，各以違制論；許人陳告，以其半給之。元豐令：在籍宗子及太皇太后、皇后緦麻親得免役。皇太妃宜亦如之。」詔皆如請。

舊戶等簿，如略可憑卽用之，若漫滅等第，卽雖未及應造之年，亦令改造。戶部舉行元豐條制，以保正長代耆長，甲頭代戶長，承帖人代壯丁。二年，申詔諸路：「役人額數、雇直，並依元豐舊制，仍依已命，寬剩錢不得過一分。常平免役，元豐止用提舉官專領，轉運、提刑司自今毋預其事。」

舊置重修編敕所看詳中外文字本，以去年所差鄉役未盡善，遂入議曰：「都、副保正比耆長事責已輕，又有承帖人受行文書，卽大保長苦無公事。元豐本制，一都之內，役者十人，副正之外，八保各差一大長。今若常輪二大長分催十保稅租、常平錢物，一稅一替，則自不必更輪保丁充甲頭矣。凡都保所雇承帖人，必選家於本保者，而雇直皆從官給，一年一替，則自無浮浪稽留符移之弊。承帖雇直固有舊數，其今所雇保正之直眎耆長，保長之直則眎戶長；若應此三役不願替代者，自從其願。壯丁元不敷雇直處，聽如其舊。承帖雇錢許以舊寬剩錢通融支募，如土俗有不願就保正長雇役者，許募本土有產稅戶，使爲耆長、壯丁以代之。其所雇耆、戶長，已立法不得抑勒矣，若保正、長不願就雇而輒差雇者，從徒二年坐罪。」詔皆從之。

三年，左正言孫諤言：「役法之行，在官之數，元豐多，元祐省，雖省未嘗廢事，則多不若省；雇役之直，元豐重，元祐輕，雖輕未嘗不應募，則重不若輕。今役法優下戶使弗輸，而盡取諸上戶，意則美矣，而法未善也。夫先帝建免役之法，而熙寧、元豐有異論，元祐有更變，正惟不能無弊爾。願無以元豐、元祐爲間，期至於均平便民而止，則善矣。」翰林學士蔡京言：「諤之論多省、輕重，明有抑揚，謂元豐不若元祐明矣。諤於陛下追紹之日，敢爲此言，臣竊駭之。免役法復行將及一年，天下吏習而民安之，而諤指以爲弊，則所詆者熙寧、元豐也。且元豐，雇法也；元祐，差法也，雇與差不可並行。元祐固嘗兼雇，已紛然無紀矣，而諤欲不間熙、祐，是欲伸元祐之姦，惑天下之聽。」詔罷諤正言，黜知廣德軍。

後又詔：「諸縣無得以催稅比磨追甲頭、保長，無得以雜事追保正、副。在任官以承帖爲名，占破當直者，坐贓論。所管催督租賦，州縣官輒令陪備輸物者，以違制論。」

是歲，以常平、免役、農田、水利、保甲，類著其法，總爲一書，名常平免役敕令，頒之天下。詔翰林學士承旨兼詳定役法蔡京依舊詳定重修敕令。侍御史董敦逸言：「京在元祐初知開封府，附司馬光行差法，祥符一縣，數日間差至一千一百人。乞以役法專委戶部。」

詔令疏析。京奏上，復令敦逸自辨，京無責焉。

元符二年，以蕭世京、張行爲郎。二人在元祐中，皆嘗言免役法爲是，帝出其疏擢之。既而詔河北東西、淮南運司，府界提點司，如人戶已嘗差充正夫，其免夫錢皆罷催。後又詔：「雖因邊事起差夫丁，須以應差雇實數上之朝廷，未得輒差。其河防幷溝河歲合用一十六萬八千餘夫，聽人戶納錢以免。」

建中靖國元年，戶部奏：「京西北路鄉書手、雜職、斗子、所由、庫秤、揀、掐之類，土人願就募，不須給之雇直，他路亦須詳度施行。」詔從之。知延安府范純粹言：「比年衙前公盜官錢，事發卽逃。乞許輪差上等鄉戶使供衙役。」殿中侍御史彭汝霖劾純粹所言有害良法，宜加黜責。詔純粹所乞不行。其後，知襄州俞㮚以襄州總受他州布綱而轉致他州，是衙前重役倂在一州，事理不均。臣僚謂㮚輒毀紹聖成法，請重黜。㮚坐責授散官，安置太平州。

崇寧元年，尙書省言：「前令大保長催稅而不給雇直，是爲差役，非免役也。」詔提舉司以元輸雇錢如舊法均給。永興軍路州縣官乞復行差役；湖南、江西提舉司以物賤乞減吏胥雇直，罷給役人雇錢，皆害法意，應改從其舊。詔戶部並遵奉紹聖常平免役敕令格式及先降紹聖簽貼役法，行之天下。

二年，臣僚言：「常平之息，歲取二分，則五年有一倍之數；免役剩錢，歲取一分，則十年有一年之備。故紹聖立法，常平息及一倍，免役寬剩及三料，取旨蠲免，以明朝廷取於民者，非以爲利也。而集賢殿修撰、知鄧州呂仲甫前爲戶部侍郎，輒以狀申都省，乞删去上條。」詔黜仲甫，落職知海州。後又詔：常平司候豐衍有餘日，具此制奏蠲之。

大觀元年，詔〔二〕：「諸州縣召募吏人，如有非四等以上戶及在州縣五犯杖罪，悉從罷遣，不得再占諸處名役，別募三等以上人充。」於是舊胥既盡罷，而弊根未革，老姦巨猾，匿身州縣，舞法擾民，蓋甚前日。其後，又不許上三等人戶投充弓手，所募皆浮浪，無所顧藉，盜賊公行，爲害四方。至是，復詔州縣募役依元豐舊法。

政和元年，臣僚言：「元豐中，鞏州歲斂役錢止四百千，今累斂至緡錢近三萬。又元豐八年，命存留寬剩錢毋得過二分，紹聖再加裁定，止許存留一分。此時考詳法意，非取寬剩，遂改名準備錢，而嚴立禁約，若擅增斂歲額及樁留準備過數者，並以違制論。今乞飭提舉常平官檢察，及覈究鞏州取贏之因以聞。」從之。

宣和元年，言者謂：「役錢一事，神宗首防官戶免多，特責半輸。今比戶稱官，州縣募役之類既不可減，顧令官戶所減之數均入下戶，下戶於常賦之外，又代官戶減半之輸，豈不重困？」詔：「自今二等以上戶，因直降指揮非泛補官者，輸賦、差科、免役並不得眎官戶法減免，已免者改之。進納人自如本法。」保長月給雇錢，督催稅賦。比年諸縣或每稅戶一二十家，又差一人充甲頭及催稅人，十日一進，赴官比磨，求取決責，有害良民，詔禁之。七年，詔：「州縣昨因徼察私鑄，令五家爲保。城郭亦差坊正、副領受文書，由此追呼陪費，或析居、逃移以避差使。其所置坊正、副可罷。」

自紹聖復雇役，而建炎初罷之。已而討論其法之不可廢也，參政李回言於高宗曰：「常平法本於漢耿壽昌，豈可以王安石而廢之？」且當時招射士無以供庸直，詔官戶役錢勿減半，民戶役錢概增三分。後復減之。兼官舊給庸錢以募戶長，及立保甲，則儲庸錢以助經費。未幾，廢保甲，復戶長，而庸錢不復給，遂爲總制窠名焉。

然役起於物力，物力升降不殺，則役法公。是以紹興以來，講究推割、推排之制：凡百姓典賣產業〔三〕，稅賦與物力一併推割。至於推排，則因其貲產之進退爲之升降，三歲而一行之〔三〕。然當時之弊，或以小民粗有米粟，僅存室廬，凡耕耨刀斧之器，雞豚犬彘之畜，纖微瑣皆得而籍之。吏視賂之多寡，爲物力之低昂。上之人憂之，於是又爲之限制，除質庫房廊、停塌店鋪、租牛、賃船等外，不得以豬羊雜色估計，其後并耕牛租牛以免之。若江之東西，以畝頭計稅，亦有不待推排者。

保正、長之立也，五家相比，五五爲保，十大保爲都保，有保長，有都、副保正；餘及三保亦置長，五大保亦置都保正，其不及三保、五大保者，或爲之附庸，或爲之均幷，不一也。戶則以物力之高下爲役次之久近。

若夫品官之田，則有限制，死亡，子孫減半；蔭盡，差役同編戶。一品五十頃，二品四十五頃，三品四十頃，四品三十五頃，五品三十頃，六品二十五頃，七品二十頃，八品十頃，九品五頃。封贈官子孫差役，亦同編戶。謂父母生前無官，因伯叔或兄弟封贈者。凡非泛及七色補官，不在限田免役之數；其奏薦弟姪子孫，原自非泛、七色而來者，仍同差役。進納、軍功、捕盜、宰執給使、減年補授，轉至升朝官，卽爲官戶；身亡，子孫並同編戶。太學生及得解及經省試者，雖無限田，許募人充役。

單丁、女戶及孤幼戶，並免差役。凡無夫無子，則爲女戶。女適人，以奩錢置產，仍以夫爲戶。其合差保正、長，以家業錢數多寡爲限，以限外之數與官、編戶輪差。總首、部將免保正、長差役。文州義士已免之田，不許典賣，老疾身亡，許承襲。

凡募人充役，並募土著之人，其放停兵及嘗爲公人者，並不許募。既有募人，官不得復追正身。募人憑藉官勢，姦害善人，斷罪外，坐募之者。高宗在河朔，親見閭閻之苦，嘗歎知縣不得人，一充役次，卽便破家，是以講究役法甚備。

乾道五年，處州松陽縣倡爲義役，衆出田穀，助役戶輪充，自是所在推行。十一年〔四〕，御史謝諤言：「義役之行，當從民便，其不願者，乃行差役。」上然之。朱熹謂義役有未盡善者四事。蓋始倡義役者，惟恐議之未詳，慮之未周，而踵之者不能皆善人，於是其弊日開，其流日甚。或以材智把握，而專義役之利；或以氣力凌駕，而私差役之權。是以虐貧優富〔五〕，凌寡暴孤。義役之名立，而役戶不得以安其業；雇役之法行，而役戶不得以安其居，信乎所謂未盡善之弊也。淳熙五年，臣僚奏令提舉官歲考屬邑差役當否，以詞訟多寡爲殿最；令役戶輪管以提其役，置募人以奉官之行移，則公私便而義役立矣。

慶元二年，吏部尚書許及之因淳熙陳居仁所奏，取祖宗免役舊法及紹興十七年以後續降旨符，修爲一書，名曰役法撮要。五年，書成，左丞相京鏜上之。其法可以悠久，其或未久而輒弊者，人也。

振恤

水旱、蝗螟、饑疫之災，治世所不能免，然必有以待之，周官「以荒政十有二聚萬民」是也。宋之爲治，一本於仁厚，凡振貧恤患之意，視前代尤爲切至。諸州歲歉，必發常平、惠民諸倉粟，或平價以糶，或貸以種食，或直以振給之，無分於主客戶。不足，則遣使馳傳發省倉，或轉漕粟於他路；或募富民出錢粟，酬以官爵，勸諭官吏，許書曆爲課；若舉放以濟貧乏者，秋成，官爲理償。又不足，則出內藏或奉宸庫金帛，鬻祠部度僧牒；東南則留發運司歲漕米，或數十萬石，或百萬石濟之。賦租之未入、入未備者，或縱不取，或寡取之，或倚閣以須豐年。寬逋負，休力役，賦入之有支移、折變者省之，應給蠶鹽若和糴及科率追呼不急、妨農者罷之。薄關市之征，鬻牛者免算，運米舟車除沿路力勝錢。利有可與民共者不禁，水鄉則蠲蒲、魚、果、蓏之稅。選官分路巡撫，緩囚繫，省刑罰。饑民劫囷窖者，薄其罪；民之流亡者，關津毋責渡錢；道京師者，諸城門振以米，所至舍以官第或寺觀，爲淖糜食之，或人日給糧。可歸業者，計日併給遺歸；無可歸者，或賦以閑田，或聽隸軍籍，或募少壯興修工役。老疾幼弱不能存者，聽官司收養。水災州縣具船栰拯民，置之水不到之地，運薪糧給之。因饑疫〔一六〕若厭溺死者，官爲埋祭，厭溺死者加賜其家錢粟。京師苦寒，或物價翔踊，置場出米及薪炭，裁其價予民。前後率以爲常。蝗爲害，又募民撲捕，易以錢粟，蝗子一升至易菽粟三升或五升。詔州郡長吏優恤其民，間遣內侍存問，戒監司俾察官吏之老疾、罷愞不任職者。

初，建隆三年，戶部郎中沈義倫使吳越還，言：「揚、泗饑民多死，郡中軍儲尚百餘萬斛〔七〕，宜以貸民。」有司沮之曰：「若來歲不稔〔八〕，誰任其咎？」義倫曰：「國家以廩粟濟民，自當召和氣，致豐年，寧憂水旱耶？」太祖悅而從之。四年，詔州縣興復義倉，歲收二稅，石別收一斗，貯以備凶歉。平廣南、江南，輒詔振其饑，其勤恤遠人，德意深厚。

太宗恭儉仁愛，諄諄勸民務農重穀，毋或妄費。是時惠民所積，不爲無備，又置常平倉，乘時增糴，唯恐其不足。眞宗繼之，益務行養民之政，於是推廣淳化之制，而常平、惠民倉殆遍天下矣。

仁宗、英宗一遇災變，則避朝變服，損膳徹樂。恐懼修省，見於顏色；惻怛哀矜，形於詔旨。慶曆初，詔天下復立義倉。嘉祐二年，又詔天下置廣惠倉，使老幼貧疾者皆有所養。累朝相承，其慮於民也既周，其施於民也益厚。而又一時牧守，亦多得人，如張詠之治蜀，歲糴米六萬石，著之皇祐甲令。富弼之移青州，擇公私廬舍十餘萬區，散處流民以廩之，凡活五十餘萬人，募而爲兵者又萬餘人，天下傳以爲法。知鄆州劉夔發廩振飢，民賴全活者甚衆，盜賊衰止，賜詔褒美。知越州趙抃揭牓於通衢，令民有米增價以糶，於是米商輻湊，越之米價頓減，民無飢死。若是之政，不可悉書，故於先王救荒之法爲略具焉。

神宗卽位以來，河北諸路水旱荐臻，兼發糴便司、廣惠倉粟以振民。熙寧二年，賜判北京韓琦詔曰：「河北歲比不登，水溢地震。方春東作，民攜老幼，棄田廬，日流徙于道。中夜以興，慘怛不安。其經制之方，聽便宜從事，有可以左右吾民者，宜爲朕撫輯而振全之，毋使後時，以重民困。」而王安石秉政，改貸糧法而爲借助，移常平、廣惠倉錢斛而爲青苗，皆令民出息，言不便者輒得罪，而民遂不聊生。又詔賣天下廣惠倉田。自是先朝良法美意，所存無幾。哲宗雖詔復廣惠倉，既而章惇用事，又罷之，賣其田如熙寧法。常平量留錢斛，不足以供振給，義倉不足，又令通一路兌撥。於是紹聖、大觀之間，直給空名告敕、補牒賜諸路，政日以隳，民日以困，而宋業遂衰。

先是，仁宗在位，哀病者乏方藥，爲頒慶曆善救方。知雲安軍王端請官爲給錢和藥予民，遂行於天下。嘗因京師大疫，命太醫和藥，內出犀角二本，析而視之。其一通天犀，內侍李舜舉請留供帝服御。帝曰：「吾豈貴異物而賤百姓？」竟碎之。又蠲公私僦舍錢十日。令太醫擇善察脈者，即縣官授藥，審處其疾狀予之，無使貧民爲庸醫所誤，夭閼其生。天禧中，於京畿近郊佛寺買地，以瘞死之無主者。瘞尸，一棺給錢六百，幼者半之；後不復給，死者暴露於道。嘉祐末，復詔給焉。

京師舊置東、西福田院，以廩老疾孤窮丐者，其後給錢粟者纔二十四人。英宗命增置南、北福田院，并東、西各廣官舍，日廩三百人。歲出內藏錢五百萬給其費，後易以泗州施利錢，增爲八百萬。又詔：「州縣長吏遇大雨雪，蠲僦舍錢三日，歲毋過九日，著爲令。」熙寧二年，京師雪寒，詔：「老幼貧疾無依丐者，聽於四福田院額外給錢收養，至春稍暖則止。」九年，知太原韓絳言：「在法，諸老疾自十一月一日州給米豆，至次年三月終。河東地寒，乞自十月一日起支，至次年二月終止；如有餘，即至三月終。」從之。凡鰥、寡、孤、獨、癃老、疾廢、貧乏不能自存應居養者，以戶絕屋居之；無，則居以官屋，以戶絕財產充其費，不限月。依乞丐法給米豆；不足，則給以常平息錢。崇寧初，蔡京當國，置居養院、安濟坊。給常平米，厚至數倍。差官卒充使令，置火頭，具飲膳，給以衲衣絮被。州縣奉行過當，或具帷帳，雇乳母、女使，糜費無藝，不免率斂，貧者樂而富者擾矣。

三年，又置漏澤園。初，神宗詔：「開封府界僧寺旅寄棺柩，貧不能葬，令畿縣各度官不毛地三五頃，聽人安厝，命僧主之。葬及三千人以上，度僧一人，三年與紫衣；有紫衣，與師號，更使領事三年，願復領者聽之。」至是，蔡京推廣爲園，置籍，瘞人並深三尺，毋令暴露，監司巡歷檢察。安濟坊亦募僧主之，三年醫愈千人，賜紫衣、祠部牒各一道。醫者人給手曆，以書所治痊失，歲終考其數爲殿最。諸城、砦、鎭、市戶及千以上有知監者，依各縣增置居養院、安濟坊、漏澤園。道路遇寒僵仆之人及無衣丐者，許送近便居養院，給錢米救濟。孤貧小兒可教者，令入小學聽讀，其衣襴於常平頭子錢內給造，仍免入齋之用。遺棄小兒，雇人乳養，仍聽宮觀、寺院養爲童行。宣和二年，詔：「居養、安濟、漏澤可參考元豐舊法，裁立中制。應居養人日給秔米〔二九〕或粟米一升，錢十文省，十一月至正月加柴炭，五文省，小兒減半。安濟坊錢米依居養法，醫藥如舊制。漏澤園除葬埋依見行條法外，應資給若齋醮等事悉罷。」

高宗南渡，民之從者如歸市。既爲之衣食以振其飢寒，又爲之醫藥以救其疾病；其有隕於戈甲、斃於道路者，則給度牒瘞埋之。若丐者育之於居養院；其病也，療之於安濟坊；其死也，葬之於漏澤園，歲以爲常。紹興以來，歲有水旱，發常平義倉，或濟或糶或貸，如恐不及。然當艱難之際，兵食方急，儲蓄有限，而振給無窮，復以爵賞誘富人相與補助，亦權宜不得已之策也。

元年，詔出粟濟糶者賞各有差。糶及三千石以上，與守闕進義副尉；一萬五千石以上，與進武校尉〔三〇〕；二萬石以上，取旨優賞；已有官蔭不願補授者，比類施行。六年，湖、廣、江西旱，詔撥上供米振之。黎民有遏糴致盜者，詔閉糴者斷遣。殿中侍御史周祕言：「發廩勸分，古之道也，許以斷遣，恐貪吏懷私，善良被害。望戒守令多方勸諭，務令樂從，或有擾害，提舉司劾奏。」從之。是歲，潼川守臣景興宗、廣安軍守臣李瞻、果州守臣王騭、漢州守臣王梅活飢民甚衆，前吏部郎中馮檝亦出米以助振給，興宗升一職，贍、騭、梅、檝各轉一官。十年，通判婺州陳正同振濟有方，窮谷深山之民，無不霑惠，以其法下諸路。

二十八年夏，浙東、西田損於風水。在法，水旱及七分以上者振濟，詔自今及五分處亦振之。二十九年，詔諸處守臣撥常平義倉米二分振糶，臨安府撥樁積之米。三十一年正月，雪寒，民多艱食。詔臨安府并屬縣以常平米減時價之半〔一一〕，振糶十日；臨安府城內外貧乏之家，人給錢二百、米一斗〔一二〕及柴炭錢，並於內藏給之；凡遇寒、遇暑、遇雨、遇火、遇赦及祈禱、即位、生辰、上尊號、生皇子、晏駕、大祥之類，臨安之民暨三衙諸軍時有振恤，及放商稅、公私房賃。輔郡之民，令諸州以常平錢依臨安府振之。

孝宗隆興二年秋，霖雨害稼，出內帑銀四十萬兩，變糴以濟民。乾道六年夏，振浙西被水貧民。七年八月，湖南、江西旱，立賞格以勸積粟之家。無官人：一千五百石補進義校尉，願補不理選限將仕郎〔一三〕者聽；二千石補進武校尉，進士與免文解一次；四千石補承信郎，進士與補上州文學；五千石補承節郎，進士補迪功郎。文臣：一千石減二年磨勘，選人轉一官；二千石減三年磨勘，選人循一資，各與占射差遣一次；三千石轉一官，選人循兩資，各與占射差遣一次。武臣：一千石減二年磨勘，選人轉一資；二千石減三年磨勘，選人循一資，各與占射差遣一次；三千石轉一官，選人循兩資，各與占射差遣一次。五千石以上，文武臣並取旨優與推恩。九月，臣僚言：「諸路旱傷，請以檢放展閣責之運司，糶給借貸責之常平〔一四〕，覺察妄濫責之提刑，體量措置責之安撫。」上諭宰執曰：「轉運司止令檢放，恐他日振濟不肯任責。」虞允文奏曰：「轉運司主一路財賦，謂之省計。凡州郡有餘、不足，通融相補，正其責也。」淳熙八年，詔：「去歲江、浙、湖北、淮西旱傷處已行振糶，其鰥寡孤獨貧不自存、無錢收糴者，濟以義米。」寧宗慶元元年，以兩浙轉運副使沈詵言米價翔踴，凡商販之家盡令出糶，而告藏之令設矣。嘉定十六年，詔於楚州所儲米撥二萬石濟山東、西。

淳熙八年，浙東提舉朱熹言：「乾道四年民艱食，熹請於府，得常平米六百石振貸，夏受粟於倉，冬則加息計米以償。自後隨年斂散，歉，蠲其息之半；大饑，即盡蠲之。凡十有四年，得息米造倉三間，及以元數六百石還府。見儲米三千一百石，以爲社倉，不復收息，每石只收耗米三升。以故一鄉四五十里間，雖遇凶年，人不闕食。請以是行於倉司。」時陸九淵在敕令局，見之歎曰：「社倉幾年矣，有司不復舉行，所以遠方無知者。」遂編入振恤。凡借貸者，十家爲甲，甲推其人爲之首；五十家則擇一通曉者爲社首。每年正月，告示社首，下都結甲。其有逃軍及無行之人，與有稅錢衣食不闕者，並不得入甲。其應入甲者，又問其願與不願。願者，開具一家大小口若干，大口一石，小口減半，五歲以下不預請。甲首加請一倍。社首審訂虛實，取人人手書持赴本倉，再審無弊，然後排定。甲首附都簿載某人借若干石，依正簿分兩時給：初當下田時，次當耘耨時。秋成還穀不過八月三十日足，濕惡不實者罰。嘉定末，眞德秀帥長沙行之，凶年饑歲，人多賴之。然事久而弊，或移用而無可給，或拘催無異正賦，良法美意，胥此焉失。

寶慶三年，監察御史汪剛中言：「豐穰之地，穀賤傷農，凶歉之地，濟糴無策，惟以其所有餘濟其所不足，則飢者不至於貴糴，而農民亦可以得利。乞申嚴遏糴之禁，凡兩浙、江東西、湖南北州縣有米處，並聽販鬻流通；違，許被害者越訴，官按劾，吏決配，庶幾令出惟行，不致文具。」從之。端平元年六月，臣僚奏：「建陽、邵武羣盜嘯聚，變起於上戶閉糴。若專倚兵威以圖殄滅，固無不可；然振救之政一切不講，饑饉所迫，恐人懷等死之心，附之者日衆。欲望朝廷厲兵選士，盪定巳竊發之寇；發粟振饑，懷來未從賊者之心，庶人知避害，賊勢自孤，可一舉而滅矣。」此咸周荒政散利除盜之說也。八月，以河南州軍新復，令江、淮制置大使司科降米麥一百萬石振濟。淳熙十一年〔三五〕，福建諸郡旱，錫米二十五萬石振糶，一萬石振貧乏細民。

景定元年，臨安府平糴倉舊貯米數十萬石，糴補循環，其後用而不補，所存無幾。有旨令臨安府收糴米四十萬石，用平糴倉錢三百四萬七千八百五十九貫，封樁庫十七界會子一千九十五萬二千一百餘貫，共湊十七界一千四百萬貫，充糴本錢。二年，以都城全仰浙西米斛，誘人入京販糴，賞格比乾道七年加優。

咸淳元年，有旨豐儲倉撥公田米五十萬石付平糴倉，遇米貴平價出糶。二年，監察御史趙順孫言：「今日急務，莫過於平糴。乾道間，郡有米斗直五六百錢者，孝宗聞之，卽罷其守，更用賢守，此今日所當法者。今粒食翔踴，未知所屆，市井之間見楮而不見米。推原其由，實富家大姓所至閉廩，所以糴價愈高而楮價陰減。陛下念小民之艱食，爲之發常平義倉，然爲數有限，安得人人而濟之？願陛下課官吏，使之任牛羊芻牧之責；勸富民，使之無秦、越肥瘠之視。糴價一平，則楮價不因之而輕，物價不因之而重矣。」七年，以咸淳三年以前諸路義米一百一十二萬九千餘石減價發糶，薄收郡縣聽民不拘關、會、見錢收糴。

校勘記

〔一〕得雇人爲代　「雇」原作「差」，據長編卷三八九，幷參照下文「今旣立法許雇」句改。

〔二〕兩浙諸路　長編同上卷作「兩浙諸邑」，似是。

〔三〕其後又詔　自此起至「速募人代之」一段，係概括元祐二年十二月、三年二月及六月前后三個詔書的內容，原文見宋會要食貨六五之五七及長編卷四一〇、卷四一二。

〔四〕則上戶之害皆去　據蘇軾蘇東坡集奏議卷六論役法差雇利害起請畫一狀和長編卷四三五所引文字，此處「上」下當脫一「下」字。

〔五〕不許盡用　「許」原作「用」，據同上二書同卷同篇改。

〔六〕今忽減作三年　「三」原作「二」，據同上二書同卷同篇改。

〔七〕他役皆免　「役」原作「投」，據宋會要食貨六五之六〇、長編卷四四八改。

〔八〕坊場河渡錢　「錢」字原脫，據長編卷四七七、太平治蹟統類卷二一補。

〔九〕右司諫朱勃　「勃」原作「紱」，據太平治蹟統類卷二一、通考卷一三職役考改。

〔一〇〕不得已保正保長保丁充代　按宋會要食貨六五之六四、通考卷一三職役考「已」都作「以」。

〔一一〕大觀元年詔　自此以下至「依元豐舊法」一段，據宋會要食貨六五之七五，係概述三年間事。除大觀元年事外，其中「其後又不許上三等人戶投充弓手」，係政和六年事；「至是復詔州縣募役依元豐舊法」，則係宣和二年事，志文失書政和、宣和時間。

〔一二〕凡百姓典賣產業　「產」原作「典」，據通考卷一三職役考改。

〔一三〕三歲而一行之　「一」原作「下」，據同上書同卷同篇改。

〔一四〕十一年　承上文當指乾道十一年，但乾道只有九年。宋會要食貨六六之二二、中興聖政卷六一都繫謝諤此奏於淳熙十一年，此處失書淳熙紀元。按編年順序，應移置於下文淳熙五年之後。

〔一五〕虐貧優富　「優」原作「擾」，據通考卷一三職役考，并參考朱熹朱文公文集卷一八奏義役利害狀所論義役未盡善四事條改。

〔一六〕饑疫　「疫」原作「役」，按上文，振恤的主要事項爲「水旱蝗螟饑疫之災」，據改。

〔一七〕軍儲尙百餘萬斛　「百」字原脫，據本書卷二六四沈倫傳、長編卷三補。沈倫卽沈義倫。

〔一八〕若來歲不稔　「不」字原脫，據通考卷二六國用考補。本書卷二六四沈倫傳作「若歲薦饑無徵」。

〔一九〕日給秔米　「秔」原作「稅」，據宋會要食貨六〇之七、六八之一三六改。

〔二〇〕糶及三千石以上與守闕進義副尉一萬五千石以上與進武校尉　「副尉」原作「校尉」，「進武」原作「進義」。按南宋武階有守闕進義副尉而無守闕進義校尉。宋會要食貨五九之二二、六八之五六都作：糶及三千石以上與守闕進義副尉，一萬二千石以上始與進義校尉，一萬五千石以上則與進武校尉。據改。

〔二一〕減時價之半　「價」字原脫，據宋會要食貨五九之三六補。又會要「半」下多一「分」字。

〔二二〕給錢二百米一斗　「斗」，同上書作「升」。

〔二三〕不理選限將仕郎　「限」字原脫，據宋會要食貨五九之四八、通考卷二六國用考補。

〔二四〕糶給借貸責之常平　「糶」原作「糴」，據文義及宋會要食貨五九之四九改。

〔二五〕淳熙十一年　按此年繫於端平之後、景定之前，疑「淳熙」是「淳祐」之訛。

宋史卷一百七十九

志第一百三十二

食貨下一

會計

宋貨財之制，多因於唐。自天寶以後，天下多事，戶口凋耗，租稅日削，法既變而用不給，故興利者進，而征斂名額繁矣。方鎮握重兵，皆留財賦自贍，其上供殊鮮。五代疆境偪蹙，藩鎮益彊，率令部曲主場、院，其屬三司者，補大吏以臨之，輸額之外亦私有焉。

太祖周知其弊，及受命，務恢遠略，修建法程，示之以漸。建隆中，牧守來朝，猶不貢奉以助軍實。乾德三年，始詔諸州支度經費外，凡金帛悉送闕下，毋或占留。時藩郡有闕，稍命文臣權知所在場務，或遣京朝官廷臣監臨。於是外權始削，而利歸公上，條禁文簿漸爲精密。諸州通判官到任，皆須躬閱帳籍所列官物，吏不得以售其姦。主庫吏三年一易。市征、地課、鹽麴之類，通判官、兵馬都監、縣令等並親臨之，見月籍供三司，秩滿較其殿最，欺隱者寘於法，募告者，賞錢三十萬。而小民求財報怨，訴訟煩擾，未幾，除募告之禁。

先是，茶鹽榷酤課額少者，募豪民主之。民多增額求利，歲更荒儉，商旅不行，至虧常課，乃籍其貲產以償。太宗始詔以開寶八年爲額，既又慮其未均，乃遣使分詣諸州，同長吏裁定。凡左藏及諸庫受納諸州上供均輸金銀、絲帛曁他物，令監臨官謹視之。欺而多取，主稱、藏吏皆斬，監臨官亦重寘其罪。罷三司大將及軍將主諸州榷課，命使臣分掌。掌務官吏虧課當罰，長吏以下分等連坐。雍熙二年，令三司勾院糾本部陷失官錢，及百千賞以十之一，至五千貫者遷其職。

淳化元年詔曰：「周設司會之職，以一歲爲準；漢制上計之法，以三年爲期。所以詳知國用之盈虛，大行羣吏之誅賞，斯乃舊典，其可廢乎？三司自今每歲具見管金銀、錢帛、軍儲等簿以聞。」四年，改三司爲總計司，左右大計分掌十道財賦。令京東西南北各以五十州爲率，每州軍歲計金銀、錢、繒帛、芻粟等費，逐路關報總計司，總計司置簿，左右計使通計置裁給，餘州亦如之。未幾，復爲三部。

宋聚兵京師，外州無留財，天下支用悉出三司，故其費寖多。太宗孜孜庶務，或親爲裁決。有司嘗言油衣、帟幕損破者數萬段，帝令煑之，染以雜色，制旗幟數千。調退材給窰務爲薪，俾擇其可用者造什物數千事。其愛民惜費類此。

眞宗嗣位，詔三司經度茶、鹽、酒稅以充歲用，勿增賦斂以困黎元。是時條禁愈密，較課以祖額〔二〕前界遞年相參。景德初，榷務連歲增羨，三司即取多收者爲額，帝慮或致掊克，詔凡增額比奏。上封者言：「諸路歲課增羨，知州、通判皆書曆爲課最，有虧者則無罰。」乃令諸路茶、鹽、酒稅及諸場務，自今總一歲之課，合爲一，以額較之。有虧則計分數，知州、通判減監官一等科罰，州司典吏減專典一等論，大臣及武臣知州軍者止罰通判以下。

至道末，天下總入緡錢二千二百二十四萬五千八百。三歲一親祀郊丘，計緡錢常五百餘萬，大半以金銀、綾綺、絁紬平其直給之。天禧末，上供惟錢帛增多，餘以移用頗減舊數，而天下總入一萬五千八十五萬一百，出一萬二千六百七十七萬五千二百，而贏數不預焉。景德郊祀七百餘萬，東封八百餘萬，祀汾陰、上寶册又增二十萬。丁謂爲三司使，著景德會計錄以獻，林特領使，亦繼爲之。凡舉大禮，有司皆籍當時所費以聞，必優詔奬之。

初，吳、蜀、江南、荆湖、南粤皆號富強，相繼降附，太祖、太宗因其蓄藏，守以恭儉簡易。

天下生齒尚寡，而養兵未甚蕃，任官未甚冗，佛老之徒未甚熾；外無金繒之遺，百姓亦各安其生，不爲巧僞放侈，故上下給足，府庫羨溢。承平既久，戶口歲增，兵籍益廣，吏員益衆。佛老、外國耗蠹中土，縣官之費數倍於昔，百姓亦稍縱侈，而上下始困於財矣。

仁宗承之，經費寖廣。天聖初，首命有司取景德一歲用度，較天禧所出，省其不急者。自祥符天書一出，齋醮糜費甚衆，京城之內，一夕數處，至是，始大裁損。京師營造，多內侍傳旨呼索，費無藝極。帝與太后知其弊，詔自今營造所須，先下三司度功費然後給。又減內外宮觀清衞卒及工匠，分隸諸軍、八作司。舊殿直已上，雖幼未任朝謁，遇乾元、長寧節皆賜服，至是亦罷給。故事，上尊號、謚號，隨册寶物並用黃金。帝曰：「先帝、太后用黃金，若朕所御，止用塗金。」時洞眞宮、壽寧觀相繼災，宰相張知白請罷不急營造，以答天戒。及滑州塞決河，御史知雜王臻復以爲言。既而玉淸昭應宮災，遂詔諭中外，不復繕修。自是道家之奉有節，土木之費省矣。

帝天資恭儉，尤務約己以先天下，有司言利者，多擯不取。聞民之有疾苦，雖厚利，舍之無所愛。貢獻珍異，故事有者，或罷之。山林、川澤、陂池之利，久與民共者，屢勑有司毋輒禁止。至於州縣征取苛細，蠲減蓋不可勝數。

至寶元中，陝西用兵，調度百出，縣官之費益廣。天章閣侍講賈昌朝言：「臣嘗治畿邑，邑有禁兵三千，而留萬戶賦輸，僅能取足，郊祀慶賞，乃出自內府。計江、淮歲運糧六百餘萬石，以一歲之入，僅能充期月之用，三分二在軍旅，一在冗食，先所蓄聚，不盈數載。天下久無事，而財不藏於國，又不在民，儻有水旱軍戎之急，計將安出？」於是議省冗費。右司諫韓琦言：「省費當自掖庭始。請詔三司取先朝及近歲賜予支費之數〔三〕，裁爲中制，無名者一切罷之。」乃令入內內侍省、御藥院、內東門司裁定，有司不預焉。

議者或欲損吏兵奉賜。帝謂：「祿廩皆有定制，毋遽變更以搖人心。」尹洙在陝西，請爲鬻爵之法，亦不果行。其後西兵久不解，財用益屈，內出詔書：「減皇后至宗室婦郊祠半賜，著爲式；皇后、嬪御進奉乾元節回賜物皆減半，宗室、外命婦回賜權罷。」於是皇后、嬪御各上奉錢五月以助軍費，宗室刺史已上，亦納公使錢之半。荆王元儼盡納公使錢，詔給其半，後以元儼叔父，全給如故。帝亦命罷左藏庫月進錢一千二百緡。公卿、近臣以次減郊祠所賜銀絹，舊四千、三千者損一千，千損三百，三百損百，百損二十，皆著爲式。

三司使王堯臣取陝西、河北、河東三路未用兵及用兵後歲出入財用之數，會計以聞。寶元元年未用兵，三路出入錢帛糧草：陝西入一千九百七十八萬，出二千一百五十一萬〔四〕；河北入二千一十四萬，出一千八百二十三萬；河東入一千三十八萬，出八百五十九萬。用兵後，陝西入三千三百九十萬，出三千三百六十三萬，蓋視河東、北尤劇，以兵屯陝西特多故也。又計京師出入金帛：寶元元年，入一千九百五十萬，出二千一百八十五萬，是歲郊祠，故出入之數視常歲爲多；慶曆二年，入二千九百二十九萬，出二千六百一十七萬，而奇數皆不預焉。

會元昊請臣，朝廷亦已厭兵，屈意撫納，歲賜繒、茶增至二十五萬，而契丹邀割地，復增歲遺至五十萬，自是歲費彌有所加。西兵既罷，而調用無所減，乃下詔切責邊臣及轉運司趣議裁節，稍徙戍兵還內地。命三司戶部副使包拯行河北，與邊臣、轉運司議罷省冗官，汰軍士之不任役者。詔翰林學士承旨王堯臣等較近歲天下財賦出入之數，相參耗登。皇祐元年，入一億二千六百二十五萬一千九百六十四，而所出無餘。堯臣等爲書七卷上之，逡三司，取一歲中數以爲定式。初，眞宗時，內外兵九十一萬二千，宗室、吏員受祿者九千七百八十五。寶元以後，募兵益廣，宗室蕃衍，吏員歲增。至是，兵一百二十五萬九千，宗室、吏員受祿者萬五千四百四十三，祿廩奉賜從而增廣。又景德中，祀南郊，內外賞賚金帛、緡錢總六百一萬。至是，饗明堂，增至一千二百餘萬，故用度不得不屈。

至和中，諫官范鎭上疏曰：「陛下每遇水旱之災，必露立仰天，痛自刻責，而吏不稱職，陛下憂勤于上，人民愁嘆于下。今歲無麥，朝廷爲放稅免役及發倉廩拯貸，存恤之恩不爲不至。然人民流離，父母妻子不相保者，平居無事時，不少寬其力役，輕其租賦；歲大熟，民不得終歲之飽；及有小歉，雖加重放，已不及事。此無他，重斂之政在前也。國家自陝西用兵以來，賦役煩重。及近年，轉運使復於常賦外進羨錢以助南郊，其餘無名斂率不可勝計。」

又言：「古者冢宰制國用，今中書主民，樞密主兵，三司主財，各不相知。故財已匱而樞密院益兵不已，民已困而三司取財不已。中書視民之困，而不知使樞密減兵、三司寬財者，制國用之職不在中書也。願使中書、樞密通知兵民財利大計，與三司量其出入，制爲國用，則天下民力庶幾少寬。」然自天聖以來，帝以經費爲慮，屢命官裁節，而有司不能承上之意，卒無所建明。

治平中，兵數少損，隸籍者猶百十六萬二千，宗室、吏員視皇祐無慮增十之三。英宗以勤儉自飭，然享國日淺，於經紀法度所未暇焉。治平二年，內外入一億一千六百十三萬八千四百五，出一億二千三十四萬三千一百七十四，非常出者又一千一百五十二萬一千二百七十八。是歲，諸路積一億六千二十九萬二千九十三，而京師不預焉。

神宗嗣位，尤先理財。熙寧初，命翰林學士司馬光等置局看詳裁減國用制度，仍取慶曆二年數，比今支費不同者，開析以聞。後數日，光登對言：「國用不足，在用度大奢，賞賜不節，宗室繁多，官職冗濫，軍旅不精。必須陛下與兩府大臣及三司官吏，深思救弊之術，磨以歲月，庶幾有效，非愚臣一朝一夕所能裁減。」帝遂罷裁減局，但下三司共析。

王安石執政，議置三司條例司，講修錢穀之法。帝因論措置之宜，言：「今財賦非不多，但用不節，何由給足？宮中一私身之奉有及八十千者，嫁一公主至費七十萬緡，沈貴妃料錢月八百緡。聞太宗時宮人惟繫皂紬襜，元德皇后嘗用金線緣襜，太宗怒其奢。仁宗初定公主奉料，以問獻穆，再三始言初僅得五貫爾，異時中宮月有止七百錢者。」時天下承平，帝方經略四夷，故每以財用不給爲憂。日與大臣講求其故，命官考三司簿籍，商量經久廢置之宜，凡一歲用度及郊祀大費，皆編著定式。

有司請造龍圖、天章閣覆闌檻青氈四百九十。帝謂：「禁中諸殿闌檻率故弊，不必覆也。」既而并延福宮覆檻氈罷之。後呂嘉問復建議省儀鸞司供禁中絲帛。是歲，詔內外勿給土木工作，非兩宮、倉廩、武庫，皆罷省。三年，儀鸞司闕氈三千，三司請命河東製之。帝曰：「牛羊司積毛數萬斤，皆同糞壤，三司不取於此，而欲勤遠民乎？」全州歲貢班竹簾，簡州歲貢綿紬，安州市紅花萬斤，梓州市䘙二千斤，帝皆以道遠擾民，亟命停罷。

制置司言：「諸路科買上供羊〔四〕，民費錢幾倍，而河北榷場博買契丹羊歲數萬，路遠，抵京皆瘦惡耗死，公私費錢四十餘萬緡。」詔著作佐郎程博文訪利害。博文募民有保任者，以產爲抵，官預給錢，約期限、口數、斤重以輸。民多樂從，歲計充足。凡供御膳及祀祭與泛用者，皆別其牢棧，以三千爲額，所裁省冗費十之四。其後，又用呂嘉問、劉永淵之言，治竈藏冰，以省工費。

帝嘗患增置官司費財。王安石謂增置官司，所以省費。帝曰：「古者什一而稅，今取財百端。」安石謂古非特什一而已。帝又以倉吏給軍食，多侵盜，詔足其概量，嚴立諸倉丐取法。中書因請增諸倉主典、役人祿至一萬八千九百緡，且盡增選人之祿，均其多寡。令、錄〔五〕增至十五千；司理至簿、尉，防團軍監推、判官增至十二千。其後又增中書、審官東西、三班院、樞密院、三司、吏部流內銓、南曹、開封府吏祿，受財者以倉法論。安石蓋欲盡祿天下之吏，帝以役法未就，緩其議。三司上新增吏祿數：京師歲增四十一萬三千四百餘緡，監司、諸州六十八萬九千八百餘緡。時主新法者皆謂吏祿既厚，則人知自重，不敢冒法，可以省刑。然良吏實寡，賕取如故，往往陷重辟，議者不以爲善。

初，陝西用兵，凡費緡錢七百餘萬。帝以問王安石，安石曰：「楚建中考沈起簿書，計一道半歲費錢銀紬絹千二百萬貫、匹、兩。」帝因欲知陝西歲用錢穀、金帛及增虧凡數，乃詔薛向條上。王安石以爲擾，力請罷之，止詔三司帳司會計熙寧六年天下財用出入之數以聞。

韓絳既相，建言：「三司總天下財賦，請選官置司，以天下戶口、人丁、稅賦、場務、坑冶、河渡、房園之類租額年課，及一路錢穀出入之數，去其重複，歲比較增虧、廢置及羨餘、橫費。計贏闕之處，使有無相通，而以任職能否爲黜陟，則國計大綱可以省察。」三司使章惇亦以爲言，乃詔置三司會計司，以絳提舉。其後一州一路會計式成，上之，餘未就緒，未幾遂罷。

元豐官制既行，三司所掌職務散於六曹、諸寺監。元祐初，司馬光言：「今戶部尚書，舊三司使之任，左曹隸尚書，右曹不隸焉。天下之財分而爲二，視彼有餘，視此不足，不得移用。宜令尚書兼領左右曹，侍郎分職而治，舊三司所掌錢穀財用事，有散於五曹及諸寺、監者，並歸戶部。」遂詔尚書省立法。

有司請以府界、諸路在京庫務及常平等文帳悉歸戶部。初，熙寧五年，患天下文帳之繁，命曾布刪定法式。布因請選吏於三司韻爲一司，帳司之置始此。至元豐三年，首尾七八年，所設官吏僅六百人，費錢三十九萬緡，而勾磨出失陷錢止萬緡。朝廷知其無益，遂罷帳司，使州郡應上省帳皆歸轉運司，惟錢帛、糧草、酒麴、商稅等別爲計帳上戶部。至是，令戶部盡收諸路文帳。蘇轍時爲諫官，謂徒益紛紛，請如舊爲便。不行。

三年，戶部尙書韓忠彥、侍郎蘇轍、韓宗道言：「文武百官、宗室之蕃，一倍皇祐，四倍景德，班行、選人、胥吏率皆增益，而兩稅、征榷〔六〕、山澤之利，與舊無以相過。治平、熙寧之間，因時立政，凡改官者自三歲而爲四歲，任子者自一歲一人而爲三歲一人、自三歲一人而爲六歲一人，宗室自祖免以上漸殺恩禮，此則今日之成法。乞檢會寶元、慶曆、嘉祐故事，置司選官共議。」詔戶部取應干財用，除諸班諸軍料錢、衣賜、賞給、特支如舊外，餘費並裁省。又詔：「方將裁損入流，以清取士之路。命今後遇聖節、大禮、生辰，太皇太后、皇太后、皇太妃所得恩澤，並四分減一。」於是上自宗室貴近，下至官曹胥吏，旁及宮室械器，皆命裁損。久之，事未就。議者謂裁減浮費所細碎苛急，甚損國體。於是已議未行者一切寢之。後乃詔：「元祐裁損除授正任以下奉祿，失朝廷優禮，見條悉除之，循元豐舊制。」

元豐鉤考隱漏官錢，督及一分者賞三釐。自元祐改法，賞薄而吏怠，遂復其舊。時議裁損吏祿，隸省、曹、寺、監者，止以元豐三年錢數爲額，而吏三省者，凡兼領因事別給幷舊請並罷。劉摯遂乞悉罷創增吏祿，詔韓維等究度，然不果罷。其後有司計中都吏祿，歲費緡錢三十二萬，詔以坊場稅錢給之。於是吏祿之冗濫者，率多革去矣。然三省吏猶有人受三奉而不改者，故孫升、傅堯俞皆以爲言。至紹聖、元符，務反元祐之政，下至六曹吏，亦詔皆給見緡，如元豐之制。

先是，旣罷導洛、堆垛等局，又罷熙河蘭會經制財用司，減放市易欠負及積欠租輸，選官體量茶鹽之法。使者之刻剝害民，如吳居厚、呂孝廉、王子京、李琮，內臣之生事斂怨，如李憲、宋用臣等，皆相繼正其罪。旣而稍復講修財利。李淸臣因白帝，今中外錢穀艱窘，戶部給百官奉，常無數月之備。章惇遂以財用匱乏，專指爲司馬光、呂公著、呂大防、蘇轍諸人之罪。左司諫翟思亦奏疏詆：「元祐以理財爲諱，利入名額類多廢罷，督責之法不加於在職之臣，財利旣多散失，且借貸百出，而熙、豐餘積，用之幾盡。方今內外財用，月計歲會，所入不足給所出。願下諸路會元祐以前所儲金穀及異時財利名額、歲入經數，著爲成式。」

建中靖國元年，詔諸路轉運司以歲入財用置都籍，定諸州祖額，且計一路凡數；卽有贏縮，書其籍。崇寧元年，又令：「歲以錢穀出入名數報提刑司保驗，以上戶部；戶部歲條諸路轉運使財賦虧贏，以行賞罰。諸路無額錢物，立式下提刑司，括三年外未發數，期以一季聞奏。」二年，官吏違負上供錢物，以分數爲科罪之等，不及九分者罪以徒，多者吏加之。歲首則列次年之數，聞於漕司，考實申部。又以督限未嚴，更一季爲一月。然國之經費，往往不給。

五年，詔省罷官局，命戶部侍郎許幾專切提舉措置。裁罷開封府重祿通引官客司幷街道司額外兵士，及罷在京料次錢三十八處。

大觀三年，罷諸路州軍見貢六尙局供奉物名件四百四十餘，存者才十一二，減數十二，停貢六。戶部侍郎范坦言：「戶部歲入有限，支用無窮，一歲之入，僅了三季，餘仰朝廷應付。今歲支遣，較之去年又費百萬。」有詔鐫減財賦，命御史中丞張克公與吳居厚、許幾等置局論議。克公抗言：「官冗者汰，奉厚者減，今官較之元祐已多十倍，國用安得不乏。乞將節度使下至遙郡刺史，除軍功轉授者，各減奉半，然後閑慢局務、工伎末作，亦宜減省。自貴及賤，自近及遠，行之公當，人自無詞。」時論韙之。

時諸路轉運司類以乏告，詔戶部編次一歲財用出納之數，諸路州縣各爲都籍，以待考較；工部金、銀、銅、鉛、水銀、朱砂等，亦嚴帳籍之法；令諸路各條三十年以還一歲出入及泛用之數。初，比部掌勾稽天下文帳，吏習媮惰，自崇寧至政和，稽違積數凡二千六百七十有餘。於是申敕六曹，以拘督一歲多寡爲寺、監賞罰。

政和七年，命戶部參稽熙、豐及今財用有餘不足之數，又立旁通格，令諸路漕司各條元豐、紹聖、崇寧、政和一歲財用出入多寡來上。淮南漕臣張根言：「天下之費，莫大於土木之功。其次如人臣賜第，一第無慮數十萬緡，稍增雄麗，非百萬不可。佐命如趙普，定策如韓琦，不聞峻宇雕牆，僭擬宮省，奈何剝民膚髓，爲廝役之奉乎？其次如田產、房廊，雖不若賜第之多，然日削月朘，所在無幾。又如金帛以供一時之好賜，有不可已者，而亦不可不節。至如賜帶，其直雖不過數百緡，然天下金寶靡費日久，夫豈易得？今乃賚及僕隸，使混淆公卿間，貴賤、賢不肖，莫之辨也。如以爲左右趨走之人，不欲其墨綬，當別爲制度，以示等威。」疏奏，不省。

重和初，罷講畫經費局。有司議勾收白地，禁榷鐵貨，方田增稅，榷酤增價，量收醋息，河北添折稅米〔七〕等。俄慮騷擾，悉罷之，併焚其條約。未幾，又置裕民局，命蔡京提舉，徐處仁詳定。京大不悅，尋亦罷。宣和元年，以左藏庫虧沒一百七十九萬有奇，乃別造都籍，催轄司、太府寺、左藏庫互相鉤考，以絕姦弊。

帝初即位，思節冗費，中都吏重複增給及泛濫員額，並詔裁損。後苑嘗計增葺殿宇，計用金箔五十六萬七千。帝曰：「用金爲箔，以飾土木，一壞不可復收，甚亡謂也。」令內侍省罰請者。及蔡京爲相，增修財利之政，務以侈靡惑人主，動以周官惟王不會爲說，每及前朝惜財省費者，必以爲陋。至於土木營造，率欲度前規而侈後觀。元豐改官制，在京官司供給之數，皆併爲職錢，視嘉祐、治平時賦祿優矣。京更增供給、食料等錢，於是宰執皆然。

京既罷相，帝惡其變亂法度，將盡更革。命戶部侍郎許幾裁損浮費及百官濫祿，悉循元豐之舊，宰執亦聽辭所增奉。京不便，與其黨倡言：「減奉非治世事。司馬光請聽宰臣辭南郊給賜，神宗卒不允，且增選人及庶人在官者之奉。帝以繼述爲事，當奉承神宗。」由是官吏奉給並仍舊，而宰執亦增如故。初，宰執堂食亦皆有常數。至是，品目猥多，有公使、泛支之別，臺、省、寺、監又增廚錢。侍御史毛注嘗奏論之，不行。蔡京復得政，言者遂以裁損祿廩爲幾罪，幾坐奪職。

于時天下久平，吏員冗溢，節度使至八十餘員，留後、觀察下及遙郡刺史多至數千員，學士、待制中外百五十員。京又專用豐亨豫大之說，諛悅帝意，始廣茶利，歲以一百萬緡進御，以京城所主之。其後又有應奉司、御前生活所、營繕所、蘇杭造作局、御前人船所，其名雜出，大率爭以奇侈爲功。歲運花石綱，一石之費，民間至用三十萬緡。姦吏旁緣，牟取無藝，民不勝弊。用度日繁，左藏庫異時月費緡錢三十六萬，至是，衍爲一百二十萬。

又三省、密院吏員猥雜，有官至中大夫，一身而兼十餘奉，故當時議者有「奉入超越從班，品秩幾於執政」之言。又增置兼局，禮制、明堂，詳定國朝會要、九域圖志、一司敕令之類，職秩繁委，廩給無度。侍御史黃葆光論其弊，帝善之而未行；俄而詔云「當豐亨豫大之時，爲衰亂減損之計」，自是罕敢言者。然吏祿泛冒已極，以史院言之，供檢吏三省幾千人。蔡京又動以筆帖於榷貨務支賞給，有一紙至萬緡者。京所侵私，以千萬計，朝論喧然。乃詔三省、樞密院吏額用元豐法，其歲賜悉裁之，時翕然以爲快。臣僚上言：「諸州遇天寧節，除公使外，別給係省錢，充錫宴之用。獨諸路監司許支逐司錢物，一筵之饌，有及數百千者，浮侈相誇，無有藝極。」自是詔：「遇天寧節宴，舊應給錢者，發運、監司每司不得過三百貫，餘每司不得過二百貫，以上舊給數少者，止依舊。」

自崇寧以來，言利之臣殆析秋毫，沿汴州縣創增鎮柵以牟稅利。官賣石炭增二十餘場，而天下市易務，炭皆官自賣。名品瑣碎，則有四脚鋪牀、榨磨、水磨、廟圖、淘沙金等錢，不得而盡記也。宣和以後，王黼專主應奉，掊剋橫賦，以羨爲功。嶺南、川蜀農民陂罰錢，罷學制學事司贍學錢，皆歸應奉司。所入雖多，國用日匱。

六年，尚書左丞宇文粹中言：

近歲南伐蠻獠，北贍幽燕，關陝、綿、茂邊事日起，山東、河北寇盜竊發。賦斂歲入有限，支梧繁夥，一切取足於民。陝西上戶多棄產而居京師，河東富人多棄產而入川蜀。河北衣被天下，而蠶織皆廢；山東頻遭大水，而耕稼失時。他路取辦目前，不務存恤。穀麥未登，已先倚糴；歲賦已納，復理欠負。託應奉而買珍異奇寶，欠民積者一路至數十萬計；假上供而織文繡錦綺，役工女者一郡至百餘人。

陛下勤恤民隱，詔令數下，悉爲虛文。民不聊生，不惟寇盜繁滋，竊恐災異數起。祖宗之時，國計所仰，皆有實數。有額上供四百萬，無額上供二百萬，京師商稅、店宅務、抵當所諸處雜收錢一百餘萬。三司以七百萬之入，供一年之費，而儲其餘以待不測之用。又有解池鹽鈔、晉礬、市舶遺利，內贍京師，外實邊鄙，間遇水旱，隨以振濟，蓋量入爲出，沛然有餘。近年諸局務、應奉等司截撥上供，而繁富路分一歲所入，亦不敷額。然創置書局者比職事官之數爲多，檢計修造者比實用之物增倍，其他妄耗百出，不可勝數。若非痛行裁減，慮智者無以善其後。

久之，乃詔蔡攸等就尙書省置講議財利司，除茶法已有定制，餘並講究條上。攸請：內侍職掌，事干宮禁，應裁省者，委童貫取旨。時貫以廣陽郡王領右府故也。於是不急之務，無名之費，悉議裁省。帝亦自罷諸路應奉官吏，省六尙歲貢。

七年，詔諸路帥臣、監司各條所部當裁省凡目以聞。後苑書藝局等月省十九萬緡，歲可省二百二十萬。應奉司所管諸色窠名錢數內：兩浙路鈔旁定帖息錢〔八〕，湖、常、温、秀州無額上供錢，淮南路添酒錢等，並行截節，更不充應奉支用。十二月，詔曰：「比年寬大之詔數下，裁省之令屢行。有司便文而實惠不至，蓋緣任用非人，興作事端，蠹耗邦財。假享上之名，濟營私之欲，漁奪百姓，無所不至。朕夙夜痛悼，思有以撫循慰安之。應茶鹽立額結絕。應奉司兩浙諸路置局及花石綱等，諸路非泛上供拋降物色，延福宮西城所租課，內外修造諸處採斫木植、製造局所，並罷。諸局及西城所見管錢物並付有司，其拘收到百姓地土，並給還舊佃人。減掖庭用度，減侍從官以上月廩，及罷諸兼局，以上並令有司據所得數撥充諸路糴本，及椿充募兵賞軍之用。應齋醮道場，除舊法合有外，並罷道官及撥賜宮觀等房錢、田土之類。六尙，並依祖宗法。罷大晟府，罷教樂所，罷教坊額外人。罷行幸局，罷採石所，罷待詔額外人。罷都茶場，依舊歸朝廷。河坊非危急泛科、免夫錢並罷。」

是時天下財用歲入，有御前錢物、朝廷錢物、戶部錢物，其措置裒斂、取索支用，各不相知。天下財賦多爲禁中私財，上溢下漏，而民重困。言者請令戶部周知大數，而不失盈虛緩急之宜。上至宮禁所須，下逮吏卒廩餼，一切付之有司，格以法度，示天下以至公。詔可。戶部尙書聶山亦請以熙、豐後增置添給，如額外醫官、內中諸閣分位次主管文字等使臣、福源靈應諸觀凊衞卒、后妃戚里及文武臣僚之家母妻封國太夫人郡太夫人等請給，幷添給食料、茶湯等錢四十萬八千九百餘緡，凡熙、豐無法該載者罷之。

靖康元年，詔曰：「朕託於兆庶之上，永念民惟邦本，思所以閔恤安定之。乃者，減乘輿服御，放宮女，罷苑囿，焚玩好之物，務以率先天下；減冗官，澄濫賞，汰貪吏，爲民除害。

方詔減上供收買之額，蠲有司煩苛之令，輕刑薄賦，務安元元，而田里之間，愁痛未蘇，儻不蠲革，何以靖民！今詢酌庶言，疏剔衆弊，舉其綱目，以授四方。詔到，監司、郡守其悉力奉行；應民所疾苦，不在此詔，許推類聞奏。」於是凡當時苛刻煩細、一切不便於民者皆罷。

高宗建炎元年，詔：「諸路無額上供錢，依舊法，更不立額。」三年二月，減婺州上供額羅二萬八千匹，著爲定制。閏八月〔九〕，減福建、廣南路歲買上供銀三分之一。紹興二年，罷鎭江府御服羅，省錢七萬緡，助劉光世軍。四年二月，詔：「諸路州縣天申節禮物，並置場和買，毋得抑配於民。」十有一月，免淮南州軍大禮絹。五年，以四川上供錢帛依舊留以贍軍。十一年，始命四川上供羅復輸內藏，其後綾、紗、絹悉如之。四路天申節大禮絹及上供紬、綾、錦、綺，共九萬五千八百匹。

淳熙五年，湖北漕臣劉焞言：「鄂、岳、漢陽自紹興九年所收賦財，十分爲率，儲一分充上供始，十三年年增二分。鄂州元儲一分，錢一萬九千五百七十緡，今已增至一十二萬九千餘緡；岳州五千八百餘緡，今增至四萬二千一百餘緡；漢陽三千七百緡，今增至二萬二千三百餘緡。民力凋弊，無所從出。」於是以見增錢數立額，已後權免遞增。詔夔州路九州百姓科買上供金、銀、絹，自淳熙六年爲始盡免。十六年，蠲兩淮州軍合發上供諸窠名錢物，極邊全免，次邊展免一年。

紹定元年，江、浙諸州軍折輸上供物帛錢數，除合起輕貨，並用錢、會中半；路不通水，願以銀折輸者聽，兩不過三貫三百文。兩浙、江東共四百一十三萬八千六百一十二貫有奇，並輸送左藏西庫。

咸淳六年，都省言：「南渡以來，諸路上供數重，自嘉定至嘉熙，起截之數雖減，而州縣猶以大數拘催，害及百姓。」有旨：「自咸淳七年爲始，銀、錢、關、會用咸淳三年起截中數拘催，紬、絹、絲、綿、綾、羅用咸淳二年起截中數拘催。錢、關、會子二千四百九十五萬八千七百四十八貫，銀一十六萬九千六百四十三兩，紬四萬一千四百三十八匹，絹七十三萬七千八百六十匹，絲九萬五千三百三十三兩，綿一百五萬七千九百二十五兩，綾五千一百七十九匹，羅七千三百五十五匹，戶部徧牒諸路，視今所減定額起催。」

所謂經總制錢者，宣和末，陳亨伯以發運兼經制使，因以爲名。建炎二年，高宗在揚州，四方貢賦不以期至，戶部尙書呂頤浩、翰林學士葉夢得等言：「亨伯以東南用兵，嘗設經制司，取量添酒錢及增一分稅錢，頭子、賣契等錢，斂之於細，而積之甚衆。及爲河北轉運使，又行於京東西、河北路〔一〇〕，一歲得錢近二百萬緡，所補不細。今若行於諸路州軍，歲入無慮數百萬計，邊事未寧，苟不出此，緩急必致暴斂。與其斂於倉卒，曷若積於細微。」於是以添酒錢、添賣糟錢、典賣田宅增牙稅錢、官員等請給頭子錢、樓店務增三分房錢，令兩浙、江東西、荊湖南北、福建、二廣收充經制錢，以憲臣領之，通判斂之，季終輸送。紹興五年，參政孟庾提領措置財用，請以總制司爲名，又因經制之額增析而爲總制錢，而總制錢自此始矣。

財用司言：「諸路州縣出納係省錢所收頭子錢，貫收錢二十三文省，內一十文省作經制起發上供，餘一十三文充本路郡縣并漕司用。今欲令諸路州縣雜稅出納錢貫收頭子錢上，量增作二十三文足。除漕司及州舊合得一十三文省，餘盡入經制窠名帳內，起發助軍。」江西提舉司言：「常平錢物，舊法貫收頭子錢五文足。今當依諸色錢例，增作二十三文足，除五文依舊法支用，餘增到錢與經制司別作窠名輸送。」

九年，諫議大夫曾統上疏言：「經制使本戶部之職，更置一司，無益於事。如創供給酒庫，亦是陰奪省司之利。若謂監司、郡縣違法廢令，別建此司按之，則又不然。夫朝廷置監司以轄州郡，立省部以轄監司，祖宗制也。稅賦失實，當問轉運司；常平錢穀失陷，當問提舉司。若使經制司能事事檢察，則雖戶部版曹，亦可廢矣。且自置司以來，漕司之移用，憲司之贓罰，監司之妄支，固未嘗少革其弊。罷之便。」疏奏，不省。十六年，以諸路歲取經總制錢，本路提刑幷檢法幹辦官拘催，歲終通紐以課殿最。二十一年，以守、倅同檢察。二十九年，詔專以通判主之。

乾道元年，詔：「諸路州縣出納，貫添收錢一十三文省，充經總制錢，以所增錢別輸左藏西庫，補助經費。」自是經總制錢每千收五十六文矣。然遇兵凶，亦時有蠲免。三年，復以守、倅共掌之。

淳熙十六年，光宗卽位，減江東西、福建、淮東、浙西經總制錢一十七萬一千緡。紹熙二年，詔平江府合發經總制錢歲減二萬緡。嘉定十七年，詔蠲嘉定十五年終以前所虧錢數。端平三年，詔：「諸路州軍因災傷檢放苗米，毋收經總制頭子、勘合朱墨等錢；自今已放苗米，隨苗帶納錢並與除放。」

所謂月椿錢者，始於紹興之二年。時韓世忠駐軍建康，宰相呂頤浩、朱勝非議令江東漕臣月樁發大軍錢十萬緡，以朝廷上供經制及漕司移用等錢供億。當時漕司不量州軍之力，一例均科，既有偏重之弊，上供經制，無額添酒錢，幷淨利錢，贍軍酒息錢，常平錢，及諸司封樁不封樁、係省不係省錢，皆是朝廷窠名也。於是郡縣橫斂，銖積絲累，江東、西之害尤甚。十七年，詔州郡以寬剩錢充月樁，以寬民力，遂減江東、西之錢二十七萬七千緡有奇。

又有所謂板帳錢者，亦軍興後所創也。如輸米則增收耗剩，交錢帛則多收縻費，幸富人之犯法而重其罰，恣胥吏之受賕而課其入，索盜贓則不償失主，檢財產則不及卑幼，亡僧、絕戶不俟覈實而入官，逃產、廢田不與消除而抑納，他如此類，不可偏舉。州縣之吏固知其非法，然以版帳錢額太重，雖欲不橫取於民，不可得已。

凡貨財不領於有司者，則有內藏庫，蓋天子之別藏也。縣官有鉅費，左藏之積不足給，則發內藏佐之。宋初，諸州貢賦皆輸左藏庫，及取荊湖，定巴蜀，平嶺南、江南，諸國珍寶、金帛盡入內府。初，太祖以帑藏盈溢，又於講武殿後別爲內庫，嘗謂：「軍旅、饑饉當預爲之備，不可臨事厚斂於民。」

太宗嗣位，漳泉、吳越相次獻地，又下太原，儲積益厚，分左藏庫爲內藏庫，令內藏庫使翟裔等於左藏庫擇上綾羅等物別造帳籍，月申樞密院；改講武殿後庫爲景福殿庫，俾隸內藏。其後迺令揀納諸州上供物，具月帳於內東門進入，外庭不得預其事。帝因謂左右曰：「此蓋慮司計之臣不能節約，異時用度有闕，復賦率於民，朕不以此自供嗜好也。」

自乾德、開寶以來，用兵及水旱振給、慶澤賜賚，有司計度之所闕者，必籍其數以貸於內藏，候課賦有餘，卽償之。淳化後二十五年間，歲貸百萬，有至三百萬者。累歲不能償，則除其籍。

景德四年，又以新衣庫爲內藏西庫。初，劉承珪嘗掌庫，經制多其所置，又推究置庫以來出納，造都帳及須知，屢加賞焉。眞宗再臨幸，作銘刻石。大中祥符五年，重修庫屋，增廣其地。既而又以香藥庫、儀鸞司屋益之，分爲四庫：金銀一庫，珠玉、香藥一庫，錦帛一庫，錢一庫。金銀、珠寶有十色，錢有新舊二色，錦帛十三色，香藥七色。天禧二年，又出內藏緡錢二百萬給三司。

天聖以後，兵師、水旱費無常數；三歲一賚軍士，出錢百萬緡，紬絹百萬匹，銀三十萬兩，錦綺、鹿胎、透背、綾羅紗縠合五十萬匹，以佐三司。又歲入饒、池、江、建新鑄緡錢一百七萬，而斥舊蓄緡錢六十萬於左藏庫，率以爲常。異時三司用度不足，必請貸於內藏，輒得之，其名爲貸，實罕能償。景祐中，內藏庫主者言：「歲斥緡錢六十萬助三司，自天禧三年始。計明道二年距今纔四年，而所貸錢帛九百一十七萬。」在太宗時三司所貸甚衆，久不能償，至慶曆中，詔悉蠲之。蓋內藏歲入金帛，皇祐中，二百六十五萬七千一十一；治平一百九十三萬三千五百五十四。其出以助經費，前後不可勝數，至於儲積贏縮，則有司莫得詳焉。

神宗臨御之初，詔立歲輸內藏錢帛之額，視慶曆上供爲數。嘗謂輔臣曰：「比閱內藏庫籍，文具而已，財貨出入，初無關防。舊以龍腦、珍珠鬻於榷貨務，數年不輸直，亦不鉤考。嘗聞太宗時內藏財庫，每千計用一牙錢記之。凡名物不同，所用錢色亦異，他人莫能曉，匣而置之御閣，以參驗帳籍中定數。晚年，出其錢示眞宗曰：『善保此足矣。』今守藏內臣，皆不曉帳籍關防之法。」卽命幹當御藥李舜舉領其事。繼詔諸路金銀輸內藏庫者，歲以帳上三司拘催。元豐以來，又詔諸路金帛、緡錢輸內庫者，委提點刑獄司督趣，若三司、發運司擅留者，坐之。起發坊場錢勿寄市易務，直赴內藏庫寄帳封樁。當輸內庫金帛、緡錢，踰期或他用者，如擅用封樁錢法。

初，藝祖嘗欲積縑帛二百萬易敵人首，又別儲於景福殿。元豐初，乃更景福殿庫名，自製詩以揭之曰：「五季失圖，玁狁孔熾，藝祖造邦，思有懲艾，爰設內府，基以募士，曾孫保之，敢忘厥志。」一字一庫以號之，凡三十二庫。後積羨贏爲二十庫，又揭詩曰：「每虔夕惕心，妄意遵遺業，顧予不武姿，何日成戎捷。」

元祐元年，監察御史上官均言：「自新官制，蓋有意合理財之局總于一司，故以金部右曹主行內藏受納，而奉宸內藏庫受納又隸太府寺。然按其所領，不過關通所入名數，爲之拘催而已，支用多寡，不得轉質。總領之者，止中官數十人，彼惟知謹扃鑰、塗窗牖，以爲固密爾，又安能鈎考其出入多少，與夫所蓄之數哉？宜因官制之意，令戶部、太府寺，於內藏諸庫皆得檢察。」明年，詔內藏庫物聽以多寡相除。置庫百餘年，至是始編閱云。

崇寧元年，詔：「祖宗置內藏庫貯經費餘財，所以募士威敵，振乏固本，皆有成法。比歲官司懈弛，侵蠹耗減，務在協力遵守，無令偏廢。」於是命倉部郎中丘括行諸路驅磨。三年，中書奏：「熙寧之制，江南諸路金銀課利並輸內帑。元祐中，戶部尙書李常於中以三分助轉運司，致內帑漸以虧減。」乃詔諸路新舊坑冶所收課利金銀並輸內帑，如熙寧之舊。後又入於大觀東庫。尋命仍舊以七分輸內帑，餘給轉運司。宣和六年，申截留、借兌內帑錢物之制。

時又有元豐庫，則雜儲諸司羨餘錢。諸道榷酤場，舊以酧衙前之陪備官費者，熙寧役法行，乃聽民增直以售，取其價給衙前。久之，坊場錢益多，司農請歲發百萬緡輸中都。元豐三年，遂於司農寺南作元豐庫貯之，以待非常之用。

元祐元年，右司諫蘇轍論河北保甲之害，因言：「元豐及內庫財物山委，皆先帝多方蓄藏，以備緩急。若積而不用，與東漢西園錢，唐之瓊林、大盈二庫何異？願以三十萬緡募保甲爲軍。」尋用其議。元祐三年，改封樁錢物庫爲元祐庫。未幾，分元豐庫爲元豐南、北庫。數月，以北庫爲司空呂公著廨，封樁幷附南庫仍舊。元豐六年，詔歲以內藏庫緡錢五十萬椿元豐庫，補助軍費。崇寧以後，諸路封椿禁軍闕額給三路外，與常平、坊場、免役、紬絹、貼輸東北鹽錢，及鬻賣在官田屋錢，應前收椿管封椿榷添酒錢、侵占房廊白地錢、公使庫遺利等錢，並輸元豐庫。別又置大觀庫，制同元豐，但分東西之別。最後，建宣和庫，有泉貨、幣餘、服御、玉食、器貢等名，蓋蔡絛欲效王黼以應奉司貢獻要寵，事不足紀。

靖康元年，詔諸路公使庫及神霄宮金銀器皿，所在盡輸元豐庫。戶部尙書聶山輒取元豐庫北珠，宰相吳敏白帝，言：「朝廷有元豐、大觀庫，猶陛下有內藏庫。朝廷有闕用，需於內藏，必得旨然後敢取，戶部豈可擅取朝廷庫務物哉？若人人得擅取庫物，則綱紀亂矣。」欽宗然之。

南渡，內藏諸庫貨財之數雖不及前，然兵興用乏，亦時取以爲助。其籍帳之詳莫得而考，則以後宋史多闕云。

校勘記

〔一〕祖額　原作「租額」。按宋制茶、鹽、酒稅，各地都有定額，叫做祖額。如宋會要食貨三〇之七載范雍言：「淮南十三山場並六榷貨務，買賣茶課，各有祖額。」通考卷一六征榷考引止齋陳氏曰：「咸平四年五月四日勅：諸州麴務自今後將一年都收到錢，仍取端拱至淳化元年三年內中等錢數，立爲祖額，比較科罰。」長編卷六〇載此事也作「祖額」，據改。

〔二〕賜予支費之數　「支」原作「日」，據長編卷一二三、玉海卷一八六改。

〔三〕出二千一百五十一萬　長編卷一四〇作「出一千五百五十一萬」，通考卷二四國用考作「出一千一百五十一萬」。

〔四〕諸路科買上供羊　「買」原作「置」，據宋會要職官二一之一二改。

〔五〕令錄　「錄」原作「祿」，據宋會要職官五七之四、長編卷二二六改。

〔六〕征榷　原作「征推」，據蘇轍欒城集卷四一乞裁損浮費箚子、長編卷四一九改。

〔七〕折稅米　本書卷二一徽宗紀、編年綱目卷二八都作「折耗米」，疑是。

〔八〕鈔旁定帖息錢　「鈔」原作「錢」，據宋會要食貨三五之二、編年綱目卷二八改。

〔九〕閏八月　「閏」字原脫，據本書卷二五高宗紀、繫年要錄卷二七補。

〔一〇〕河北路　原脫，據宋會要食貨六四之八五、繫年要錄卷一八補。

宋史卷一百八十

志第一百三十三

食貨下二

錢幣

錢幣　錢有銅、鐵二等，而折二、折三、當五、折十，則隨時立制。行之久者，唯小平錢。夾錫錢最後出，宋之錢法至是而壞。蓋自五代以來，相承用唐舊錢，其別鑄者殊鮮。太祖初鑄錢，文曰「宋通元寶」。凡諸州輕小惡錢及鐵鑞錢悉禁之，詔到限一月送官，限滿不送官者罪有差，其私鑄者皆棄市。銅錢闌出江南、塞外及南蕃諸國，差定其法，至二貫者徒一年，五貫以上棄市，募告者賞之。江南錢不得至江北。

蜀平，聽仍用鐵錢。開寶中，詔雅州百丈縣置監冶鑄，禁銅錢入兩川。太平興國四年，始開其禁，而鐵錢不出境，令民輸租及榷利，鐵錢十納銅錢一。時銅錢已竭，民甚苦之。商賈爭以銅錢入川界與民互市，銅錢一得鐵錢十四。

明年，轉運副使張諤言：「川峽鐵錢十直銅錢一，輸租即十取二。舊用鐵錢千易銅錢四百，自平蜀，沈倫等悉取銅錢上供，及增鑄鐵錢易民銅錢，益買金銀裝發，頗失裁制，物價滋長，鐵錢彌賤。請市夷人銅，斤給鐵錢千，可以大獲銅鑄錢。民租當輸錢者，許且輸銀絹，候銅錢多，即漸令輸之。」詔令市夷人銅，斤給鐵錢五百，餘皆從之。然銅卒難得，而轉運副使聶詠、轉運判官范祥皆言：民樂輸銅錢，請歲遞增一分，後十歲則全取銅錢。詔如所請。詠、祥等因以月俸所得銅錢市與民，厚取其直，於是增及三分，民益以為苦，或發古冢、毀佛像器用，纔得銅錢四五，坐罪者甚衆。知益州辛仲甫具言其弊，詔使臣吳承勳馳傳審度。仲甫集諸縣令、佐問之，多潛持兩端，莫敢正言。仲甫以大誼責之，乃皆言其不便。承勳復命。七年，遂令川峽輸租榷利勿復徵銅錢。詠、祥等皆坐罪免。既而又從西川轉運使劉度之請，官以鐵錢四百易銅錢一百，後竟罷之。

平廣南、江南，亦聽權用舊錢，如川蜀法。初，南唐李氏鑄錢，一工為錢千五百，得三十萬貫。太宗即位，詔昇州置監鑄錢，令轉運使按行所部，凡山川之出銅者悉禁民采，並以給官鑄焉。太平興國二年，樊若水言：「江南舊用鐵錢，於民非便。今諸州銅錢尙六七十萬緡，虔、吉等州未有銅錢，各發六七萬緡，俾市金帛輕貨上供及博糴穀麥。於昇、鄂、饒等州產銅之地，大鑄銅錢，銅錢既不渡江，益以新錢，則民間錢愈多，鐵錢自當不用，悉鎔鑄爲農器什物，以給江北流民之歸附者。除銅錢渡江之禁。」從之。

自唐天祐中，兵亂窘乏，以八十五錢爲百，後唐天成中，減五錢，漢乾祐初，復減三錢。宋初，凡輸官者亦用八十或八十五爲百，然諸州私用則各隨其俗，至有以四十八錢爲百者。至是，詔所在用七十七錢爲百。

西北邊內屬戎人，多齎貨帛於秦、階州易銅錢出塞，銷鑄爲器。乃詔吏民闌出銅錢百已上論罪，至五貫以上送闕下。

舊饒州永平監歲鑄錢六萬貫，平江南，增爲七萬貫，而銅、鉛、錫常不給。轉運使張齊賢訪求得南唐承旨丁釗，能知饒、信等州〔一〕山谷產銅、鉛、錫，乃便宜調民采取；且詢舊鑄法，惟永平用唐開元錢料最善，卽詣闕面陳。八年，詔增市鉛、錫、炭價，於是得銅八十一萬斤〔二〕、鉛三十六萬斤、錫十六萬斤，歲鑄錢三十萬貫。補釗殿前承旨，領三州銅山。然民間猶雜用舊大小錢。是時，以福建銅錢數少，令建州鑄大鐵錢並行，尋罷鑄，而官私所有鐵錢十萬貫，不出州境，每千錢與銅錢七百七十等，外邑鄰兩浙者亦不用。

雍熙初，令江南諸州官庫所貯雜錢，每貫及四斤半者送闕下，不及者銷毀。民間惡錢尚多，復申乾德之禁，稍峻其法。京城居民蓄銅器者，限兩月悉送官。端拱元年，內侍蕭延皓使嶺南還，以民間私鑄三等錢來上，且言多與蠻人貿易，侵敗禁法。因詔察民私鑄及銷鎔好錢作薄惡錢者，並棄市；輒以新惡錢與蠻人博易者，抵罪。江北諸州所用錢非甚薄惡者，新舊大小兼用。江南雖用舊大錢，淳化四年，乃詔每貫及前詔斤數、有官監字號者皆許用，不分新舊。

先是，淳化二年，宗正少卿趙安易言：嘗使蜀，見所用鐵錢至輕，市羅一匹，爲錢二萬。堅請改鑄一當十大錢，御書錢式，遣詣川峽路諸州冶鑄，所在並爲御書錢監；諸州舊貯小鐵錢悉輦送官，民間小錢許送監，計數給以大錢，若改鑄未集，許民大小兼用。既而一歲纔成三千餘貫，衆皆以爲不便。會安易入奏事，因留不遣，遂罷冶鑄。五年，安易復請，不許，第令川峽仍以銅錢一當鐵錢十。

荆湖、嶺南民輸稅須大錢，民以小錢二或三易大錢一，官屬以奉錢易於民以規利。詔自今吏受民輸，但常所通行錢勿却，官吏毋得以奉錢換易。至道二年，始禁道、賀州錫，官盆其價市之，以給諸路鑄錢。

咸平初，又申新小錢之禁，令官置場盡市之。舊犯銅禁，七斤以上處死，奏裁多蒙減斷，然待報常淹緩。四年，詔滿五十斤以上取裁，餘從第減。

景德四年，詔曰：「鼓鑄錢刀，素有程限，憫其勞苦，特示矜寬。自今五月一日至八月一日止收半功，本司每歲量支率分錢以備醫藥。」十二月，令鑄匠每旬停作一日。天禧三年，詔：犯銅、鍮石，悉免極刑。

時銅錢有四監：饒州曰永平，池州曰永豐，江州曰廣寧，建州曰豐國。京師、昇鄂杭州、南安軍舊皆有監，後廢之。凡鑄錢用銅三斤十兩，鉛一斤八兩，錫八兩，得錢千，重五斤。唯建州增銅五兩，減鉛如其數。至道中，歲鑄八十萬貫；景德中，增至一百八十三萬貫。大中祥符後，銅坑多不發，天禧末，鑄一百五萬貫。

鐵錢有三監：邛州曰惠民，嘉州曰豐遠，興州曰濟衆。益州、雅州舊亦有監，後並廢。大錢貫十二斤十兩，以準銅錢。嘉、邛二州所鑄錢，貫二十五斤八兩，銅錢一當小鐵錢十兼用。後以鐵重，多盜鎔爲器，每二十五斤鬻之直二千。大中祥符七年，知益州凌策言：「錢輕則易齎，鐵少則鎔者鮮利。」於是詔減景德之制，其見使舊錢仍用如故。歲鑄總二十一萬貫，諸路錢歲輸京師，四方由此錢重而貨輕。

景祐初，詔三司以江東、福建、廣南歲輸緡錢合三十餘萬易爲金帛，錢流民間。許申爲三司度支判官，建議以藥化鐵與銅雜鑄，輕重如銅錢法，銅居三分，鐵六分，皆有奇贏，亦得錢千，費省而利厚。詔申用其法鑄於京師。大率鑄錢雜鉛、錫，則其液流速而易成，申雜以鐵，流澀而多不就，工人苦之。初命申鑄萬緡，逾月裁得萬錢。申性詭譎，少成事，自度言無効，乃求爲江東轉運使，欲用其法於江州。朝廷從之，因詔申即江州鑄百萬緡，毋漏其法。中外知其非是，而宰相主之，卒無成功。

初，太宗改元太平興國，更鑄「太平通寶」，淳化改鑄，又親書「淳化元寶」，作眞、行、草三體。後改元更鑄，皆曰「元寶」，而冠以年號，至是改元寶元，文當曰「寶元元寶」，仁宗特命以「皇宋通寶」爲文，慶曆以後，復冠以年號如舊。自天聖以來，毀錢鑄鍾及爲銅器，皆有禁。慶曆初，闌出銅錢，視舊法第加其罪，錢千，爲首者抵死。

五年，泉州青陽鐵冶大發，轉運使高易簡不俟詔，置鐵錢務于泉，欲移銅錢于內地；梓州路轉運使崔輔、判官張固亦請卽廣安軍魚子鐵山采礦炭，置監於合州，並銷舊小錢以鑄減輕大錢，未得報，先移合州相地置監。州以上聞，朝廷以易簡、輔、固爲擅鑄錢，皆坐貶。

軍興，陝西移用不足，始用知商州皮仲容議，采洛南縣紅崖山、虢州青水冶青銅，置阜民、朱陽二監鑄錢。既而陝西都轉運使張奎、知永興軍范雍請鑄大銅錢與小錢兼行，大錢一當小錢十；又請因晉州積鐵鑄小錢。及奎徙河東，又鑄大鐵錢於晉、澤二州，亦以一當十，助關中軍費。未幾，三司奏罷河東鑄大鐵錢，而陝西復采儀州竹尖嶺黃銅，置博濟監鑄大錢。因敕江南鑄大銅錢，而江、池、饒、儀、虢又鑄小鐵錢〔三〕，悉輦致關中。數州錢雜行，大約小銅錢三可鑄當十大銅錢一，以故民間盜鑄者衆，錢文大亂，物價翔踊，公私患之。於是奎復奏晉、澤、石三州及威勝軍日鑄小鐵錢，獨留用河東。河東鐵錢既行，盜鑄獲利什六，錢輕貨重，患如陝西。知幷州鄭戩請河東鐵錢以二當銅錢一，行之一年，又以三當一或以五當一，罷官爐日鑄，且行舊錢。而契丹亦鑄鐵錢，易並邊銅錢。

慶曆末，葉淸臣爲三司使，與學士張方平等上陝西錢議，曰：「關中用大錢，本以縣官取利太多，致姦人盜鑄，其用日輕。比年以來，皆虛高物估，始增直於下，終取償於上，縣官雖有折當之虛名，乃受虧損之實害。救弊不先自損，則法未易行。請以江南、儀商等州大銅錢一當小錢三，小鐵錢三當銅錢一，河東小鐵錢如陝西，亦以三當一，且罷官所置爐。」自是姦人稍無利，猶未能絕濫錢。其後，詔商州罷鑄靑黃銅錢，又令陝西大銅錢、大鐵錢皆以一當二，盜鑄乃止。然令數變，兵民耗于資用，類多咨怨，久之始定。方大錢之行，有劉羲叟者語人曰：「是於周景王所鑄無異，上其感心腹之疾乎。」已而果然，語在本傳。

時興元府西縣增置濟遠監，而韶州天興銅大發，歲采二十五萬斤，詔卽其州置永通監。後濟遠監廢，儀州博濟監既廢復置。

皇祐中，饒、池、江、建、韶五州鑄錢百四十六萬緡，嘉、邛、興三州鑄大鐵錢二十七萬緡。至治平中，饒、池、江、建、韶、儀六州鑄錢百七十萬緡，而嘉、邛以䘚買鐵炭爲擾，自嘉祐四年停鑄十年，以休民力，至是，獨興州鑄錢三萬緡。

熙寧初，同、華二州積小鐵錢凡四十萬緡，詔賜河東，以鐵償之。四年，陝西轉運副使皮公弼奏：「自行當二錢，銅費相當，盜鑄衰息。請以舊銅鉛盡鑄。」詔聽之。自是折二錢遂行於天下。京西轉運使吳幾復建議：郢、唐、均、房、金五州多林木，而銅鉛積於淮南，若由襄、郢轉致郢、唐等州置監鑄錢，可以紓錢重之弊。神宗是之，而王安石沮之，其議遂寢。後乃詔京西、淮南、兩浙、江西、荊湖五路各置鑄錢監，江西、湖南十五萬緡、餘路十萬緡爲額，仍申熟錢斤重之限。又以興國軍、睦衡舒鄂惠州既置監六，通舊十六監，水陸回遠，增提點之官。

時諸路大率務於增額：韶惠州永通、阜民監〔四〕舊額八十萬，至七年，增三十萬，及折二凡五十萬；後衞州黎陽監歲增折二凡五萬緡，西京阜財監歲增市易本錢凡十萬緡，興州濟衆監歲增七萬二千餘緡，陝西三銅錢監各歲增五萬緡。而睦州則置神泉，徐州則置寶豐，梧州以鉛錫易得，萬州以多鐵礦，皆置監。又詔秦鳳等路卽鳳翔府斜谷置監，已而所鑄錢青銅夾錫，脆惡易毁，罷之。然私錢往往雜用，不能禁，至是法弊，乃詔禁私錢，在官惡錢不堪用者，別爲模以鑄。商、虢、洛南增三監，耀、鄜權置兩監，通永興、華、河中、陝舊監爲九，以給改鑄。永興、鄜、耀、河中、陝去鐵冶遠，聽改鑄一年罷；商、洛南、華、虢最近鐵冶，聽久置；鄜州等五監候罷改鑄，幷其工作歸永興等四監，專鑄大錢，所鑄大鐵錢約補及所廢僞錢，及可以待交子所用而止。

八年，詔河東鑄錢七十萬緡外，增鑄小錢三十萬緡。於是知太原韓絳請倣陝西令本重模精，以息私鑄之弊。

初，薛向鑄鐵錢於陝西，後許彥先鑄於廣南。既而民不便用，神宗欲遂罷之，王安石固爭，乃詔京師畿內並罷，其行於四方蓋如故。元豐以後，西師大舉，邊用匱闕，徐州置寶豐下監，歲鑄折二錢二十萬緡，轉移陝府。

于時，同、渭、秦、隴等州錢監，廢置移徙不一，銅鐵官多建言鑄錢，事不盡行，而又自弛錢禁，民之銷毀與夫闌出境外者爲多。張方平嘗極諫曰：「禁銅造幣，盜鑄者抵罪至死，示不與天下共其利也。故事，諸監所鑄錢悉入于王府，歲出其奇羨給之三司，方流布于天下。然自太祖平江南，江、池、饒、建置爐，歲鼓鑄至百萬緡。積百年所入，宜乎貫朽於中藏，充足於民間矣。比年公私上下並苦乏錢，百貨不通，人情窘迫，謂之錢荒。不知歲所鑄錢，今將安在。夫鑄錢禁銅之法舊矣，令敕具載，而自熙寧七年頒行新敕，刪去舊條，削除錢禁，以此邊關重車而出，海舶飽載而回，聞沿邊州軍錢出外界，但每貫收稅錢而已。錢本中國寶貨，今乃與四夷共用，又自廢罷銅禁，民間銷毀無復可辨。銷鎔十錢得精銅一兩，造作器用，獲利五倍。如此則逐州置鑪，每鑪增數，是猶畎澮之益，而供尾閭之泄也。」

元豐八年，哲宗嗣位，復申錢幣闌出之禁；如嘉祐編敕；罷徐州寶豐監鼓鑄；詔戶部條諸監之可減者，凡增置鑄錢監十四皆罷之。

陝西行鐵錢，至陝府以東卽銅錢地，民以鐵錢換易，有輕重不等之患。元祐六年，乃議限東行，有稅物者以十分率之，止許易二分，人毋得過五千。八年，命公私給納、貿易並專用鐵錢，而官帑銅錢以時計置，運致內郡。商旅願於陝西內郡入便銅錢，給據請於別路者聽。仍定加饒之數，每百緡，河東、京西加饒三千，在京、餘路四千。

先是，太祖時取唐飛錢故事，許民入錢京師，於諸州便換。其法：商人入錢左藏庫，先經三司投牒，乃輸於庫。開寶三年，置便錢務，令商人入錢詣務陳牒，卽輦致左藏庫，給以券，仍敕諸州凡商人齎券至，當日給付，違者科罰。至道末，商人入便錢一百七十餘萬貫，天禧末，增一百一十三萬貫。至是，乃復增定加饒之數行焉。

折二銅錢又定鈞致之法。初欲復舊，止行於本路。議者謂：「關東諸路既已通行，奪彼予此，理亦非便。且陝右所用折二鐵錢，止當一小銅錢，卽折二銅錢盡歸陝西，不直般運費廣，猝難鈞致，且與鐵錢一等，慮鐵錢轉更加輕。」乃令折二銅錢寬所行地，聽行於陝西一路，及河東晉、絳、石、慈、隰州，京西西京、河陽、許、汝、鄭、金、房、均、鄧等州，餘路則禁。仍限二年毋更用，在民間者聽以輸買納，在官帑者以輸上供，卽非沿流地或素無上供者，所隸運司移發輸京師。尋詔更鑄小銅錢。河東安撫、提刑司言：「頃絳州垣曲縣置監鼓鑄銅錢，費且不給，今已廢監，又禁折二銅錢不通行，非便。」乃聽行使如舊。

供備庫使鄭价使契丹還，言其給輿箱者錢，皆中國所鑄。乃增嚴三路闌出之法。

熙、豐間銅鐵錢嘗並行，銅錢千易鐵錢千五百，未聞輕重之弊。及後銅錢日少，鐵錢滋多，紹聖初，銅錢千遂易鐵錢二千五百，鐵錢寖輕。元符二年，下陝西諸路安撫司博究利害。於是詔陝西悉禁銅錢，在民間者令盡送官，而官銅悉取就京西置監。永興帥臣陸師閔言：「既揀毀私錢，禁銅罷冶，則物價當減。願下陝西州縣，凡有市買，並準度銅錢之直，以平其價。」詔用其言，而豪賈蓄家多不便。

徽宗嗣位，通判鳳州馬景夷言：「陝西自去年罷使銅錢，續遣官措置錢法，未聞有深究錢幣輕重灼見利害者。銅錢流注天下，雖千百年未嘗有輕重之患。獨鐵錢局於一路，所可通交易有無者，限以十州之地，欲無滯礙，安可得乎？又諸州錢監鼓鑄不已，歲月增多，以鼓鑄無窮之錢，而供流轉有限之用，更數十年，積滯一隅，暴如丘山，公私爲害，又倍於今日矣。謂宜弛其禁界，許鄰近陝西、河東等路特不入京城外，凡解鹽地州縣並許通行折二鐵錢。如此則流注無窮，久遠自無輕重之患。」繼而言者謂：「鐵錢重滯，難以齎遠，民間皆願復用銅錢。當公私匱乏之時，諸路州縣官私銅錢積貯萬數，反無所用。」乃詔銅鐵錢聽民間通行，而銅錢止用糴買。

建中靖國元年，陝西轉運副使孫傑以鐵錢多而銅錢少，請復鑄銅錢，候銅鐵錢輕重稍均，即聽兼鑄。崇寧元年，前陝西轉運判官都貺復請權罷陝西鑄鐵錢。戶部尚書吳居厚言：「江、池、饒、建錢額不敷，議減銅增鉛、錫，歲可省銅五十餘萬斤，計增鑄錢十五萬九千餘緡。所鑄光明堅韌，與見行錢不異。」詔可。然課猶不登。二年，居厚乃請檢用前後上供鑄錢條約，視其登耗之數，別定勸沮之法。

會蔡京當政，將以利惑人主，託假紹述，肆爲紛更。有許天啓者，京之黨也，時爲陝西轉運副使，迎合京意，請鑄當十錢。五月，始令陝西及江、池、饒、建州，以歲所鑄小平錢增料改鑄當五大銅錢，以「聖宋通寶」爲文，繼而并令舒、睦、衡、鄂錢監，用陝西式鑄折十錢，限今歲鑄三十萬緡，鐵錢二百萬緡。募私鑄人丁爲官匠，并其家設營以居之，號鑄錢院，謂得昔人招天下亡命卽山鑄錢之意。所鑄銅錢通行諸路，而陝西、河東、四川係鐵錢地者禁之，第鑄於陝西鐵錢地而已。

自熙寧以來，折二錢雖行民間，法不許運致京師，故諸州所積甚多。至是，發運司因請以官帑所有折二錢改鑄折十錢。三年，遂罷鑄小平錢及折五錢。置監於京城所，復徐州寶豐、衞州黎陽監，並改鑄折二錢爲折十，舊折二錢期一歲勿用。大嚴私鑄之令，民間所用鍮石器物，並官造鬻之，輒鑄者依私有法加二等。命諸路轉運司於沿流順便地，隨宜增置錢監，俾民以所有折二錢換納於官，運致所增監改鑄折十錢。二廣產鐵，令鼓鑄小鐵錢，止行於兩路；其公私銅錢兌換運輸元豐庫，仍於潯州置鐵錢監，依陝西料例鑄當二錢。

四年，立錢綱驗樣法。崇寧監以所鑄御書當十錢來上，緡用銅九斤七兩有奇，鉛半之，錫居三之一。詔頒其式於諸路，令赤仄烏背，書畫分明。時趙挺之爲門下侍郎，繼拜右僕射，與蔡京議多不合，因極言當十錢不便，私鑄寖廣。乃令提刑司歲較巡捕官一路所獲多寡，繼令福建、廣南毋行用，第鑄以上供及給他路。凡爲人附帶若封識影庇私鑄錢者，悉論以法，毋得廕贖。其置鑄錢院，蓋將以盡收所在亡命盜鑄之人，然犯法者不爲止。乃命荆湖南北、江南東西、兩浙並以折十錢爲折五，舊折二錢仍舊。慮冒法入東北也，令以江爲界，淮南重寶錢亦作當五用焉。

五年，兩浙盜鑄尤甚，小平錢益少，市易濡滯。遂命以折五、折十上供，小平錢留本路；江、池、饒、建、韶州錢監，歲課以八分鑄小平錢，二分鑄當十錢。俄詔廣南、江南、福建、兩浙、荆湖、淮南用折二錢改鑄折十錢皆罷，其創置鑄錢院及招置錢戶並停。繼復罷鑄當十二分之令，盡鑄小平錢。荆湖、江南、兩浙、淮南重寶錢作當三，在京、京畿、京東西、河東、河北、陝西、熙河作當五。通寶錢所鑄未多，在官者悉封樁，在民間者以小平錢納換。旋復詔京畿、京東西、河北、河東、陝西、熙河當十錢仍舊，兩浙作當三，江南、淮南、荆湖作當五。

時錢幣苦重，條序不一，私鑄日甚。御史沈畸奏曰：「小錢便民久矣，古者軍興，錫賞不繼，或以一當百，或以一當千，此權時之宜，豈可行於太平無事之日哉？當十鼓鑄，有數倍之息，雖日斬之，其勢不可遏。」未幾，詔當十錢止行於京師、陝西、河東、河北，俄幷畿內用之。餘路悉禁，期一季送官，償以小錢，換納到者輸於元豐、崇寧庫，而私錢亦限一季自致，計銅直增二分，償以小錢，隱藏者論如法。尋詔鄭州、西京亦聽用折十錢，禁貿易爲二價者。東南諸監增鑄小平錢，以待償錢，而私錢亦改鑄焉。

折十錢爲幣既重，一旦更令，則民驟失厚利，又諸路或用或否，往往不盡輸於官，冒法私販。始令四輔、畿內、開封府許搜索舟車，賞視舊法增倍。水陸所由，官司失察者皆停替，而受納不揀選、容私錢其間者，以差定罪法。又以私錢猥多，不能悉禁，乃令外路每一私錢，計小平錢三，以小錢易於官，在京以四小平錢易之。京師出納及民間貿易，並大小錢參用，而私鑄小平錢輒行用。立搜索告捕罪賞，越江、淮入汴錢至京者，一依當十錢法。御史張茂直請嚴私販當十之令，綱舟載卸，皆選官監索，保無藏匿，舟車兜擔，即疑慮私販者，並聽搜索；而福建民或私鑄轉入淮、浙、京東等路者，所由州縣官司皆治漏逸之罪，不以赦免。法滋密矣。

大觀元年，張茂直復言：「州縣督捕加峻，私小黃錢投委江河，不敢復出。請令東南州縣置木匱封鍵於闤闠中，聽民以私錢自投，如自首法。當三、當五錢，舟船附帶者，亦多棄之江河，請下諸路撈漉。」

時蔡京復相，再主用折十錢。二月，首鑄御書當十錢，以京畿錢監所得私錢改鑄，尋興復京畿兩監，以轉運使宋喬年領之，用提舉京畿鑄錢司爲名。喬年鑄烏背漉銅錢來上，詔以漉銅式頒行諸路。

京之初爲折十錢，人不以爲便，帝亦知之。故崇寧四年以後，稍更其法，及京去位，遂詔諭中外。京再得政復行之，知盜鑄者必衆，將威以刑。會有告蘇州章綖盜鑄數千萬緡遂興大獄。初遣李孝壽，又遣沈畸、蕭服，末以命知蘇州孫傑、發運副使吳擇仁。綖坐刺流海島，連坐者十餘人，時皆寃之。於是頒行大觀新修錢法於天下，申命開封府尹少、外路監司，各分州郡舉行，按舉能否，月檢會法令，使民知禁。用孫傑言，盜鑄依淮東重法地，囊槖強盜之家，籍其財以待賞，居停鄰保並均備告驗；私錢依私茶法，給隨行物；州常椿盜鑄賞錢五千緡，州縣稽於施行，監司失察，不以赦原。是歲，京畿既置錢監，乃專鑄當十大錢，而小平錢則鑄於諸路。既而當十錢少，復置眞州鑄錢監，以本路所換錢不依式者及諸司當二見緡，用舊式改鑄當十錢。

明年，令江、池、饒、建州錢監，自來歲以鑄當十五分鑄小平錢。申嚴私鑄之法，卽託權要事勢，度越關津，拒捍搜索者，雖輕以違制論，載御物者同之。初，崇寧五年，始禁陝西鐵錢行於興元府等界。至是，又以鐵錢猥多，禁陝西鐵錢入蜀。有董奎者，爲走馬承受，遂令以鐵錢三折銅錢一，事聞，責奎以妄肆胸臆，致幣輕物重，奎遂卽罪。

三年，中當十錢行使之令，益以京東、京西，而河北並邊州縣鎮砦、四榷場及登、萊、密州〔五〕緣海縣鎮等皆禁。時蔡京復罷政矣。四年，詔：「鼓鑄當十錢多，慮法隨以弊，其止鑄舊額小平錢。」張商英爲相，奏言：「當十錢爲害久矣。舊小平錢有出門之禁，故四方客旅之貨，交易得錢，必太半入中末鹽鈔，收買告牒，而餘錢又流布在市井，此上下內外交相養。自當十錢行，以一夫而負八十千，小車載四百千，錢既爲輕齎之物，則告牒爲滯貨，鹽鈔非得虛擡之息則不行。臣今欲借內庫并密院諸司封樁紬絹、金銀并鹽鈔，下令折十錢限民半年所在送官，十千給銀絹各一匹兩，限竟毋更用。俟錢入官，擇其惡者鑄小平錢，存其好者折三行用。如此則錢法、鈔法不相低昂，可以復舊。」

利州路提刑司言：「舊銅鐵錢輕重相尋，以大鐵錢一折小銅錢二，今大鐵錢五止當一銅錢，比舊輕十倍。又流入川界，錢輕物重，頗類陝西。欲將折二大鐵錢以一折一，雖稍減錢數，錢必稍重。」詔許陝西鐵錢入蜀仍舊，盡釋其禁，且命以今物價量宜裁之。

政和元年詔：「錢重則物輕，錢輕則物重，其勢然也。今諸路所鑄小平錢，行之久而無弊，多而不壅，爲利博矣。往歲圖利之臣鼓鑄當十錢，苟濟目前，不究悠久，公私爲害，用之幾十年，其法日弊而不勝。姦猾之民規利冒法，銷毀當二、小平錢，所在盜鑄，濫錢益多，百物增價。若不早革，即弊無已時。其官私見在當十錢，可並作當三，以爲定制。尙慮豪猾憚於折閱，胥動浮言，可內自京尹，外逮監司、郡縣，悉心開諭。」自當十錢行，抵冒者多。大觀四年，星變，赦天下。凡以私錢得罪，有司上名數，亡慮十餘萬人，蔡京罔上毒民，可謂烈矣。時御府之用日廣，東南錢額不敷，宣和以後尤甚。乃令饒、贛錢監鑄小平錢，每緡用鐵三兩，而倍損其銅，稍損其鉛。繼又令江、池、饒錢監，盡以小平錢改鑄當二錢，以紓用度，然有司猶數告乏。靖康元年，罷政和赦陝西路用銅錢斷徒二年配千里法。

初，蔡京主行夾錫錢，詔鑄於陝西，亦命轉運副使許天啓推行。其法以夾錫錢一折銅錢二，每緡用銅八斤，黑錫半之，白錫又半之。既而河東轉運使洪中孚請通行於天下，京欲用其言，會罷政。大觀元年，京復相，遂降錢式及錫母於鑄錢之路，鑄錢院專用鼓鑄，若產銅地始聽兼鑄小平錢。復命轉運司及提刑司參領其事，衡州熙寧、鄂州寶泉、舒州同安監曁廣南皆鑄焉。二年，江南東西、福建、兩浙許鑄使鐵錢。三年，京復罷政，詔以兩浙鑄夾錫錢擾民，凡東南所鑄皆罷。明年，并河北、河東、京東等路罷之，所在監、院皆廢。唯河東三路聽存舊監，以鑄銅、鐵錢；產銅郡縣聽存，用改鑄小平錢。

政和元年，錢輕物重，細民艱食，詔：「應陝西舊行使鐵錢地，並依元豐年大鐵錢折二，公私通行，夾錫錢同之，毋得分別。見存鐵錢，毋改更鑄夾錫，河東官私折二、夾錫錢同之。」

童貫宣撫陝西，以詔亟平物價，帥臣徐處仁切責其非，坐貶。錢即經略鄜延，抗疏言：「詳考詔旨，謂鐵錢復行，與夾錫並用。慮姦民妄作輕重，欲維持推行，俾錢物相直，非欲以威力脅制百姓，頓減物價於一兩月之間。今宣撫司裁損米穀、布帛、金銀之價，殆非人情。徐處仁言雖未盡，所見爲長，望速詢其實。如臣言乖謬，願同處仁貶。」詔即妄有建明，毀辱使命，謫置偏州。尋亦罷行夾錫錢，且禁裁物價，民商貿易，各從其便。繼而童貫復請與舊法鐵錢並折二通行。知閿鄉縣論九齡俄坐以銅錢一估夾錫錢七八，并知州王寀、轉運副使張深俱被劾。時關中錢甚輕，夾錫欲以重之，其實與鐵錢等，物價日增，患甚於當十。

二年，蔡京復得政，條奏廣、惠、康、賀、衡、鄂、舒州昨鑄夾錫錢精善，請復鑄如故，廣西、湖北、淮東如之，且命諸路以銅錢監復改鑄夾錫，遂以政和錢頒式焉。夾錫錢既復推行，錢輕不與銅等，而法必欲其重，乃嚴擅易擡減之令。凡以金銀、絲帛等物貿易，有弗受夾錫、須要銅錢者，聽人告論，以法懲治。市井細民朝夕鬻餅餌熟食以自給者，或不免於告罰。未幾，以夾錫錢不以何路所鑄，並聽通行。

陝西用「政和通寶」舊大鐵錢，與夾錫錢雜。慮流轉諸路，四年，詔毋更行用，致令諸監改鑄夾錫錢，在民間者赴官換納。鄭居中、劉正夫爲相，以爲不便，令淮南夾錫錢期三日官私俱禁不用，仍罷鼓鑄，夾錫錢悉輦赴關中。尋詔河東、陝西外，餘路並罷；俄詔并河東罷鑄夾錫錢，止用舊法鼓鑄。重和元年，權罷京西鑄夾錫錢，繼以關中糴買，用之通流，復命鼓鑄，專給關中。夾錫行，小民往往以藥點染，與銅錢相亂，河北漕臣張翬等嘗坐貶焉。

先是，江池饒州、建寧府四監，歲鑄錢百三十四萬緡，充上供；衡、舒、嚴、鄂、韶、梧州六監，歲鑄錢百五十六萬緡，充逐路支用。建炎經兵，鼓鑄皆廢。紹興初，併廣寧監於虔州，併永豐監於饒州，歲鑄纔及八萬緡。以銅、鐵、鉛、錫之入，不及於舊，而官吏稍廩工作之費，視前日自若也，每鑄錢一千，率用本錢二千四百文。時范汝爲作亂，權罷建州鼓鑄，尋復舊，泉司供給銅、錫六十五萬餘斤。

六年，斂民間銅器，詔民私鑄銅器者徒二年。贛、饒二監新額錢四十萬緡，提點官趙伯瑜以爲得不償費，罷鼓鑄，盡取木炭銅鉛本錢及官吏闕額衣糧水脚之屬，湊爲年計。十三年，韓球爲使，復鑄新錢，興廢坑冶，至於發冢墓，壞廬舍，籍冶戶姓名，以膽水盛時浸銅之數爲額。浸銅之法：以生鐵鍛成薄片，排置膽水槽中浸漬數日，鐵片爲膽水所薄，上生赤煤，取刮鐵煤入爐，三煉成銅。大率用鐵二斤四兩，得銅一斤。饒州興利場、信州鉛山場各有歲額，所謂膽銅也。無銅可輸者，至鎔錢爲銅，然所鑄亦纔及十萬緡。

二十四年，罷鑄錢司歸之漕司。二十七年，出版曹錢〔六〕八萬緡爲鑄本，歲權以十五萬緡爲額。復饒、贛、韶鑄錢監，以漕臣往來措置，通判主之。殿中侍御史王珪言泉司不可廢，復以戶部侍郎榮薿提領，許置官屬二員。二十八年，出御府銅器千五百事付泉司，大索民間銅器，得銅二百餘萬斤，寺觀鐘、磬、鐃、鈸既籍定投稅外，不得添鑄。二十九年，令命官之家留見錢二萬貫，民庶半之，餘限二年聽轉易金銀，算請茶、鹽、香、礬鈔引之類，越數寄隱，許人告。

以李植提點鑄錢公事，植言：「歲額內藏庫二十三萬緡，右藏庫〔七〕七十餘萬緡，皆至道以後數也。紹興以來，歲收銅二十四萬斤，鉛二十萬斤，錫五萬斤〔八〕，僅可鑄錢一十萬緡。諸道拘到銅器二百萬斤，附以鉛、錫，可鑄六十萬緡。然拘者不可以常，唯當據坑冶所產。」下工部，權以五十萬緡爲額。又明年，纔鑄及十萬緡。今泉司歲額增至十五萬緡，小平錢一萬八千緡，折二錢六萬六千緡。歲費鑄本及起綱糜費約二十六萬緡，司屬之費又約二萬緡。東南十一路一百一十八州之所供，有坑冶課利錢、木炭錢、錫本錢，約二十一萬緡，比歲所收不過十五六萬緡耳。歲額：金一百二十八兩，銀無額〔九〕，以七分入內庫，三分歸本司，銅三十九萬五千八百斤，鉛三十七萬七千九百斤，錫一萬九千八百七十五斤，鐵二百三十二萬八千斤，比歲所榷十無二三。每當二錢千，重四斤五兩，小平錢千，重四斤十三兩，視舊制，銅少鉛多，錢愈鍥薄矣。

孝宗隆興元年，詔鑄當二、小平錢，如紹興之初。乾、淳迄于嘉泰、開禧皆如之。乾道六年，併鑄錢司歸發運司，尋復置。八年，饒州、贛州復各置提點官。以新鑄錢殽雜，提點鑄錢及永平監官、左藏西庫監官、戶部工部長貳官責降有差。九年，大江之西及湖、廣間多毀錢，夾以沙泥重鑄，號「沙毛錢」〔一〇〕，詔嚴禁之。淳熙二年，併贛司歸饒州。慶元三年，復禁銅器，期兩月鬻于官，每兩三十。湖州舊鬻監，至是官自鑄之。二年，禁銷錢爲銅器者，以違制論，爐戶決配海外。復神泉監，以所括銅器鑄當三大錢，隸工部。

舊額，內帑歲收新錢一百五十萬，江、池、饒、建四監。而每年退卻六十萬，三年一郊，又以一百萬輸三司，是內帑年纔得十一萬六千餘緡，而左藏得九十三萬三千餘緡。今歲額止十五萬，而隸封樁者半，內藏者半，左藏咸無焉。

又自置市舶于浙、于閩、于廣，舶商往來，錢寶所由以泄，是以自臨安出門，下江海，皆有禁。淳熙九年，詔廣、泉、明、秀漏泄銅錢，坐其守臣。嘉定元年，三省言：「自來有市舶處，不許私發番船。紹興末，臣僚言：泉、廣二舶司及西、南二泉司，遣舟回易，悉載金錢。

四司既自犯法，郡縣巡尉其能誰何？至於淮、楚屯兵，月費五十萬，見緡居其半，南北貿易緡錢之入敵境者，不知其幾。於是沿邊皆用鐵錢矣。」

淮南舊鑄銅錢，乾道初，詔兩淮、京西悉用鐵錢，荆門隸湖北，以地接襄、峴，亦用鐵錢。六年，先是，以和州舊有錢監，舒州山口鎮亦有古監，詔司農丞許子中往淮西措置。於是子中以舒、蘄、黃皆產鐵，請各置監，舒州同安監，蘄州蘄春監〔二〕，黃州齊安監。且鑄折二錢。以發運司通領四監。江之廣寧監，興國之大冶監，臨江之豐餘監，撫之裕國監。子中所領三監，歲各認三十萬貫，其大小鐵錢，令兩淮通行。七年，舒、蘄守臣皆以鑄錢增羨遷官，然淮民爲之大擾。八年，以江州、興國軍鐵冶額虧，守貳及大冶知縣各降一官。

淳熙五年，詔舒州歲增鑄十萬貫，以三十萬貫爲額，蘄州增鑄五萬貫，以十五萬貫爲額，如更增鑄，優與推賞。御史黃洽言：「興天下之利者，不窮天下之力。舒、蘄歲鑄四十五萬，不易爲也。又有增鑄之賞，恐其難繼。」詔除之。八年，以舒州水遠，薪炭不便，減額五萬貫。明年，又減十萬貫，與蘄州並以十五萬貫爲額。十年，併舒州之宿城監入同安監。十二年，詔舒、蘄鑄鐵錢，並增五萬貫，以「淳熙通寶」爲文。

光宗紹熙二年，減蘄春、同安兩監歲鑄各十萬貫。嘉泰三年，罷舒、蘄鼓鑄；開禧三年，復之。

嘉定五年，臣僚言江北以銅錢一折鐵錢四，禁之。時銅錢之在江北者，自乾道以來，悉以鐵錢易之，或以會子一貫易銅錢一貫。其銅錢輸送行在及建康、鎮江府。凡沿江私渡及邊徑嚴禁漏泄，及於邊界三里內立堠，如出界法；其易京西銅錢，如兩淮例。京西、湖北之鐵錢，則取給於漢陽監及興國富民監，後併富民監於漢陽監，以二十萬爲額。

前宋時，川、陝皆行鐵錢，益、利、夔皆卽山冶鑄。紹興九年，詔陝西諸路復行鐵錢。十五年，置利州紹興監，歲鑄錢十萬緡〔三〕以救錢引。二十二年，復嘉之豐遠、邛之惠民二監，鑄小平錢。二十三年，詔利州並鑄折二錢，後又鑄折三錢。淳熙十五年，四川餉臣言：「諸州行使兩界錢引，全籍鐵錢稱提，止有利州紹興監歲鑄折三錢三萬四千五百貫有奇，邛州惠民監歲鑄折三錢一萬二千五百貫。今大安軍淳熙、新興、迎恩三爐，出生鐵四十九萬五千斤，利之昭化、嘉川縣亦有爐，新產鐵三十餘萬斤。乞從鼓鑄。」嘉定元年，卽利州鑄當五大錢。三年，制司欲盡收舊引，又於紹興、惠民二監歲鑄三十萬貫，其料並同當三錢。若四川銅錢，淳熙間易送湖廣總所儲之，後又交卸於江陵。

寶慶元年，新錢以「大宋元寶」爲文。端平元年，以膽銅所鑄之錢不耐久，舊錢之精緻者泄於海舶，申嚴下海之禁。嘉熙元年，新錢當二幷小平錢並以「嘉熙通寶」爲文，當三錢以「嘉熙重寶」爲文。

淳祐四年，右諫議大夫劉晉之言：「巨家停積，猶可以發洩，銅器鉟銷，猶可以止遏，唯一入海舟，往而不返。」於是復申嚴漏泄之禁。

八年，監察御史陳求魯言：「議者謂楮便於運轉，故錢廢於蟄藏；自稱提之屢更，故圜法爲無用。急於扶楮者，至嗾盜賊以窺人之閫奥，峻刑法以發人之窖藏，然不思患在於錢之荒，而不在於錢之積。夫錢貴則物宜賤，今物與錢俱重，此一世之所共憂也。蕃舶巨艘，形若山嶽，乘風駕浪，深入遐陬。販於中國者皆浮靡無用之異物，而泄於外夷者乃國家富貴之操柄。所得幾何，所失者不可勝計矣。京城之銷金，衢、信之鍮器，醴、泉之樂具，皆出於錢。臨川、隆興、桂林之銅工，尤多於諸郡。姑以長沙一郡言之，烏山銅爐之所六十有四，麻潭鵝羊山銅戶數百餘家，錢之不壞於器物者無幾。今京邑鍮銅器用之類，鬻賣公行於都市。畿甸之近，一繩以法，由內及外，觀聽聿新，則鉟銷之姦知畏矣。香、藥、象、犀之類異物之珍奇可悅者，本無適用之實，服御之間昭示儉德，自上化下，風俗丕變，則漏泄之弊少息矣。此端本澄原之道也。」有旨從之。

十年，以會價低減，復申嚴下海之禁。十二年，申嚴鉟銷之禁及僞造之法。咸淳元年，復申嚴鉟銷、漏泄之禁。寶祐元年，新錢以「皇宋元寶」爲文。

校勘記

〔一〕饒信等州　按下文說「領三州銅山」，長編卷二四、玉海卷一八〇，饒、信之外多一虔州，疑此處「信」下脫「虔」字。

〔二〕得銅八十一萬斤　宋會要食貨一一之四、長編卷二四、玉海卷一八〇都作「得銅八十五萬斤」。

〔三〕又鑄小鐵錢　「鐵」原作「錢」，據宋會要食貨一一之六、長編卷一六四、通考卷九錢幣考改。

〔四〕韶惠州永通阜民監　「韶」原作「詔」。按永通監在韶州，見本書卷九〇地理志，編年綱目卷一八作「韶」，據改。

〔五〕登萊密州　長編紀事本末卷一三六作「登萊濰密州」。

〔六〕版曹錢　「曹」原作「漕」。朝野雜記甲集卷一六鑄錢諸監條作「版曹錢」，繫年要錄卷一七七作「戶部錢」。按戶部亦稱版曹，諸家著述屢見。據改。

〔七〕右藏庫　按玉海卷一八三，太宗時曾設左右二藏庫，但旋卽合一爲左藏。此處「右藏」當爲「左藏」之誤。

〔八〕錫五萬斤　「萬」原作「百」，據繫年要錄卷一八五、熊克中興小紀卷三九改。

〔九〕歲額金一百二十八兩銀無額　朝野雜記甲集卷一六鑄錢諸監條作「其歲羡課金一百三十八兩二錢，銀元額」。

〔10〕沙毛錢　「毛」原作「尾」。按本書卷三五孝宗紀有「禁砂毛錢」的記載，中興聖政目錄有「禁私鑄沙毛錢」條，羣書考索後集卷六〇有淳熙九年詔江西諸路州軍「並不得用沙毛」之文。據改。

〔二〕蘄春監　「蘄」原作「新」，據玉海卷一八〇、通考卷九錢幣考并參照下文「減蘄春、同安兩監歲鑄各十萬貫」句改。

〔三〕歲鑄錢十萬緡　「歲」字原脫，據繫年要錄卷一五四補。

宋史卷一百八十一

志第一百三十四

食貨下三

會子　鹽上

會子、交子之法，蓋有取於唐之飛錢。眞宗時，張詠鎭蜀，患蜀人鐵錢重，不便貿易，設質劑之法，一交一緡，以三年爲一界而換之。六十五年爲二十二界，謂之交子，富民十六戶主之。後富民貲稍衰，不能償所負，爭訟不息。轉運使薛田、張若谷請置益州交子務，以榷其出入，私造者禁之。仁宗從其議。界以百二十五萬六千三百四十緡爲額。

神宗熙寧初，立僞造罪賞如官印文書法。河東運鐵錢勞費，公私苦之。二年，乃詔置交子務于潞州。轉運司以其法行則鹽、礬不售，有害入中糧草，遂奏罷之。四年，復行於陝西，而罷永興軍鹽鈔場，文彥博言其不便；會張景憲出使延州還，亦謂可行於蜀不可行於陝西，未幾竟罷。五年，交子二十二界將易，而後界給用已多，詔更造二十五界者百二十五萬，以償二十三界之數，交子有兩界自此始。時交子給多而錢不足，致價太賤，既而竟無實錢，法不可行。而措置熙河財利孫迥言：「商人買販，牟利於官，且損鈔價。」於是罷陝西交子法。

紹聖以後，界率增造，以給陝西沿邊糴買及募兵之用，少者數十萬緡，多者或至數百萬緡；而成都乏用，又請印造，故每歲書放亦無定數。

崇寧三年，置京西北路專切管幹通行交子所，倣川峽路立僞造法。通情轉用幷鄰人不告者，皆罪之；私造交子紙者，罪以徒配。四年，令諸路更用錢引，準新樣印製，四川如舊法。罷在京幷永興軍交子務，在京官吏，併歸買鈔所。時錢引通行諸路，惟閩、浙、湖、廣不行，趙挺之以爲閩乃蔡京鄉里，故得免焉。明年，尚書省言：「錢引本以代鹽鈔，而諸路行之不通，欲權罷印製。在官者，如舊法更印解鹽鈔；民間者，許貿易，漸赴買鈔所如鈔法分數計給。」從之。

大觀元年，詔改四川交子務爲錢引務。自用兵取湟、鄯、西寧，藉其法以助邊費，較天聖一界逾二十倍，而價愈損。及更界年，新交子一當舊者四，故更張之。以四十三界引準書放數，仍用舊印行之，使人不疑擾，自後並更爲錢引。二年，而陝西、河東皆以舊錢引入成都換易，故四川有壅遏之弊，河、陝有道途之艱，豪家因得以損直斂取。乃詔永興軍更置務納換陝西、河東引，仍遣文臣二人監之。八月，知威州張持奏：「本路引一千者今僅直十之一，若出入無弊，可直八百，流通用之，官吏奉舊並用引，請稍給錢便用。」擢持爲成都路轉運判官，提舉川引。後引價益賤，不可用，持復別用印押以給官吏，他無印押者皆棄無用。言者論其非法，持坐遠謫。三年，詔錢引四十一界至四十三界毋收易，自後止如天聖額書放，銅錢地內勿用。四年，假四川提舉諸司封樁錢五十萬緡爲成都務本，侵移者準常平法。

政和元年，戶部言成都漕司奏：「昨令輸官之引，以十分爲率，三分用民戶所有，而七分赴官場買納，由是人以七分爲疑。請自今無計以三七分之數，並許通用，願買納者聽。民間舊以本錢未至，引價大損，故州官官錢亦減數收市；今本錢已足，請勿減數以祛民惑。又請四十三界引俟界滿勿換給，自四十四界爲改法之首。」而戶部詳度欲止行四十四界，其四十五界勿印。若通行及乏用，聽於界內續增其新引給換之，餘如舊鬻之，或於給錢之所易錢儲以爲本，移用者如擅支封樁錢法。詔可。靖康元年，令川引並如舊即成都府務納換。以置務成都，便利歲久，至諸州則有料次交雜之弊，故有是詔。

大凡舊歲造一界，備本錢三十六萬緡，新舊相因。大觀中，不蓄本錢而增造無藝，至引一緡當錢十數。及張商英秉政，奉詔復循舊法。宣和中，商英錄奏當時所行，以為自舊法之用，至今引價復平。

高宗紹興元年，有司因婺州屯兵，請椿辦合用錢，而路不通舟，錢重難致。乃造關子付婺州，召商人入中，執關於榷貨務請錢，願得茶、鹽、香貨鈔引者聽。於是州縣以關子充糴本，未免抑配，而榷貨務又止以日輸三分之一償之，人皆嗟怨。六年，詔置行在交子務。臣僚言：「朝廷措置見錢關子，有司寖失本意，改為交子，官無本錢，民何以信？」於是罷交子務，令榷貨務儲見錢印造關子。二十九年，印公據、關子，付三路總領所：淮西、湖廣關子各八十萬緡，淮東公據四十萬緡，皆自十千至百千，凡五等。內關子作三年行使，公據二年，許錢銀中半入納。

三十年，戶部侍郎錢端禮被旨造會子，儲見錢，於城內外流轉，其合發官錢，並許兌會子輸左藏庫。明年，詔會子務隸都茶場。三十二年，定偽造會子法。犯人處斬，賞錢千貫，不願受者補進義校尉。若徒中及庇匿者能告首，免罪受賞，願補官者聽。當時會紙取於徽、池，續造於成都，又造於臨安。會子初行，止於兩浙，後通行於淮、浙、湖北、京西。除亭戶鹽本用錢，其路不通舟處上供等錢，許盡輸會子；其沿流州軍，錢、會中半；民間典賣田宅、馬牛、舟車等如之，全用會子者聽。

孝宗隆興元年，詔會子以「隆興尙書戶部官印會子之印」爲文，更造五百文會，又造二百、三百文會。置江州會子務。乾道二年，以會子之弊，出內庫及南庫銀一百萬收之。三年，以民間會子破損，別造五百萬換給。又詔損會貫百錢數可驗者，並作上供錢入輸，巨室以低價收者坐之。四年，以取到舊會毀抹付會子局重造，三年立爲一界，界以一千萬貫爲額，隨界造新換舊。以戶部尙書曾懷同共措置，鑄「提領措置會子庫」印。每道收靡費錢二十足，零百半之，凡舊會破損，貫百字存、印文可驗者，即與兌換。五年，令行在榷貨務、都茶場將請算茶、鹽、香、礬鈔引，權許收換第一界，自後每界收換如之。其州縣諸色綱錢，以七分收錢，三分收會。九年，定捕造僞會之賞。

淳熙元年，詔左藏南上庫給會子二十五萬，收買臨安、平江、紹興、明秀州額外浮鹽，其齎到鈔錢，令榷貨務月終輸封樁庫，以備循環換易會子。三年，詔第三界、四界各展限三年，令都茶場會子庫以第四界續印會子二百萬貯南庫。當時戶部歲入一千二百萬，其半爲會子，而南庫以金銀換收者四百萬，流行於外者纔二百萬耳。光宗紹熙元年，詔第七、第八界會子各展三年。臣僚言：「會子界以三年爲限，今展至再，則爲九年，何以示信？」於是詔造第十界立定年限。

慶元元年，詔會子界以三千萬爲額。嘉定二年，以三界會子數多，稱提無策，會十一界除已收換，尙有一千三百六十萬餘貫，十二界、十三界除燒毀尙有一萬二百餘萬貫。十二界四千七百萬餘貫，十三界五千五百萬餘貫。詔封樁庫撥金一十五萬兩，兩爲錢四十貫。度牒七千道，每道爲錢一千貫。官告綾紙、乳香，乳香每套一貫六百文。湊成二千餘〔一〕，添貼臨安府官局，收易舊會，品搭入輸。十一界會子二分，十二、十三界會子各四分。以舊會之二，易新會之一。泉州守臣宋均、南劍州守臣趙崇亢、陳宓，皆以稱提失職，責降有差。

紹定五年，兩界會子已及二億二千九百餘萬。端平二年，臣僚言：「兩界會子，遠者曾未數載，近者甫及朞年，非有破壞塗汙之弊，今當以所收之會付封樁庫貯之，脫有緩急，或可濟事。」有旨從之。淳祐二年，宗正丞韓祥奏：「壞楮幣者只緣變更，救楮幣者無如收減。自去年至今，楮價粗定，不至折閱者，不變更之力也。今已罷諸造紙局及諸州科買楮皮，更多方收減，則楮價有可增之理。」上曰：「善。」三年，臣僚言：「今官印之數雖損，而僞造之劵愈增；且以十五、十六界會子言之，其所入之數，宜減於所出之數。今收換之際，元額既溢，來者未已，若非僞造，其何能致多如是？大抵前之二界，盡用川紙，物料既精，工製不苟，民欲爲僞，尙或難之。迨十七界之更印，已雜用川、杜之紙，至十八界則全用杜紙矣。紙既可以自造，價且五倍於前，故昔之爲僞者難，今之爲僞者易。人心循利，甚於畏法，況利可立致，而刑未即加者乎？臣愚以爲抄撩之際，增添紙料，寬假工程，務極精緻，使人不能爲僞者，上也；禁捕之法，厚爲之勸，厲爲之防，使人不敢爲僞者，次也。」七年，以十八界與十七界會子更不立限，永遠行使。十一年，以會價增減課其官吏。景定四年，以收買逾限之田，復日增印會子一十五萬貫。

咸淳四年，以近頒見錢關子，貫作七百七十文足，十八界每道作二百五十七文足，三道準關子一貫，同見錢轉使，公私擅減者，官以贓論，吏則配籍。五年，復申嚴關子減落之禁。七年，以行在紙局所造關子紙不精，命四川制司抄造輸送，每歲以二千萬作四綱。

川引自張浚開宣府，趙開爲總餉，以供糴本，以給軍需，增印日多，莫能禁止。七年〔三〕，川、陝副帥吳玠請置銀會於河池，不許。蓋前宋時，蜀交出放兩界，每界一百二十餘萬。今三界通行，爲三千七百八十餘萬，至紹興末，積至四千一百四十七萬餘貫；所貯鐵錢，僅及七十萬貫，以鹽酒等陰爲稱提。是以餉臣王之望亦謂添印錢引以救目前，不得不爲朝廷遠慮。詔添印三百萬，之望止添印一百萬。孝宗隆興二年，餉臣趙沂添印二百萬。淳熙五年，以蜀引增至四千五百餘萬，立額不令再增。光宗紹熙二年，詔川引展界行使。寧宗嘉泰末，兩界出放凡五千三百餘萬緡，通三界出放益多矣。

開禧末，餉臣陳咸以歲用不足，嘗爲小會，卒不能行。嘉定初，每緡止直鐵錢四百以下，咸乃出金銀、度牒一千三百萬，收回半界，期以歲終不用。然四川諸州，去總所遠者千數百里，期限已逼，受給之際，吏復爲姦。於是商賈不行，民皆嗟怨，一引之直，僅售百錢。制司乃諭人除易一千三百萬引，三界依舊通行，又檄總所取金銀就成都置場收兌，民心稍定。自後引直鐵錢五百有奇，若關外用銅錢，引直百七十錢而已。

嘉定三年春，制、總司收換九十一界二千九百餘萬緡；其千二百萬緡，以茶馬司羨餘錢及制司空名官告，總所椿金銀、度牒對鑿，餘以九十三界錢引收兌；又造九十四界錢引五百萬緡，以收前宣撫程松所增之數；凡民間輸者，每引百貼八千。其金銀品搭，率用新引七分，金銀三分，其金銀品色官稱，不無少虧，每舊引百，貼納二十引。蓋自元年、三年兩收舊引，而引直遂復如故。昔高宗因論四川交子，最善沈該稱提之說，謂官中常有錢百萬緡，如交子價減，官用錢買之，方得無弊。

九年〔三〕，四川安撫制置大使司言：「川引每界舊例三年一易。自開禧軍興以後，用度不給，展年收兌，遂至兩界、三界通使；然率以三年界滿，方出令展界，以致民聽惶惑。今欲以十年爲一界，著爲定令，則民旅不復懷疑。」從之。

寶祐四年臺臣奏：「川引、銀會之弊，皆因自印自用，有出無收。今當拘其印造之權，歸之朝廷，倣十八界會子造四川會子，視淳祐之令，作七百七十陌，於四川州縣公私行使。兩料川引並毀，見在銀會姑存。舊引既淸，新會有限，則楮價不損，物價自平，公私俱便矣。」有旨從之。咸淳五年，復以會板發下成都運司掌之，從制司抄紙發往運司印造畢功，發回制司，用總所印行使，歲以五百萬爲額。

紹興末，會子未有兩淮、湖廣之分，其後會子太多而本錢不足，遂致有弊。乾道二年，詔別印二百、三百、五百、一貫交子三百萬，止行用於兩淮，其舊會聽對易。凡入輸買賣，並以交子及錢中半。如往來不便，詔給交子、會子各二十萬，付鎭江、建康府榷貨務，使淮人之過江、江南人之渡淮者，皆得對易循環以用。然自紹興末年，銅錢禁用於淮而易以鐵錢，會子既用於淮而易以交子，於是商賈不行，淮民以困。右司諫陳良祐言交子不便，詔兩淮郡守、漕臣條其利害，皆謂所降交子數多，而銅錢并會子不過江，是致民旅未便。於是詔銅錢并會子依舊過江行用，民間交子許作見錢輸官，凡官交，盡數輸行在左藏庫。

三年，詔造新交子一百三十萬，付淮南漕司分給州軍對換行使，不限以年；其運司見儲交子，先付南庫交收。紹熙三年，詔新造交子三百萬貫，以二百萬付淮東，一百萬付淮西，每貫準鐵錢七百七十文足，以三年爲界。慶元四年，詔兩淮第二界會子限滿，明年六月，更展一界。嘉定十一年，造兩淮交子二百萬，增印三百萬。十三年，印二百萬，增印一百五十萬。十四年、十五年，皆及三百萬。自是其數日增，價亦日損，稱提無術，但屢與展界而已。

初，襄、郢等處大軍支請，以錢銀品搭。孝宗隆興元年，始措置於大軍庫儲見錢，印造五百并一貫直便會子，發赴軍前，並當見錢流轉。印造之權既專，印造之數日益；且總所所給止行於本路，而荆南水陸要衝，商賈必由之地，流通不便。乾道三年，收其會子印板。四年，以淮西總所關子二十萬，都茶場鈔引八十萬，付湖北漕司收換，輸左藏庫，又命降銀錢收之。五年，詔戶部給行在會子五十萬，付荆南府兌換。淳熙七年，詔會子庫先造會子一百萬，降付湖廣總所收換破會。十一年，臣僚言：「湖北會子創於隆興初，迄今二十二年，不曾兌易，稱提不行。」詔湖廣總領同帥、漕議經久利便。帥、漕、總領言：「乞印給一貫、五百例湖北會子二百萬貫，收換舊會，庶幾流轉通快，經久可行。」從之。

十三年，詔湖廣會子仍以三年爲界。紹熙元年，詔湖廣總所將見行及樁貯新舊會取數，倣行在例立界收換。餉臣梁總奏：「自來不曾立界，但破損者卽行換易，除累易外，尙有五百四十餘萬，見在民間行用。乞別樣制作兩界，印造收換。」從之。

嘉定五年，湖廣餉臣王釜，請以度牒、茶引兌第五界舊會、每度牒一道，價千五百緡，又貼搭茶引一千五百緡，方許收買，期以一月。然京湖二十一州止置三場，不便。制臣劉光祖乃會總所以第六界新會五萬緡，令軍民以舊楮二而易其一；繼又令軍民以一楮半而易其一；又請于朝添給新楮十萬，軍民賴之。十四年，造湖廣會子三十萬易破會。十七年，造湖廣第六界會子二百萬。嘉熙二年，撥第七界湖會九百萬付督視參政行府。寶祐二年，撥第八界湖會三百萬貫付湖廣總所，易兩界破會，自後因仍行之。

鹽之類有二：引池而成者，曰顆鹽，周官所謂鹽鹽也；鬻海、鬻井、鬻鹻而成者，曰末鹽，周官所謂散鹽也。宋自削平諸國，天下鹽利皆歸縣官。官鬻、通商，隨州郡所宜，然亦變革不常，而尤重私販之禁。

引池爲鹽，曰解州解縣、安邑兩池。墾地爲畦，引池水沃之，謂之種鹽，水耗則鹽成。籍民戶爲畦夫，官廩給之，復其家。募巡邏之兵百人，目爲護寶都。歲二月一日墾畦，四月始種，八月乃止。安邑池每歲歲種鹽千席〔四〕，解池減二十席，以給本州及三京，京東之濟兗曹濮單鄆州、廣濟軍，京西之滑、鄭、陳、潁、汝、許、孟州，陝西之河中府、陝虢州、慶成軍，河東之晉、絳、慈、隰州，淮南之宿、亳州，河北之懷州及澶州諸縣之在河南者。凡禁榷之地，官立標識、候望以曉民。其通商之地，京西則蔡襄鄧隨唐金房均郢州、光化信陽軍，陝西則京兆鳳翔府、同華耀乾商涇原邠寧儀渭鄜坊丹延環慶秦隴鳳階成州、保安鎮戎軍，及澶州諸縣之在河北者。顆、末鹽皆以五斤爲斗，顆鹽之直每斤自四十四至三十四錢，有三等。至道二年，兩池得鹽三十七萬三千五百四十五席，席一百一十六斤半。三年，鬻錢七十二萬八千餘貫。

咸平中，度支使梁鼎言：「陝西沿邊解鹽請勿通商，官自鬻之。」詔以鼎爲陝西制置使，又以內殿崇班杜承睿同制置陝西青白鹽事。承睿言：「鄜、延、環、慶、儀、渭等州洎禁青鹽之後，令商人入芻粟〔五〕，運解鹽於邊貨鬻，其直與青鹽不至相懸，是以民食賤鹽，須至畏法，而蕃部青鹽難售。今聞運解鹽於邊，欲與內地同價，邊民必冒法圖利，卻入蕃界私販青鹽，是助寇資而結民怨矣。」繼又有上疏言其不便者，鼎請候至邊部榦運，及乘傳至解池卽禁止商販。旋運鹽赴邊，公私大有煩費，而邊民頓無入中〔六〕，物論紛擾。於是命判鹽鐵勾院林特、知永興軍張詠詳議，以爲公私非便，請復舊商販。詔切責鼎，罷度支使。大中祥符九年，陝西轉運使張象中言：「兩池所貯鹽計直二千一百七十六萬一千八十貫，慮尚有遺利，望行條約。」眞宗曰：「地利之阜，此亦至矣，過求增羨，慮有時而闕。」不許。

先是，五代時鹽法太峻。建隆二年，始定官鹽闌入法，禁地貿易至十斤、鬻鹻鹽至三斤者乃坐死，民所受蠶鹽以入城市三十斤以上者，上請。三年，增闌入至三十斤、鬻鹻至十斤坐死，蠶鹽入城市百斤以上，奏裁。自乾德四年後，每詔優寬。太平興國二年，乃詔闌入至二百斤以上，鬻鹻及主吏盜販至百斤以上，蠶鹽入城市五百斤以上，並黥面送闕下。至淳化五年，改前所犯者止配本州牢城。代州寶興軍之民私市契丹骨堆渡及桃山鹽，雍熙四年，詔犯者自一斤論罪有差，五十斤加役流，百斤以上部送闕下。

天聖以來，兩池畦戶總三百八十，以本州及旁州之民爲之，戶歲出夫二人，人給米日二升，歲給戶錢四萬。爲鹽歲百五十二萬六千四百二十九石，石五十斤，以席計，爲六十五萬五千一百二十席，席百一十六斤。禁榷之地，皆官役鄉戶衙前及民夫，謂之帖頭，水陸漕運。而通商州軍並邊秦、延、環、慶、渭、原、保安、鎭戎、德順，又募人入中芻粟，以鹽償之。

凡通商州軍，在京西者爲南鹽，在陝西者爲西鹽，若禁鹽地則爲東鹽，各有經界，以防侵越。天聖初，計置司議茶鹽利害，因言：「兩池舊募商人售南鹽者，入錢京師榷貨務。乾興元年，歲入纔二十三萬緡，視天禧三年數損十四萬。請一切罷之，專令入中並邊芻粟，及爲之增約束，申防禁，以絕私販之弊。」久之，復詔入錢京師，從商人所便。

三京、二十八州軍，官自輦鹽，百姓困於轉輸。天聖八年，上書者言：「縣官禁鹽，得利微而爲害博，兩池積鹽爲阜，其上生木合抱，數莫可較。宜聽通商，平估以售，可以寬民力。」詔翰林學士盛度、御史中丞王隨議更其制度。因畫通商五利上之曰：「方禁商時，伐木造船輦運，兵民不勝疲勞，今去其弊，一利也；陸運旣差帖頭，又役車戶，貧人懼役，連歲逋逃，今悉罷之，二利也；船運有沉溺之患，綱吏侵盜，雜以泥沙硝石，其味苦惡，疾生重腿，今皆得食眞鹽，三利也；錢幣國之貨泉，欲使通流，富家多藏鏹不出，民用益蹙，今歲得商人出緡錢六十餘萬助經費，四利也；歲減監官、兵卒、畦夫傭作之給，五利也。」十月，詔罷三京、二十八州軍榷法，聽商人入錢若金銀京師榷貨務，受鹽兩池。行之一年，視天聖七年，增緡錢十五萬。其後歲課減耗，命翰林學士宋庠等以天聖九年至寶元二年新法較之，視乾興至天聖八年舊法，歲課損二百三十六萬緡。康定元年，詔京師、南京及京東州軍，淮南宿、亳州，皆禁如舊。未幾，復弛京師榷法，并詔三司議通淮南鹽給京東等八州，於是兗、鄆、宿、亳皆食淮南鹽矣。

自元昊反，聚兵西鄙，並邊入中芻粟者寡。縣官急於兵食，調發不足，因聽入中芻粟，予券趨京師榷貨務受錢若金銀；入中它貨，予券償以池鹽。繇是羽毛、筋角、膠漆、鐵炭、瓦木之類，一切以鹽易之。猾商貪吏，表裏爲姦，至入椽木二，估錢千，給鹽一大席，爲鹽二百二十斤。虛費池鹽，不可勝計，鹽直益賤，販者不行，公私無利。慶曆二年，復京師榷法，凡商人虛估受券及已受鹽未鬻者，皆計直輸虧官錢。內地州軍民間鹽，悉收市入官，官爲置場增價出之。復禁永興、同、華、耀、河中、陝、虢、解、晉、絳、慶成十一州軍商鹽，官自輦運，以衙前主之。又禁商鹽私入蜀，置折博務於永興、鳳翔，聽人入錢若蜀貨，易鹽趨蜀中以售。久之，東、南鹽地悉復禁榷，兵民輦運，不勝其苦，州郡騷然。所得鹽利，不足以佐縣官之急。並邊務誘人入中芻粟，皆爲虛估，騰踊至數倍，大耗京師錢幣，帑藏益虛。

太常博士范祥，關中人也，熟其利害，常謂兩池之利甚博，而不能少助邊計者，公私侵漁之害也；儻一變法，歲可省度支緡錢數十百萬。乃畫策以獻。是時韓琦爲樞密副使，與知制誥田況皆請用祥策。四年，詔祥馳傳與陝西都轉運使程戡議之，而戡議與祥不合，祥尋亦遭喪去。八年，祥復申其說，乃以爲陝西提點刑獄兼制置解鹽事，使推行之。其法：舊禁鹽地一切通商，聽鹽入蜀；罷九州軍入中芻粟，令入實錢，償以鹽，視入錢州軍遠近及所指東、西、南鹽，第優其直；東、南鹽又聽入錢永興、鳳翔、河中；歲課入錢總爲鹽三十七萬五千大席，授以要券，卽池驗券，按數而出，盡弛兵民輦運之役。又以延、慶、環、渭、原、保安、鎭戎、德順地近烏、白池，姦人私以青白鹽入塞，侵利亂法。乃募人入中池鹽，予券優其估，還，以池鹽償之；以所入鹽官自出鬻，禁人私售，峻青白鹽之禁。並邊舊令入中鐵、炭、瓦、木之類，皆重爲法以絕之。其先以虛估受券及已受鹽未鬻者，悉計直使輸虧官錢。又令三京及河中、河陽、陝、虢、解、晉、絳、濮、慶成、廣濟官仍鬻鹽，須商賈流通乃止。以所入緡錢市並邊九州軍芻粟，悉留榷貨務錢幣以實中都。行之數年，黠商貪賈，無所僥倖，關內之民，得安其業，公私便之。

皇祐元年，侍御史知雜何郯復言改法非是。明年，遣三司戶部副使包拯馳視，還言行之便，第請商人入錢及延、環等八州軍鬻鹽，皆重損其直〔七〕，即入鹽八州軍者，增直以售，三京及河中等處禁官鬻鹽。而三司謂京師商賈罕至則鹽貴，請得公私並貿，餘禁止。皆聽之。田況爲三司使，請久任祥，俾專其事。擢祥權陝西轉運使，賜金紫服。祥初言歲入緡錢可得二百三十萬，皇祐三年〔八〕，入緡錢二百二十一萬；四年，二百一十五萬。以四年數視慶曆六年，增六十八萬；視七年，增二十萬。又舊歲出榷貨務緡錢，慶曆二年，六百四十七萬；六年，四百八十萬。至是，榷貨務錢不復出。其後，歲入雖贏縮不常，至五年，猶及百七十八萬；至和元年，百六十九萬。時祥已坐它罪貶，命轉運使李參代之。三年，遂以元年入錢爲歲課定率，量入計出，可助邊費十分之八。

久之，並邊復聽入芻粟以當實錢，而虛估之弊滋長，券直亦從而賤，歲損官課，無慮百萬。嘉祐三年，三司使張方平及包拯請復用祥，於是復以祥總鹽事。祥請重禁入芻粟者，其券在嘉祐三年已前，每券別請輸錢一千，然後予鹽。又言商人持券若鹽鬻京師，皆虧失本錢。請置官京師，蓄錢二十萬緡，以待商人至者，券若鹽估賤，則官爲售之。券紙六千，鹽席十千，毋輒增損，所以平其市估，使不得爲輕重。詔以都鹽院監官兼領，自是稍復舊。未幾祥卒，以轉運副使薛向繼之。治平二年，歲入百六十七萬。

初，祥以法既通商，恐失州縣征算，乃計所歷所至合輸算錢，併率以爲入中之數。自後州縣猶算如舊。嘉祐六年，向悉罷之，并奏減八州軍鬻鹽價。兩池畦戶，歲役解、河中、陝、虢、慶成之民，官司旁緣侵剝，民以爲苦，乃詔三歲一代。嘗積逋課鹽至三百三十七萬餘席，遂蠲其半。中間以積鹽多，特罷種鹽一歲或二歲三歲，以寬其力。後又減畦戶之半，稍以傭夫代之，五州之民始安。

青白鹽出烏、白兩池，西羌擅其利。自李繼遷叛，禁毋入塞，未幾罷，已而復禁。乾興初，嘗詔河東邊人犯青白鹽禁者如陝西法。慶曆中，元昊納款，請歲入十萬石售縣官，仁宗以其亂法，不許。自范祥議禁八州軍商鹽，重青白鹽禁，而官鹽估貴，土人及蕃部販青白鹽者益衆，往往犯法抵死而莫肯止。至和中，詔蕃部販青白鹽抵死者，止投海島，羣黨爲民害者，上請。嘉祐赦書，稍遷配徒者於近地，自是禁法稍寬。熙寧初，詔淮南轉運使張靖究

陝西鹽、馬得失。靖指向欺隱狀，王安石右向，靖竟得罪，擢向爲江、淮等路發運使。諫官

范純仁言賞罰失當，因數向五罪，向任如初。乃請卽永興軍置賣鹽場，又以邊費錢十萬緡，儲永興軍爲鹽鈔本，繼又增二十萬。

四年，詔陝西行蜀交子法，罷市鈔；或論其不便，復舊。七年，中書議陝西鹽鈔，出多虛鈔，而鹽益輕，以鈔折兌糧草，有虛擡邊糴之患。請用交子法，使其數與見錢相當，可濟緩急。詔以皮公弼、熊本、宋迪分領其事，趙瞻制置。又以內藏錢二百萬緡假三司，遣市易吏行四路請買鹽引，仍令秦鳳、永興鹽鈔，歲以百八十萬爲額。八年，中書奏陝西鹽鈔利害及立法八事，大抵謂買鈔本錢有限，而出鈔過多，買不盡則鈔賤而糴貴，故出鈔不可無限。然商人欲變易見錢，而官不爲買，卽爲兼幷所抑，則鈔價益賤；而邊境有急，鈔未免多出，故當置場以市價平之。今當定買兩路實賣鹽二百二十萬緡，以當用鈔數立額，永興路八十一萬五千，秦鳳路一百三十八萬五千，內熙河路五十三萬七千〔九〕；永興軍遣官買鈔，歲支轉運司錢十萬緡買西鹽鈔，又用市易務賒請法募人賒鈔變易，卽民間鈔多而滯，則送解池毀之。詔從其請，然有司給鈔溢額，猶視其故。九年，乃詔御史劾陝西官吏，止三司額外出鈔。

十年，三司言：「鹽法之弊，由熙河鈔溢額，故價賤而芻糧貴。又東、西、南三路通商郡邑

榷賣官鹽，故商旅不行。今鹽法當改，官賣當罷。請先收舊鈔，印識之舊鹽〔一〇〕，行加納之法。官盡買舊鈔，其已出鹽，約期聽商人自言，準新價增之，印鹽席，給符驗。東、南舊法鹽鈔，席纔三千五百，西鹽鈔席減一千，官盡買。先令解州場院驗商人鈔書之，乃許賣。已請鹽，立限告賞，聽商人自陳，東、南鹽席加錢二千五百，西鹽席加三千，爲易舊符，立期令賣。罷兩處禁榷官賣，提舉司賣鹽並用新價，錢承買舊鈔，商人願對行算請者聽，官爲印識如法。應通商地各舉官一員，其鹽席限十日自言，乃令加納錢，爲印識，給新引，聽以舊鈔當加納錢。」皆行之。而別定官賣鹽地，市易司已買鹽，亦加納錢。

舊制，河南北曹、濮以西，秦、鳳以東，皆食解鹽。自仁宗時，解鹽通商，官不復榷；熙寧中，市易司始榷開封、曹濮等州。八年，大理寺丞張景温提舉出賣解鹽，於是開封府界陽武、酸棗、封丘、考城、東明、白馬、中牟、陳留、長垣、胙城、韋城，曹濮澶懷濟單解州、河中府等州縣，皆官自賣。未幾，復用商人議，以唐鄧襄均房商蔡郢隨金晉絳虢陳許汝潁隰州、西京、信陽軍通商，畿縣及澶、曹、濮、懷、衞、濟、單、解、同、華、陝、河中府、南京、河陽，令提舉解鹽司運鹽貨鬻，仍詔三司講求利害。

鹽價既增，民不肯買，乃課民買官鹽，隨貧富作業爲多少之差。買賣私鹽，聽人告，重給賞，以犯人家財給之。買官鹽食不盡，留經宿者，同私鹽法。於是民間騷怨。鹽鈔舊法每席六緡，至是二緡有餘，商不入粟，邊儲失備。召陝西轉運使皮公弼入議，公弼極言官賣不便，沈括爲三司使，不能奪。王安石主景温，括希安石意，言通商歲失官賣緡錢二十餘萬。安石去位，括在三司，乃言官賣當罷。於是河陽、同華解州、河中、陝府、陳留、雍丘、襄邑、中牟、管城、尉氏、鄢陵、扶溝、太康、咸平、新鄭聽通商，其入不及官賣者，官復自賣；澶、濮、濟、單、曹、懷州、南京、陽武、酸棗、封丘、考城、東明、白馬、長垣、胙城、韋城九縣，官賣如故。詔商鹽入京，悉賣之市易務，每席毋得減千；民鹽皆買之市易務，私與商人爲市，許告，沒其鹽。

皮公弼鹽法，酌前後兩池所支鹽數，歲以二百三十萬緡爲額〔三〕。又令京師置七場，買東、南鹽鈔，市易務計爲錢五十九萬三千餘緡，三司闕錢，請頗還其鈔，令賣之於西，買者其三給錢，其七準沿邊價給新引；庶得民間舊鈔，而新引易於變易。詔用其議。公弼請復范祥舊法平市價，詔假三司錢三十萬緡，市鈔於京師。先是，解鹽分東西，西鹽賣有分域；又並邊州軍市芻糧，給鈔過多，故鈔及鹽甚賤，官價自分爲二。於是增西鹽價比東鹽，以平鈔法，歲約增十二萬緡，毋復分東西，悉廢西鹽約束。解池鹽鈔舊以二百二十萬緡爲額，轉運使皮公弼請增十萬，以助邊糴，至是，又爲二百四十二萬。商人已請西鹽，令加納錢，使與新法價平。元豐三年，三司舉張景温賣解鹽息羨，進官賜帛。

明年，權陝西轉運使李稷言：「自新法未行，鈔之貴賤，視有司出之多寡。新法已後，鈔有定數，起熙寧十年冬，盡元豐三年，通印給一百七十七萬餘席，而鹽池所出纔一百一十七萬五千餘席，餘鈔五十九萬有餘，流布官私，其勢不得不賤。」遂下三司住給。五年，戶部猶以鈔多難售，歲給陝西軍儲鈔二百萬，裁其半，然鈔多，卒不能平價。

元祐元年，戶部及制置解鹽司議：「延、慶、渭、原、環、鎮戎、保安、德順等八州軍，皆官自鬻，以萬五千五百席爲額，聽商旅入納於八州軍折博務，算給交引，如范祥舊法。鹽價錢應償者，以轉運司年額鹽鈔給之，所鬻鹽錢，以待轉運司糴買。仍舉承務郎以上一員，於在京置場，以鹽鈔鬻見錢而輸之都鹽院庫，遇給解鹽額鈔盡歸之本司，毋更給轉運司。他司皆毋得販易，雖有專旨，聽執奏。其已買鈔，自本司拘之，若民間鈔少或給本路緡錢，即上戶部議鬻其鈔。」詔皆從之。既而又以商人入納解鹽減年額賣鹽費錢〔三〕二萬七千餘緡，增在京買鈔之本。入中解鹽，並効熙河鈔，而價隨事增損以折，澶懷滑州、陽武鹽價，定爲錢八千二百。時，陝西民多以朴硝私煉成顆，謂之倒硝，頗與解鹽相亂。紹聖三年，制置使孫路以聞，詔犯者減私鹽法一等坐之。

初，神宗時，官賣解鹽，京西則通商。有沈希顏者爲轉運使，更爲榷法，請假常平錢二十萬緡，自買解鹽，賣之本路，民已買解鹽盡買入官，掊克牟利，商旅苦之。哲宗即位，殿中侍御史黃降劾希顏罪，元祐元年，京西始復舊制通商，然猶官賣，元符元年乃罷之。永興軍渭河北〔三〕高陵、櫟陽、涇陽等縣〔四〕，如同、華等六州軍，官仍自賣鹽，而禁官司於折博務買解鹽販易規利。俄以水壞解池，聽河中府解州小池鹽、同華等州私土鹽、階州石鹽、通遠軍岷州官井鹽鬻於本路，而京東、河北鹽亦通行焉。三年，詔陝西轉運副使兼制置解鹽使馬城，提舉措置催促陝西、河東木栰薛嗣昌，提舉開修解州鹽池。

崇寧元年，解州賈瓦南北圓池修治畦眼〔五〕，拍磨布種，通得鹽百七十八萬二千七百餘斤。初，解梁東有大鹽澤，綿亘百餘里，歲得億萬計。自元符初，霖潦池壞，至是，乃議修復；四年，池成。凡開二千四百餘畦，百官皆賀。內侍王仲千者董其役，以課額敷溢爲功。然議者謂解池灌水盈尺，暴以烈日，鼓以南風，須臾成鹽，其利固博；苟欲溢額，不俟風日之便，厚灌以水，積水而成，味苦不適口。

崇寧初，言事者以鈔法屢變，民聽疑惑，公家失輕重之權，商旅困往來之費，乞復范祥舊法，謹守而力行之，無庸輕改。雖可其請，未幾，蔡京建言：「河北、京東末鹽，客運至京及京西，袋輸官錢六千，而鹽本不及一千，施行未久，收息及二百萬緡。如通至陝西，其利必倍。」議遣韓敦立等分路提舉。及鹽池已復，京仍欲舊解鹽地客算東北末鹽，令榷貨務入納見緡無窮，以收已功，乃令解鹽新鈔止行陝西。五年，詔：「鈔法用之，民信已久，飛錢裕國，其利甚大，比考前後法度，頗究利害，其別爲號驗，給解鹽換請新鈔。先以五百萬緡赴陝西、河東，止給糴買，聽商旅赴榷貨務換請東南鹽鈔。貼輸見緡四分者在舊三分之上，五分者在四分之上。且帶行舊鈔，輸四分者帶五分，輸五分者帶六分；若不願貼輸錢者，依舊鈔價減二分。」先是，患豪商擅利源輕重之柄，率減鈔直，使並邊糴價增高，乃裁限之。崇寧四年，以鈔價雖裁，其入中州郡，復增糴價，客持鈔算請，坐牟大利。乃詔陝西舊鈔易東南末鹽，每百緡用見錢三分，舊鈔七分。後又詔減落鈔價踰五千者，論以法。

及大觀四年，張商英爲相，議復通行解鹽如舊法，而東北鹽毋得與解鹽地相亂。繼而有司議解池已復，依舊法印鈔請。商旅已買東北鹽，隨處官司期三日盡籍，輸官償其價，隱匿者如私鹽法。解鹽未到，官鬻所得東北鹽，解鹽到卽止。已請鈔已支者悉毀，已支未請者聽別議。在京仍通行，其經由州縣鄭州、中牟、開封府祥符、陽武縣境內，亦許通放。而王仲千所請通入京西北路陳潁蔡州、信陽軍，權止之。商旅已算請東北鹽，元指定東京，未至者，止令所至州軍批引；其已入京未貨者，都鹽院全袋拘買鬻之，許坐賈請買碎賣。

政和元年，詔陝西鈔依鈔面實價，輒增減者，以違制論。未幾，復以陝西通行鹽鈔，舊雖約以銅錢六千爲鈔面，然鈔貴則入粟增多，鈔平則入穀減少。若限以六千，陝西唯行鐵錢，是鹽鈔一席得六千鐵錢斛斗矣，深損公家，其隨時增減聽之。二年，蔡京復用事，法仍變改，鈔不可用者悉同敗楮。六年，兩池漫生鹽，募人倍力採取，且議加賞；繼生紅鹽，百官皆賀，制置解鹽使李百祿等第賞有差。七年，議復行解鹽，時童貫宣撫關、河，實主之。詔解鹽地見行東北鹽，復盡收入官，官給其直，在京於平貨、在外於市易務椿管，如解鹽法鬻之；不自陳，如私鹽法。重和元年，詔復行解鹽舊法。踰年，榷貨歲虧數百萬貫，又鈔價減落，糴買不行，三省趣講畫以聞，貫遂請罷領解鹽。俄而三省條奏：舊東北鹽地客販解鹽，立限盡鬻，限竟鬻未盡者，運往解鹽地，踰者論如私鹽法。京畿、京西復置官提舉。初崇寧中，以鹽各利一方，故解鹽止行本路，東南鬻海利博，行於數路。既復行解鹽，商旅苦於折閱，卽改如舊，慮商旅疑惑，遂詔諭諸路〔二六〕，鈔法更不改易，扇搖者論如法，仍倍之。

靖康元年，解鹽鈔入納算請，並參照熙寧、元豐以前舊法，又增改解鹽及東北鹽地，卽商旅不願鹽，則用鈔面請錢如舊法。繼定每席鈔爲八貫省，盡收入鈔面，其入納糧草者，許直赴池請鹽，省復入京批鈔之擾。

鬻海爲鹽，曰京東、河北、兩浙、淮南、福建、廣南，凡六路。其鬻鹽之地曰亭場，民曰亭戶，或謂之竈戶。戶有鹽丁，歲課入官，受錢或折租賦，皆無常數，兩浙又役軍士定課鬻焉。

諸路鹽場廢置，皆視其利之厚薄，價之贏縮，亦未嘗有一定之制。末鹽之直，斤自四十七至八錢〔七〕，有二十一等。至道三年，鬻錢總一百六十三萬三千餘貫。

其在京東曰密州濤洛場，一歲鬻三萬二千餘石，以給本州及沂、濰州，唯登、萊州則通商，後增登州四場。舊南京及曹、濮、濟、兗、單、鄆、廣濟七州軍食池鹽，餘皆食二州鹽，官自鬻之。慶曆元年冬，以淄、濰、青、齊、沂、密、徐、淮陽八州軍仍歲凶菑，乃詔弛禁，聽人貿易，官收其算，而罷密、登歲課，第令戶輸租錢。其後兗、鄆皆以壤地相接，罷食池鹽，得通海鹽，收算如淄、濰等州。自是諸州官不貯鹽，而百姓鬻鹽歲皆罷給，然使輸錢如故。至和中，始詔百姓輸錢以十分爲率，聽減三分。

元豐三年，京東轉運副使李察言：「南京、濟、濮、曹、單行解鹽；餘十有二州行海鹽，請用今稅法置買賣鹽場。」其法，盡竈戶所鬻鹽而官自賣，重禁私爲市者，歲收錢二十七萬三千餘緡，而息幾半之。吳居厚爲轉運判官，承察後治鹽法，利入益多。六年，較本路及河北買賣鹽場，自改法抵今一年有半，得息錢三十六萬緡。察、居厚皆進官，加賜居厚三品服。詔運賣鹽錢儲之北京，令河北都轉運使蹇周輔、判官李南公受法于居厚，行之河北。

其在河北曰濱州場，一歲鬻二萬一千餘石，以給本州及棣、祁州雜支，并京東之靑、淄、齊州，若大名、眞定府，貝、冀、相、衞、邢、洺、深、趙、滄、磁、德、博、濱、棣、祁、定、保、瀛、莫、雄、霸州，德淸〔二八〕、通利、永靜、乾寧、定遠〔二九〕、保定、廣信、永定、安肅軍則通商。後濱州分四務，又增滄州三務，歲課九千一百四十五石，以給一路，而京東之淄、靑、齊旣通商，乃不復給。

自開寶以來，河北鹽聽人貿易，官收其算，歲額爲錢十五萬緡。上封者嘗請禁榷以收遺利，余靖時爲諫官，亟言：「前歲軍興，河北點義勇強壯及諸科率，數年之間，未得休息。臣嘗痛燕薊之地，陷入契丹幾百年，而民忘南顧心者，大率契丹之法簡易，鹽麴俱賤，科役不煩故也。昔太祖推恩河朔，故許通商，今若榷之，價必騰踴，民苟懷怨，悔將何及。河朔土多鹽鹵，小民稅地不生五穀，惟刮鹻煎鹽以納二稅，禁之必至逃亡。鹽價若高，犯法亦衆，邊民怨望，非國之福，乞且仍舊通商。」其議遂寢。

慶曆六年，三司使王拱辰復建議悉榷二州鹽入官，以專其利。都轉運使魚周詢以爲不可，且言：「商人販鹽，與所過州縣吏交通爲弊，所算十無二三。請敕州縣以十分算之，聽商人至所鬻州軍併輸算錢，歲可得緡錢七十餘萬〔三〇〕。」三司奏用其策，仁宗曰：「使人頓食貴鹽，豈朕意哉？」於是三司更立榷法而未下，張方平見上問曰：「河北再榷鹽何也？」上曰：

「始議立法，非再榷。」方平曰：「周世宗榷河北鹽，犯輒處死。世宗北伐，父老遮道泣訴，願以鹽課均之兩稅，而弛其禁，許之，今兩稅鹽錢是也。豈非再榷乎？且今未榷，而契丹盜販不已，若榷則鹽貴，契丹之鹽益售，是爲我斂怨而使契丹獲福也。契丹鹽入益多，非用兵莫能禁，邊隙一開，所得鹽利能補用兵之費乎？」上大悟曰：「其語宰相立罷之。」方平曰：「法雖未下，民已戶知之，當直以手詔罷，不可自下出也。」上喜，命方平密撰手詔下之。河朔父老相率拜迎，於澶州爲佛老會七日，以報上恩，且刻詔北京。後父老過其下，必稽首流涕。

久之，緡錢所入益耗，皇祐中，視舊額幾亡其半。陝州錄事參軍王伯瑜監滄州鹽山務，獻議商人受鹽滄、濱二州，以囊貯之，囊毋過三石三斗，斗爲鹽六斤，除三斗爲耗勿算，餘算其半。予券爲驗，州縣驗券縱之，聽至所鬻州軍併輸算錢；即所貯過數，予及受者皆罰，商人私挾它鹽，并沒其貲。時知滄州田京，與伯瑜合議上聞，詔試行之，踰年，歲課增三萬餘緡，遂以爲定制。熙寧八年，三司使章惇又請榷河北鹽，召提舉河北、京東鹽稅周革入議，將施行焉。文彥博論其不便，乃詔仍舊。

校勘記

〔一〕湊成二千餘　按兩朝綱目卷一二、朝野雜記乙集卷一六東南收兌會子條，都說是年以諸色名件拘回舊會，合計二千四百九十九萬餘緡。此處下當有「萬」字。

〔二〕七年　按繫年要錄卷一〇九，紹興七年二月丙午：「川、陝宣撫副使吳玠初置銀會子於河池，迄今不改。」此處失書「紹興」紀元。

〔三〕九年　按宋史全文卷三四上淳祐九年九月甲子條說：「四川制臣余玠請交引以十年爲界，詔從之。」此處失書「淳祐」紀元。

〔四〕安邑池每歲歲種鹽千席　此處所列數字，同下文兩池年產量相差很遠，通考卷一五征榷考上一「歲」字作「戶」，似近是。

〔五〕令商人入芻粟　「令」原作「今」，據本書卷三〇四梁鼎傳改。

〔六〕而邊民頓無入中　「入中」原作「入市」，據長編卷五四改。

〔七〕皆重損其直　「重」，長編卷一六七作「量」。

〔八〕皇祐三年　「三年」原作「初年」，據長編卷一八七、編年綱目卷一四改。

〔九〕內熙河路五十三萬七千　「內」字原脫，據宋會要食貨二四之八、長編卷二六三補。

〔一〇〕印識之舊鹽　宋會要食貨二四之一三、長編卷二八〇都作「點印舊鹽」；而長編注引國史食貨志則作「印識舊鹽」，此處「之」字疑衍。

〔一一〕皮公弼鹽法酌前後兩池所支鹽數歲以二百三十萬緡爲額　宋會要食貨二四之一五、長編卷二八一都作：「三司言，相度皮公弼鹽法，今參酌前後兩池所支鹽數，歲入以二百三十萬緡爲額。」

〔一二〕減年額賣鹽費錢　「賣」原作「買」，據宋會要食貨二四之二八、長編卷三九六改。

〔一三〕永興軍渭河北　「渭」下原衍「州」字，據文義和長編卷四九四刪。

〔一四〕高陵櫟陽涇陽等縣　「陵」字原脫，「涇」下「陽」字原置「高」字下。按永興軍路無高陽和涇縣，其高陵、涇陽縣都正在渭北。據本書卷八七地理志、九域志卷三補改。

〔一五〕修治畦眼　「治」原誤作「沼」，據通考卷一六征榷考改。

〔一六〕詔諭諸路　「諭」原作「輸」。按宋會要食貨二五之一一宣和二年三月十二日詔：「可下諸路曉諭，今來鈔法更不可改革。」編年綱目卷二八略同。「輸」字當爲「諭」字之訛。據改。

〔一七〕斤自四十七至八錢　「斤」下原衍「至」字，據通考卷一五征榷考刪。

〔一八〕德清　原作「德河」，據本書卷八六地理志、通考卷一五征榷考改。

〔一九〕定遠　按九域志卷二，永靜軍本周定遠軍，景德元年改。上文已有永靜軍，此處不應又書定遠軍，「定遠」二字複出。

〔二〇〕七十餘萬　「七」原作「之」，據長編卷一五九、通考卷一六征榷考改。

宋史卷一百八十二

志第一百三十五

食貨下四

鹽中

元豐七年，知滄州趙瞻請自大名府、澶、恩、信安、雄、霸、瀛、莫、冀等州盡榷賣以增其利，纔半歲，獲息錢十有六萬七千緡。哲宗即位，監察御史王巖叟言：「河北二年以來新行鹽法，所在價增一倍，既奪商賈之利，又增居民之價以爲息，聞貧家至以鹽比藥。伏惟河朔天下根本，祖宗推此爲惠，願陛下不以損民爲利，而以益民爲利，復鹽法如故，以爲河北數百萬生靈無窮之賜。」會河北轉運使范子奇奏，鹽稅欲收以十分，遣范鍔商度。巖叟復言：「臣在河北，亦知商賈有自請於官，乞罷榷買，願輸倍稅。主計者但知於商賈倍得稅緡以爲利，不知商賈將於民間復增賣價以爲害也。慶曆六年，既不行三司榷買之法，又不從轉運司增稅之請，仁宗直謂朕慮河北軍民緊食貴鹽，可令依舊。是時計歲增幾六十萬緡，仁宗豈不知爲公家之利？意謂藏之官不若藏之民。今陛下即位之始，宜法仁宗之意，不宜以小利失人心也。」明年，遂罷河北榷法，仍舊通商。六年，提舉河北鹽稅司請令商賈販鹽，於場務輸稅，以及等戶保任，給小引，量道里爲限，卽非官監鎭店，聽以便鬻之，鹽稅舊額五分者，增爲七分。則鹽稅蓋已行焉。

紹聖中，河北官復賣鹽，繼詔如京東法。元符三年，崇儀使林豫言：「河北榷鹽，未必敷前日稅額，且契丹鹽益售，慮啓邊隙。」明年，給事中上官均亦以爲言，皆不果行。宣和元年，京畿、四輔及滑州、河陽所產鹻地，悉墾爲田，革盜刮煎鹽之弊，知河陽王序以勸誘推賞。三年，大改鹽法，舊稅鹽並易爲鈔鹽。凡未賣稅鹽鈔引及已請算或到倉已投暨未投者，並赴榷貨務改給新法鈔引，許通販；已請舊法稅鹽貨賣者，自陳，更買新鈔帶賣，已請鈔引，毋得帶支。初，茶鹽用換鈔對帶之法，民旅皆病，然河北猶未及也；至是，併河北、京東行之。

其在兩浙曰杭州場，歲鬻七萬七千餘石，明州昌國東、西兩監二十萬一千餘石，秀州場二十萬八千餘石，温州天富南北監、密鸚永嘉二場，七萬四千餘石，台州黃巖監一萬五千餘石，以給本州及越、處、衢、婺州。天聖中，杭、秀、温、台、明各監一，温州又領場三，而一路歲課視舊減六萬八千石，以給本路及江東之歙州。

慶曆初，制置司言：比年河流淺涸，漕運艱阻，靡費益甚，請量增江、淮、兩浙、荊湖六路糶鹽錢。下三司議，三司奏荊湖已嘗增錢，餘四路三十八州軍，請斤增二錢或四錢。詔俟河流通運復故。既而江州置轉般倉，益置漕船及傭客舟以運，制置司因請六路五十一州軍斤增五錢。民苦官鹽估高，無以爲食，諸路皆言其不便。久之，韓絳安撫江南還，亦極言之。其後兩浙轉運使沈立、李肅之奏：「本路鹽課緡錢歲七十九萬，嘉祐三年，纔及五十三萬，而一歲之內，私販坐罪者三千九十九人，弊在於官鹽估高，故私販不止，而官課益虧。請裁官估，罷鹽綱，令鋪戶衙前自趨山場取鹽，如此則鹽善而估平，人不肯冒禁私售，官課必溢。」發運司難之，立、肅之固請試用其法二三年，可見利害，詔可。

立嘗論東鹽利害，條亭戶、倉場、漕運之弊，謂：「愛恤亭戶使不至困窮，休息漕卒使有以爲生，防制倉場使不爲掊克率斂，絕私販，減官估，果能行此五者，歲可增緡錢一二百萬。」集鹽策二十卷以進，其言亭戶困乏尤甚。然自皇祐以來，屢下詔書輒及之，命給亭戶官本，皆以實錢；其售額外鹽者，給粟帛必良；亭戶逋歲課久不能輸者，悉蠲之。所以存恤之意甚厚，而有司罕有承順焉。

熙寧以來，杭、秀、温、台、明五州共領監六、場十有四，然鹽價苦高，私販者衆，轉爲盜賊，課額大失。二年，有萬奇者獻言欲撲兩浙鹽而與民，乃遣奇從發運使薛向詢度利害。神宗以問王安石，對曰：「趙抃言衢州撲鹽，所收課敵兩浙路，抃但見衢、湖可撲，不知衢鹽侵饒、信，湖鹽侵廣德、昇州，故課可增，如蘇、常則難比衢、湖。今宜制置煎鹽亭戶及差鹽地人戶督捕私販，般運以時，嚴察拌和，則鹽法自舉，毋事改制。」

五年，以盧秉權發遣兩浙提點刑獄，仍專提舉鹽事。秉前與著作佐郎曾默行淮南、兩浙，詢究利害。異時竈戶鬻鹽，與官爲市，鹽場不時償其直，竈戶益困。秉先請儲發運司錢及雜錢百萬緡以待償，而諸場皆定分數：錢塘縣楊村場上接睦、歙等州，與越州錢清場等，水勢稍淡〔一〕，以六分爲額；楊村下接仁和之湯村爲七分；鹽官場爲八分；並海而東爲越州餘姚縣石堰場、明州慈溪縣鳴鶴場皆九分；至岱山、昌國，又東南爲温州雙穗、南天富、北天富場爲十分；蓋其分數約得鹽多寡而爲之節。自岱山以及二天富煉以海水，所得爲最多。由鳴鶴西南及湯村則刮鹻淋鹵，十得六七。鹽官、湯村用鐵盤，故鹽色青白；楊村及錢清場織竹爲盤，塗以石灰，故色少黃；石堰以東近海水鹹，故雖用竹盤，而鹽色尤白。秉因定伏火盤數以絕私鬻，自三竈至十竈爲一甲，而鬻鹽地什伍其民，以相幾察；及募酒坊戶願占課額，取鹽於官賣之，月以錢輸官，毋得越所酤地；而又嚴捕盜販者，罪不至配，雖杖者皆同妻子遷五百里。仍益開封府界、京東兵各五百人防捕。

時惟杭、越、湖三州格新法不行，發運司劾奏虧課，皆獄治。王安石爲神宗言捕鹽法急，可以止刑。久之，乃詔兩浙提舉鹽事司，諸州虧課者未得遽劾，以增虧及違法輕重分三等以聞。七年，以盧秉鹽課雖增，刑獄實繁，慮無辜卽罪者衆，徙其職淮南，以江東漕臣張靚代之，且體量其事。靚言秉在事，越州監催鹽償至有母殺子者，詔劾其罪，然竟免，仍以增課擢太常博士，升一資。歲餘，三司言兩浙漕司寬弛，鹽息大虧，命著作佐郞翁仲通更議措置。元祐初，言者論秉推行浙西鹽法，務誅利以增課，所配流者至一萬二千餘人，秉坐降職。兩浙鹽亭戶計丁輸鹽，逋負滋廣，二年，詔蠲之。後更積負無以償，元符初，察訪使以狀聞，有司乃以朝旨不行，右正言鄒浩嘗極疏其害。

明州鳴鶴場鹽課弗登，撥隸越州，宣和元年〔三〕，樓异爲明州，請仍舊，且於接近台州給舊鹽五七萬囊。詔曰：「明州鹽場三，昨以施置不善，以鳴鶴一場隸越，客始輻湊。猶有二場積鹽以百萬計，未見功緒，此而不圖，東欲取於越，西欲取於台，改令害法，動搖衆情。」令狀析以聞。

其在淮南曰楚州鹽城監，歲鬻四十一萬七千餘石，通州利豐監〔三〕四十八萬九千餘石，泰州海陵監如皋倉小海場六十五萬六千餘石，各給本州及淮南之廬和舒蘄黃州、無爲軍，江南之江寧府、宣洪袁吉筠江池太平饒信歙撫州、廣德臨江軍，兩浙之常、潤、湖、睦州，荊湖之江陵府、安復潭鼎鄂岳衡永州、漢陽軍。海州板浦、惠澤、洛要三場歲鬻四十七萬七千餘石，漣水軍海口場十一萬五千餘石，各給本州軍及京東之徐州，淮南之光、泗、濠、壽州，兩浙之杭蘇湖常潤州、江陰軍。天聖中，通、楚州場各七，泰州場八，海州場二，漣水軍場一，歲鬻視舊減六十九萬七千五百四十餘石，以給本路及江南東西、荊湖南北四路，舊并給兩浙路，天聖七年始罷。

凡鹽之入，置倉以受之，通、楚州各一，泰州三，以受三州鹽。又置轉般倉二，一於眞州，以受通、泰、楚五倉鹽；一於漣水軍，以受海州漣水鹽。江南、荊湖歲漕米至淮南，受鹽以歸。東南鹽利，視天下爲最厚。鹽之入官，淮南、福建、兩浙之溫台明斤爲錢四，杭、秀爲錢六，廣南爲錢五。其出，視去鹽道里遠近而上下其估，利有至十倍者。

咸平四年，祕書丞直史館孫冕請：「令江南、荊湖通商賣鹽，緣邊折中糧草，在京入納金銀錢帛，則公私皆便，爲利實多。設慮淮南因江南、荊湖通商，或至年額稍虧，則國家折中糧草，足贍邊兵，中納金銀，實之官庫，且免和雇車乘，差擾民戶，冒寒涉遠。借如荊湖運錢萬貫，淮南運米千石，以地里脚力送至窮邊，則官費民勞，何啻數倍。」詔吏部侍郎陳恕等議。恕等謂：「江、湖官賣鹽，蓋近鬻海之地，欲息犯禁之人，今若通商，仕賣官鹽，立乏一年課額。」冕議遂寢。至天禧初，始募人入緡錢粟帛京師及淮、浙、江南、荆湖州軍易鹽。乾興元年，入錢貨京師總爲緡錢一百十四萬。會通、泰鬻鹽歲損，所在貯積無幾，因罷入粟帛，第令入錢，久之，積鹽復多。

明道二年，參知政事王隨建言：「淮南鹽初甚善。自通、泰、楚運至眞州，自眞州運至江、浙、荆湖，綱吏舟卒，侵盜販鬻，從而雜以沙土。涉道愈遠，雜惡殆不可食，吏卒坐鞭笞，徒配相繼而莫能止。比歲運河淺涸，漕輓不行，遠州村民，頓乏鹽食，而淮南所積一千五百萬石，至無屋以貯，則露積苫覆，歲以損耗。又亭戶輸鹽，應得本錢或無以給，故亭戶貧困，往往起爲盜賊，其害如此。願權聽通商三五年，使商人入錢京師，又置折博務於揚州，使輸錢及粟帛，計直予鹽。鹽一石約售錢二千，則一千五百萬石可得緡錢三千萬〔四〕以資國用，一利也；江、湖遠近皆食白鹽，二利也；歲罷漕運糜費，風水覆溺，舟人不陷刑辟，三利也；昔時漕鹽舟可移以漕米，四利也；商人入錢，可取以償亭戶，五利也。」

時范仲淹安撫江、淮，亦以疏通鹽利爲言，卽詔知制誥丁度等與三司使、江淮制置使同議。皆謂聽通商恐私販肆行，侵蠹縣官，請敕制置司益漕船運至諸路，使皆有二三年之蓄；復天禧元年制，聽商人入錢粟京師及淮、浙、江南、荆湖州軍易鹽；在通、楚、泰、海、眞、揚、漣水、高郵貿易者毋得出城，餘州聽詣縣鎭，毋至鄕村；其入錢京師者增鹽予之，并敕轉運司經畫本錢以償亭戶。詔皆施行。景祐二年，諸路博易無利，遂罷，而入錢京師如故。

康定元年，詔商人入芻粟陝西並邊，願受東南鹽者加數與之。會河北穀賤，三司因請內地諸州行三說法，亦以鹽代京師所給緡錢，羅二十萬石止。慶曆二年，又詔：「入中陝西、河東者〔五〕持券至京師，償以錢及金帛各半之，不願受金帛者予茶鹽、香藥，惟其所欲。」而東南鹽利厚，商旅皆願得鹽。八年，河北行四說法，鹽居其一，而並邊芻粟，皆有虛估，騰踊至數倍。券至京師，反爲蓄賈所抑，鹽百八斤舊售錢十萬〔六〕，至是六萬，商人以賤估售券取鹽，不復入錢京師，帑藏益乏。皇祐二年，復入錢京師法，視舊錢數稍增予鹽，而並邊入中先得券受鹽者，河東、陝西入芻粟直錢十萬，止給鹽直七萬，河北又損爲六萬五千，且令入錢十萬於京師，迺聽兼給，謂之對貼，自是入錢京師稍復故。

初，天聖九年，三司請榷貨務入錢售東南鹽，以百八十萬三千緡爲額，後增至四百萬緡。嘉祐中，諸路漕運不足，榷貨務課益不登，於是卽發運司置官專領運鹽公事。治平中，京師入緡錢二百二十七萬，而淮南、兩浙、福建、江南、荆湖、廣南六路歲售緡錢，皇祐中二百七十三萬，治平中三百二十九萬。

江、湖運鹽既雜惡，官估復高，故百姓利食私鹽，而並海民以魚鹽爲業，用工省而得利厚。繇是不逞無賴盜販者衆，捕之急則起爲盜賊，江、淮間雖衣冠士人，狃於厚利，或以販鹽爲事。江西則虔州地連廣南，而福建之汀州亦與虔接，虔鹽弗善，汀故不產鹽，二州民多盜販廣南鹽以射利。每歲秋冬，田事纔畢，恆數十百爲羣，持甲兵旗鼓，往來虔、汀、漳、潮、循、梅、惠、廣八州之地。所至劫人穀帛，掠人婦女，與巡捕吏卒鬥格，至殺傷吏卒，則起爲盜，依阻險要，捕不能得，或赦其罪招之。歲月浸淫滋多，而虔州官糶鹽〔七〕歲纔及百萬斤。

慶曆中，廣東轉運使李敷、王繇請運廣州鹽於南雄州，以給虔、吉，未報，即運四百餘萬斤於南雄，而江西轉運司不以爲便，不往取。後三司戶部判官周湛等八人復請運廣鹽入虔州，江西亦請自具本錢取之。詔尚書屯田員外郎施元長等會議，皆請如湛等議，而發運使許元以爲不可，遂止。

嘉祐以來，或請商販廣南鹽入虔、汀，所過州縣收算；或請放虔、汀、漳、循、梅、潮、惠七州鹽通商；或謂第歲運淮南鹽七百萬斤至虔，二百萬斤至汀，民間足鹽，寇盜自息；或請官自置鋪役兵卒，運廣南、福建鹽至虔、汀州，論者不一。先嘗遣職方員外郎黃炳乘傳會所屬監司及知州、通判議，謂虔州食淮南鹽已久，不可改，第損近歲所增官估，斤爲錢四十，以十縣五等戶夏秋稅率百錢令糴鹽二斤，隨夏稅入錢償官。繼命提點鑄錢沈扶覆視可否，扶等請選江西漕船團爲十綱，以三班使臣部之，直取通、泰、楚都倉鹽。詔用炳等策，然歲纔增糶六十餘萬斤。

江西提點刑獄蔡挺制置鹽事，乃令民首納私藏兵械給巡捕吏卒，而販黃魚籠挾鹽不及二十斤、徒不及五人、不以甲兵自隨者，止輸算勿捕。淮南既團新綱漕鹽，挺增爲十二綱，綱二十五艘，錄柎至州涵發。輸官有餘，以畀漕舟吏卒，官復以半賈取之，繇是減侵盜之弊，鹽遂差善。又損糶價，歲課視舊增至三百餘萬斤，乃罷炳等議所率糴鹽錢。異時，汀州人欲販鹽，輒先伐鼓山谷中，召願從者與期日，率常得數十百人已上，與俱行。至是，州縣督責耆保，有伐鼓者輒捕送，盜販者稍稍畏縮。朝廷以挺爲能，留之江西，積數年乃徙。久之，江西鹽皆團綱運致如虔州焉。

初，荆湖亦病鹽惡，且歲漕常不足，治平二年，纔及二十五萬餘石。三年，撥淮西二十四綱及傭客舟載鹽以往，是歲運及四十萬石。四年，至五十三萬餘石。

慶曆初，判戶部勾院王琪言：「天禧初，嘗以荆湖鹽估高，詔斤減三錢或二錢，自後利入寖損。請復舊估，可歲增緡錢四萬。」許之。治平中，淮南轉運使李復圭、張芻、蘇頌，三司度支判官韓縝，相繼請減淮南鹽價，然卒不果行。

熙寧初，江西鹽課不登，三年，提點刑獄張頡言：「虔州官鹽鹵濕雜惡，輕不及斤，而價至四十七錢。嶺南盜販入虔，以斤半當一斤，純白不雜，賣錢二十，以故虔人盡食嶺南鹽。乃議稍減虔鹽價，更擇壯舟〔八〕，團爲十綱，以使臣部押。後蔡挺以贛江道險，議令鹽船三歲一易，仍以鹽純雜增虧爲綱官、舟人殿最，鹽課遂敷，盜販衰止。自挺去，法十廢五六，請復之便。」詔從之。仍定歲運淮鹽十二綱至虔州。及章惇察訪湖南，符本路提點刑獄朱初平措置般運廣鹽，添額出賣，然未及行。元豐三年，惇既參政，有郟亶者，邪險銳進，素爲惇所喜，迎合惇意，推倣湖南之法，乞運廣鹽於江西。卽遣蹇周輔往江西相度。周輔承望惇意，奏言：「虔州運路險遠，淮鹽至者不能多，人苦淡食，廣東鹽不得輒通，盜販公行。淮鹽官以九錢致一斤，若運廣鹽，盡會其費，減淮鹽一錢，而其鹽更善，運路無阻。請罷運淮鹽，通般廣鹽一千萬斤於江西虔州、南安軍，復均淮鹽六百一十六萬斤於洪、吉、筠、袁、撫、臨江、建昌、興國軍，以補舊額。」詔周輔立法以聞。周輔具鹽法幷總目條上，大率峻剝於民，民被其害。舊，江西鹽場許民買撲，周輔悉籍於官賣之。遂以周輔遙領提舉江西、廣東鹽事，卽司農寺置局。

四年，周輔改漕河北。明年，提舉常平劉誼言道途洶洶，以賣鹽爲患。詔江東提點刑獄范峋體量，未報，誼坐言役法等事罷。及峋奏至，但以州縣違法塞詔，竟無更張。未幾，周輔奏：「虔州、南安軍推行鹽法方半年，已收息十四萬緡。」自以爲功。詔命發運副使李琮體訪利害，琮知周輔方被奬用，止謂鹽法宜變通而已，不敢斥言其害。六年，周輔爲戶部侍郎，復奏湖南郴、道州隣接韶、連，可以通運廣鹽數百萬，卻均舊賣淮鹽於潭、衡、永、全、邵等州，並準江西、廣東見法，仍舉郟亶初議，郴、全、道三州亦賣廣鹽。詔委提舉常平張士澄、轉運判官陳偲措置。明年，士澄等具條約來上，詔施行之，額利增加，一方騷然。于時淮西亦推行周輔鹽法，發運使蔣之奇奏立知州、通判、鹽事官賞罰，下戶部著爲令。

紹聖三年，發運司言淮南亭戶貧瘠，官賦本錢六十四萬緡，皆倚辦諸路，以故不時至，民無所得錢，必舉倍稱之息。欲以糴本錢十萬緡給之，不足，畀以憑由，即欲質於官，與平之七〔九〕，而蠲其息，鹽本集，復給其三分，憑由毀棄。

崇寧元年，蔡京議更鹽法，乃言東南鹽本或闕，滯於客販，請增給度牒及給封樁坊場錢通三十萬緡。并列七條：一、許客用私船運致，仍嚴立輒踰疆至夾帶私鹽之禁；二、鹽場官吏槩量不平或支鹽失倫次者，論以徒；三、鹽商所經官司、場務、堰牐、津渡等輒加苛留者，如上法；四、禁命吏、廕家、貢士、胥史爲賈區請鹽；五、議貸亭戶；六、鹽價太低者議增之；七、令措置官博盡利害以聞。明年，詔鹽舟力勝錢勿輸，用絕阻遏，且許舟行越次取疾，官綱等舟輒攔阻者坐之。遂變鈔法，置買鈔所於榷貨務。凡以鈔至者，並以末鹽、乳香、茶鈔幷東北一分及官告、度牒、雜物等換給。末鹽鈔換易五分，餘以雜物，而舊鈔止許易末鹽、官告。仍以十分率之，止聽算三分，其七分兼新鈔。定民間買鈔之價，以抑豪強，以平邊糴。在河北買者，率百緡毋得下五千，東南末鹽鈔毋得下十千，陝西鹽鈔毋得下五千五百，私減者坐徒徙之罪，官吏留難、文鈔展限等條皆備。

四年，又以算請鹽價輕重不等，載定六路鹽價，舊價二十錢以上皆遞增以十錢，四十五者如舊；算請東南末鹽，願折以金銀、物帛者聽其便。而亭戶貸錢，舊輸息二分者蠲之。五年，詔算請不貼納見錢，以十分率之，毋過二分。大觀元年，乃令算請東南末鹽貼輸及帶舊鈔如見條外，更許帶日前貼輸三分錢鈔，輸四分者帶二分，五分者帶三分。後又貼輸四分者帶三分，五分者帶四分，而東南鹽並收見緡換請新鈔者，如四分五分法貼輸。其換請新鈔及見錢算東南末鹽，如不帶六等舊鈔者，聽先給；如止帶五等舊鈔，其給鹽之敍，在崇寧四年十月前所帶不貼輸舊鈔之上。六等者，謂貼三、貼四、貼五、當十鈔、幷河北公據、免貼納錢是也。

時鈔法紛易，公私交弊。四年，侍御史毛注言：「崇寧以來，鹽法頓易元豐舊制，不許諸路以官船迴載爲轉運司之利，許人任便用鈔請鹽，般載於所指州縣販易，而出賣州縣用爲課額。提舉鹽事司苛責郡縣，以賣鹽多寡爲官吏殿最，一有循職養民不忍侵克，則指爲沮法，必重奏劾譴黜，州縣孰不望風畏威，競爲刻虐？由是東南諸州每縣三等以上戶，俱以物產高下，勒認鹽數之多寡。上戶歲限有至千緡，第三等末戶不下三五十貫，籍爲定數，使依數販易，以足歲額；稍或愆期，鞭撻隨之。一縣歲額有三五萬緡，今用爲常額，實爲害之大者。」

又言：

朝廷自昔謹三路之備，糧儲豐溢，其術非他，惟鈔法流通，上下交信。東南末鹽錢爲河北之備，東北鹽爲河東之備，解池鹽爲陝西之備，其錢並積於京師，隨所積多寡給鈔於三路。如河北糧草鈔至京，並支見錢，號飛錢法；河東三路至京，半支見錢，半支銀、紬、絹；陝西解鹽鈔則支請解鹽，或有泛給鈔，亦以京師錢支給。惟錢積於京師，鈔行於三路，至則給錢，不復滯留。當時商旅皆悅，爭運糧草，入於邊郡。商賈既通，物價亦平，官司上下，無有二價，斗米止百餘錢，束草不過三十，邊境倉廩，所在盈滿。

自崇寧來鈔法屢更，人不敢信，京師無見錢之積，而給鈔數倍於昔年。鈔至京師，無錢可給，遂至鈔直十不得一，邊郡無人入中，糴買不敷，乃以銀絹、見錢品搭文鈔，爲糴買之直。民間中糴，不復會算鈔直，惟計銀絹、見錢，須至高擡糧草之價，以就虛數。致使官價幾倍於民間，斗米有至四百，束草不下百三十餘錢，軍儲不得不闕，財用不得不匱。如解鹽鈔每紙六千，今可直三千，商旅凡入東南末鹽鈔，乃以見錢四分、鹽引六分，榷貨務惟得七十千之入，而東南支鹽，官直百千，則鹽本已暗有所損矣。

臣謂鈔法不循復熙、豐，則物價無由可平，邊儲無由可積，方今大計，無急於此。薛向昔講究於嘉祐中，行之未幾，穀價遽損，邊備有餘，逮及熙、豐，其法始備。比年榷貨務不顧鈔法屢變，有誤邊計，惟冀貼納見錢，專買東南鹽鈔，圖增錢數，以僥冒榮賞。前鈔方行，而後鈔又復變易，特令先次支鹽，則前鈔遂爲廢紙，罔人攘利，商旅怨嗟。臣願明詔執政大臣，精擇能吏，推明鈔法，無以見行爲有妨，無以既往爲不可復，如薛向之法已效於昔者，可舉而行之。

今之練政事、通鈔法，不患無人；在京三庫之積，皆四方郡縣所入，不患無備。如以三四百萬緡樁留京師，隨數以給鈔引，使鈔至給錢，不復邀阻，上下交信，則人以鈔引爲輕齎，轉相貿易。或支請多，惟轉廊就給東南末鹽鈔或度牒之類，如東南末鹽鈔或度牒敕牒唯許以鈔引就給外，餘並令在京以見錢入易，樁留以爲鈔引之資，亦計之得者。若舊出文鈔，亦當體究立法，量爲分數，支鹽償之。自昔立法之難，非特造始，修復既廢，亦爲非易。欲興經久之利，則目前微害，宜亦可略，惟詳酌可否施行之。未幾，張商英爲相，乃議變通損益，復熙、豐之舊，令內府錢別樁一千五百萬緡，餘悉移用，以革錢、鈔、物三等偏重之弊。陝西給鈔五百萬緡，江、淮發運司給見錢文據或截兌上供錢三百萬緡。以左司員外郎張察措置東南鹽事，提舉江西常平張根管幹運淮鹽於江西，罷提舉鹽香，諸路鹽事各歸提刑司。議定五等舊鈔，商旅已換請新鈔及見錢鈔不對帶，聽先給東南末鹽諸路貨易。仍下淮、浙鹽場，以鹽十分率之，樁留五分，以待支發官綱，備三路商旅轉廊算請，餘五分以待算請新鈔及見錢鈔與不帶舊鈔當先給者。於是推行舊法，以商旅五色舊鈔，若用換請新鈔對帶，方許支鹽，慮伺候歲月，欲給無由，乃立增納之法。貼三鈔許於榷貨務更貼見緡七分，貼四鈔更貼六分，貼五、當十鈔貼七分，河北見錢文據貼五分算請。

有司議，三路鈔法如熙、豐舊法，全仰東南末鹽爲本，若許將舊鈔貼納算請，正與推行三路熙、豐鈔法相戾；卽不令貼納算還，又鈔無所歸。議將河北見錢文據減增納二分，餘各減二分，以告敕、度牒、香藥、雜物、東南鹽算請給償。帝詔：「東南六路元豐年額賣鹽錢，以緡計之，諸路各不下數十萬。自行鈔鹽，漕計窘匱，以江西言之，和、豫買欠民價不少，何以副仁民愛物之意？」令東南諸路轉運司協力措置般運。

政和元年，詔商旅願依熙、豐法轉廊者，許先次用三路新鈔算請，往他所定價給賣。優存兩浙亭戶額外中鹽，斤增價三分。已而張察均定鹽價，視紹聖斤增二錢，詔從其說，仍斤增一錢。議者謂：「異時鹽商於榷貨務入納轉廊，惟視東南諸郡積鹽多寡，鹽多則請鈔者衆，所入亦倍，其闕鹽地，客不肯住。在元豐時遠地須豫備二年或三年，次遠一年至二年，最近亦半年及一年，謂之準備鹽，而後鈔法乃通。紹聖間遵用舊制，廣有準備，故均價之後，課利增倍。謂宜嚴責轉運司般運準備鹽外，更及元豐準備之數，則鈔法始通，課利且羨。亭戶煎鹽，官爲買納，比舊既增矣，止用元豐舊價自可，況用新價，而有本錢，復加借貸，何慮不增？若斤更增一錢，虛費亦大。」詔施行之。六路通置提舉鹽事官，置司於揚州，未幾罷。

議者復謂：「客人在京榷貨務買東南末鹽者，其法有二：一曰見錢入納，二曰鈔面轉廊。今既許三路文鈔得以轉廊，若更循舊制，許以見錢入納，則客旅之錢，當入於榷貨，而不入於兼并，見錢留於京師，客旅走於東南。」詔采用焉。又有謂：「舊法聽以物貨及官鈔引抵當，所以扶持鈔價，不大減損，昨禁之非是。其舊轉廊鹽鈔，販致東南，轉運司乃專以見錢爲務，致多壅閼。」於是復鈔引抵當，一如其舊。末鹽以十分率之，限以八分給末鈔，二分許鬻見緡，後又增見緡爲三分。

二年，江寧府、廣德軍、太平州斤更增錢二，宣、歙、饒、信州斤增錢三，池江州、南康軍斤增錢四，各以去產鹽地遠近爲差。是歲，蔡京復用事，大變鹽法。五月，罷官般賣，令商旅赴場請販，已般鹽并封椿。商旅赴榷貨務算請，先至者增支鹽以示勸。前轉廊已算鈔未支者，率百緡別輸見緡三分，仍用新鈔帶給舊鈔三分；已算支者，所在抄數別輸帶賣如上法。其算請悉用見緡，而給鹽倫次，以全用見緡不帶舊鹽者爲上，帶舊鹽者次之，帶舊鈔者又次之。三路糴買文鈔，算給七分東南末鹽者，聽對見緡支算二分，東北鹽亦如之。自餘文鈔，毋得一例對算。復置諸路提舉官。於是詔書褒美京功，然商旅終以法令不信爲疑，算請者少，乃申扇搖之令，增賞錢五百緡。

三年，以商人承前先卽諸州投勾，乃請鹽於場，留滯，罷之。若請鹽大帶斤重者，官爲秤驗，乃輸錢給鈔。時法既屢變，蔡京更欲巧籠商賈之利，乃議措置十六條，裁定買官鹽價，囊以三百斤，價以十千，其鬻者聽增損隨時，舊加饒脚耗並罷。客鹽舊止船貯，改依東北鹽用囊，官製鬻之，書印及私造貼補，並如茶籠篰法，仍禁再用。受鹽、支鹽官司，析而二之，受於場者管秤盤囊封，納於倉者管察視引據、合同號簿。囊二十，則以一拆驗合同遞牒給商人外，東南末鹽諸場，仍給鈔引號簿，有欲改指別場者，並批銷號簿及鈔引，仍用合同遞牒報所指處給隨鹽引，即已支鹽，關所指處籍記。中路改指者倣此。其引繳納，限以一年，有故展毋得踰半年，限竟，鹽未全售者毀引，以見鹽籍于官，止聽鬻其處，毋得翻改。大抵皆視茶法而多爲節目，欺奪民利，故以免究盜販、私煎、大帶斤重爲名，而專用對帶之法。客負鈔請鹽，往往阸不即畀，必對元數再買新鈔，方聽帶給舊鈔之半。慮令之不行也，嚴避免之禁，申沮壞之制，重扇搖之法，季輒比較，務峻督責以取辦。

四年，以遠地商販者稀，鹽倉以地遠近爲敍，先給遠者。繼令大搭帶正鹽，期一月不買新鈔，沒官，而剩鹽即沒納。五年，僞造引者並依川錢引定罪。六年，以產鹽州軍大商弗肯止留，其用小袋住賣者聽輸錢二十給鈔，毋得輒出州界。

宣和二年，詔六路封樁舊鹽數踰億萬，其聽商旅般販，與淮、浙鹽倉即今鹽鈔對算。四年，榷貨務建議：「古有斗米斤鹽之說，熙、豐以前，米石不過六七百，時鹽價斤爲錢六七十，今米價石兩千五百至三千，而鹽仍舊六十。崇寧曾定鹽價，買鈔折算，酌以中價，斤爲錢四十，今一斤三十七錢，虧公稍多。欲囊增爲十三千入納，而亭戶所輸並增價，庶克自贍，盜販衰止。」於是舊鹽盡禁住賣，而籍記、貼輸、帶賣之令復用焉。

初，鹽鈔法之行，積鹽于解池，積錢于京師榷貨務，積鈔于陝西沿邊諸郡，商賈以物斛至邊入中，請鈔以歸。物斛至邊有數倍之息，惟患無回貨，故極利於得鈔，徑請鹽於解池，而解鹽通行地甚寬；或請錢于京師，每鈔六千二百，登時給與，但輸頭子等錢數十而已。以此所由州縣，貿易者甚衆。崇寧間，蔡京始變法，俾商人先輸錢請鈔，赴產鹽郡授鹽，欲囊括四方之錢，盡入中都，以進羨要寵，鈔法遂廢，商賈不通，邊儲失備；東南鹽禁加密，犯法被罪者多，民間食鹽，雜以灰土，解池天產美利，乃與糞壤俱積矣。大概常使見行之法售給才通，輒復變易，名對帶法，季年又變對帶爲循環。循環者，已賣鈔，未授鹽，復更鈔；已更鈔，鹽未給，復貼輸錢，凡三輸錢，始獲一直之貨。民無貲更鈔，已輸錢悉乾沒，數十萬券一夕廢棄，朝爲豪商，夕儕流丐，有赴水投繯而死者。

時有魏伯芻者，本省大胥〔10〕，蔡京委信之，專主榷貨務。政和六年，鹽課通及四千萬緡，官吏皆進秩。七年，又以課羨第賞。伯芻年除歲遷，積官通議大夫、徽猷閣待制，既而黨附王黼，京惡而黜之。伯芻非有心計，但與交引戶關通，凡商旅算請，率尅留十分之四以充入納之數，務入納數多，以昧人主而張虛最。初，政和再更鹽法，伯芻方爲蔡京所倚信，建言：「朝廷所以開闔利柄，馳走商賈，不煩號令，億萬之錢輻湊而至，御府須索，百司支費，歲用之外沛然有餘，則榷鹽之入可謂厚矣。頃年，鹽法未有一定之制，隨時變革以便公私，防閑未定，姦弊百出。自政和立法之後，頓絕弊源，公私兼利。異時一日所收不過二萬緡，則已詑其太多，今日之納乃常及四五萬貫。以歲計之，有一郡而客鈔錢及五十餘萬貫者，處州是也；有一州倉而客人請鹽及四十萬袋者，泰州是也。新法於今纔二年，而所收已及四千萬貫，雖傳記所載貫朽錢流者，實未足爲今日道也。伏乞以通收四千萬貫之數，宣付史館，以示富國裕民之政。」小人得時騁志，無所顧忌，遂至於此。

于時御府用度日廣，課入欲豐，再申歲較季比之令，在職而暫取告，其月日皆毋得計折，害法者不以官廕並處極坐，微至於鹽袋鯗鹽，莫不有禁，州縣惟務歲增課以避罪法，上下程督加厲。七年，乃詔：「昨改鹽法，立賞至重，抑配者多，計口敷及嬰孩，廣數下逮駝畜，使良民受弊，比屋愁嘆。悉從初令，以利百姓。三省其申嚴近制，改奉新鈔。」然有司不能承守，故比較已罷而復用，抄劄既免而復行，鹽囊既增而復止，一囊之價裁爲十一千，既又復爲十三千，民力因以擾匱，而盜賊滋焉。

靖康元年，詔未降新鈔前已給見錢公據文鈔，並給還商賈，以示大信。時鹽盡給新鈔，亦用帶賣舊鹽立限之法。言者論：「王黼當國，循用蔡京弊法，改行新鈔，舊鹽貼錢對帶，方許出賣，初限兩月，再限一月。是時黼方用事，專務害民，剝下益上，改易鈔法，甚於盜賊。然今不改覆車之轍，又促限止半月，反不及王黼之時，商賈豈得不怨？」詔申限焉。

南渡，淮、浙亭戶，官給本錢。諸州置倉，令商人買鈔，五十斤爲石，六石爲袋，輸鈔錢十八千。紹興元年，詔臨安府、秀州亭戶二稅，依皇祐法輸鹽，立監官不察亭戶私煎及巡捕漏泄之法。二年九月，詔淮、浙鹽令商人袋貼輸通貨錢三千，已算請而未售者亦如之，十日不自陳，如私鹽律。時呂頤浩用提轄張純議〔二〕，峻更鹽法。十有一月，詔淮、浙鹽以十分爲率，四分支今降旨符以後文鈔〔三〕，四分支建炎渡江以後文鈔。先是呂頤浩以對帶法不可用，令商人貼輸錢，至是復以分數如對帶法，於是始加嚴酷矣。三年，減民間鬻鹽錢。四年正月，詔淮、浙鹽鈔錢每袋增貼輸錢三貫，並計綱輸行在，尋命廣鹽亦如之。九月，以入輸遲細，減所添錢。然自建炎三年改鈔法，及今所改，凡五變，而建炎舊鈔支尚未絕，乃命以先後併支焉。

孝宗乾道六年，戶部侍郎葉衡奏：「今日財賦，鬻海之利居其半，年來課入不增，商賈不行，皆私販害之也。且以淮東、二浙鹽出入之數言之，淮東鹽竈四百一十二所，歲額鹽二百六十八萬三千餘石，去年兩務場賣淮鹽六十七萬二千三百餘袋，收錢二千一百九十六萬三千餘貫；二浙課額一百九十七萬餘石，去年兩務場賣浙鹽二十萬二千餘袋，收錢五百一萬二千餘貫，而鹽竈乃計二千四百餘所。以鹽額論之，淮東之數多於二浙五之一，以去歲賣鹽錢數論之，淮東多於二浙三之二，及以竈之多寡論之，兩浙反多淮東四之三，蓋二浙無非私販故也。欲望遣官分路措置。」

淳熙八年，詔住賣帶賣積鹽，以朝廷徒有帶賣之名，總所未免有借撥之弊故也。十年，先是湖北鹽商吳傳言：「國家鬻海之利，以三分爲率，淮東居其二。通、泰、楚隸買鹽場十六，催煎場十二，竈四百十二。紹興初，竈煎鹽多止十一籌，籌爲鹽一百斤；淳熙初，亭戶得嘗試鹵水之法，竈煎至二十五籌至三十籌，增舊額之半。緣此，鹽場買亭戶鹽，籌增稱鹽二十斤至三十斤爲浮鹽。日買鹽一萬餘籌，其浮鹽止以二十斤爲則，有二十萬斤，爲二千籌，籌爲錢一貫八百三十文，內除船脚錢二百文，有一貫六百三十文。其鹽並再中入官，爲鈔錢四百五十一萬七千五百餘緡。又綱取鹽一袋并諸窠名等，及賣又多稱斤兩，亭戶饑寒，不免私賣。若朝廷嚴究，還其本錢，而後可以盡革私賣之弊。」至是，詔還通、泰等州諸鹽場欠亭戶鹽本錢一百一十萬貫。

寧宗慶元初，詔罷循環鹽鈔，改增剩鈔名爲正支文鈔給算，與已投倉者通理先後支散。以淮東提舉陳損之言循環鈔多弊，故有是命，於是富商巨賈有頓爲貧民者矣。開禧二年，詔自今新鈔一袋，搭支舊鈔一袋，如新鈔多於舊鈔，或願全以新鈔支鹽，及無舊鈔而願全買新鈔者聽，以新鈔理資次。嘉定二年，詔淮東貼輸鹽錢免二分交子，止用錢會中半。三年詔：「停場鈔引之家〔三〕，增長舊鈔價直，袋賣官會百貫以上。自今令到日，鹽鈔官錢袋增收會子二十貫，三務場朱印於鈔面，作『某年某月新鈔』，俟通賣及一百萬袋，即免增收。其日前已未支鹽鈔並爲舊鈔，期以一年持赴倉場支鹽，袋貼輸官會一十貫，出限更不行用。」此淮、浙鹽之大略也。

唐乾元初，第五琦爲鹽鐵使，變鹽法，劉晏代之，當時舉天下鹽利，歲纔四十萬緡。至大曆，增至六百餘萬緡，天下之賦，鹽利居半。元祐間，淮鹽與解池等歲四百萬緡，比唐舉天下之賦已三分之一。紹興末年以來，泰州海陵一監〔四〕，支鹽三十餘萬席，爲錢六七百萬緡，則是一州之數，過唐舉天下之數矣。

寶慶二年，監察御史趙至道言：「夫產鹽固藉於鹽戶，鬻鹽實賴於鹽商，故鹽戶所當存恤，鹽商所當優潤。慶元之初，歲爲錢九百九十萬八千有奇，寶慶元年，止七百四十九萬九千有奇，乃知鹽課之虧，實鹽商之無所贏利。爲今之計，莫若寬商旅，減征稅，庶幾慶元鹽課之盛，復見於今日矣。」從之。紹定元年，以侍御史李知孝言，罷上虞、餘姚海塗地創立鹽竈。端平二年，都省言：「淮、浙歲額鹽九十七萬四千餘袋，近二三年積虧一百餘萬袋，民食貴鹽，公私俱病。」有旨，三路提舉茶鹽司各置主管文字一員，專以興復鹽額、收買散鹽爲務，歲終尚書省課其殿最。淳祐元年，臣僚奏：「南渡立國，專仰鹽鈔，紹興、淳熙，率享其利。嘉定以來，二三十年之間，鈔法或行或罷，而浮鹽之說牢不可破，其害有不可勝言者。望付有司集議，孰爲可行，孰爲可罷，天地之藏與官民共之，豈不甚盛？」從之。五年，申嚴私販苛征之禁。

寶祐元年，都省言：「行在榷貨務都茶場上本務場淳祐十二年收趁到茶鹽等錢一萬一千八百一十五萬六千八百三十三貫有奇〔一五〕，比今新額四千萬貫增一倍以上，合視淳祐九年、十年、十一年例倍賞之，以勵其後。」有旨依所上推賞。四年五月，以行在務場比新額增九千一百七十三萬五千九百一十二貫有奇，本務場幷三省、戶部、太府寺、交引庫，凡通管三務場職事之人，視例推賞，後以爲常。十有二月，殿中侍御史朱熠言：「近者課額頓虧，日甚一日，姑以眞州分司言之，見虧二千餘萬，皆由臺閫及諸軍帥興販規利之由。」於是復申嚴私販之禁。

五年，朱熠復言：「鹽之爲利博矣。以蜀、廣、浙數路言之，皆不及淮鹽額之半。蓋以斥鹵彌望，可以供煎烹，蘆葦阜繁，可以備燔燎。故環海之湄，有亭戶，有鍋戶，有正鹽，有浮鹽。正鹽出於亭戶，歸之公上者也；浮鹽出於鍋戶，鬻之商販者也，正鹽居其四，浮鹽居其一。端平之初，朝廷不欲使浮鹽之利散而歸之於下，於是分置十局，以收買浮鹽，以歲額計之，二千七百九十三萬斤。十數年來，鈔法屢更，公私俱困，眞、揚、通、泰四州六十五萬袋之正鹽，視昔猶不及額，尙何暇爲浮鹽計邪？是以貪墨無恥之士大夫，知朝廷住買浮鹽，龍斷而籠其利；纍纍竈戶，列處沙洲，日藉銖兩之鹽，以延旦夕之命，今商賈既不得私販，朝廷又不與收買，則是絕其衣食之源矣。爲今之計，莫若遵端平之舊式，收鍋戶之浮鹽。所給鹽本，當過於正鹽之價，則人皆與官爲市，卻以此鹽售於上江，所得鹽息，徑輸朝廷，一則可以絕戎閫爭利之風，二則可以續鍋戶烹煎之利。」有旨從之。

校勘記

〔一〕水勢稍淡　「淡」原作「淺」。按長編卷二三〇熙寧五年二月戊辰條注作「水勢稍淡」，姚寬西溪叢語卷上同。從下文文義言，作「淡」是，據改。

〔二〕宣和元年　「年」原作「州」。據延祐四明志卷二職官考、宋會要職官六〇之二五，宣和元年時樓异知明州。是「州」字實係「年」字之誤，據改。

〔三〕利豐監　「利豐」二字原倒，據本書卷八八地理志、寰宇記卷一三〇乙正。

〔四〕可得緡錢三千萬　「三千萬」原作「三十萬」，和上文一石約售錢二千之數不合，據長編卷一一三改。

〔五〕入中陝西河東者　「陝西」原作「陝東」，據長編卷一六八改。

〔六〕鹽百八斤舊售錢十萬　長編卷一六八、編年綱目卷一四均作：「鹽八百斤舊售錢十萬，至是止六萬。」

〔七〕而虔州官糶鹽　「虔」字原脫，據長編卷一九六、通考卷一六征榷考補。

〔八〕更擇壯舟　長編卷二一三作「更擇北舟」。

〔九〕與平之七　按宋會要食貨二四之三一，此句作「則據憑由與十之七」。此處「平」似應作「十」。

〔一〇〕本省大胥　按通考卷一六征榷考作「本三省大胥也」，疑此處脫「三」字。

〔一一〕用提轄張純議　「議」原作「儀」，據繫年要錄卷五八、中興聖政卷一二改。

〔一二〕四分支今降旨符以後文鈔　按繫年要錄卷六〇、中興聖政卷一二，此句下有「二分支今年九月甲申以後文鈔」之文。

〔一三〕停場鈔引之家　「場」字原脫，據宋會要食貨二八之五一補。

〔一四〕泰州海陵一監　「海陵」原作「海寧」，據上文和本書卷八八地理志改。

〔一五〕茶鹽等錢一萬一千八百一十五萬六千八百三十三貫有奇　「一萬一千」原作「一十一千」，據續通考卷一九征榷考改。

宋史卷一百八十三

志第一百三十六

食貨下五

鹽下　茶上

其在福建曰福州長清場，歲鬻十萬三百石，以給本路。天聖以來，福漳泉州、興化軍皆鬻鹽，歲視舊額增四萬八千九百八石。

熙寧十年，有廖恩者起爲盜，聚黨掠州郡。恩既平，御史中丞鄧潤甫言：「閩越山林險阻，連亘數千里，無賴姦民比他路爲多，大抵盜販鹽耳。恩平，遂不爲備，安知無躡恩之跡而起者？」乃詔福建路蹇周輔度利害，周輔言：「建劍汀州、邵武軍官賣鹽價苦高，漳泉福州、興化軍鬻鹽價賤，故盜多販賣於鹽貴之地。異時建州嘗計民產賦錢買鹽，而民憚求有司，徒出錢或不得鹽。今請罷去，頗減建、劍、汀、邵武鹽價，募上戶爲鋪戶，官給劵，定月所賣，從官場買之，如是則民易得鹽，盜販不能規厚利。又稍興復舊倉，選吏增兵。立法，若盜販、知情囊橐之者，不以赦原；三犯，杖、編管鄰州；已編管復犯者，杖、配犯處本城。」皆行之，歲增賣二十三萬餘斤，而鹽官數外售者不預焉。

元豐二年，提舉鹽事賈青請自諸州改法酌三年之中數立額。又請捕盜官獲私鹽多者，論賞不限常法。三年，青上所部賣鹽官吏歲課，比舊額增羨。詔曰：「周輔承命創法，青相繼奉行，期年有成，課增盜止，東南賴之。」時周輔已擢三司副使，監司已次被賞者凡二十人。

哲宗即位，御史中丞黃履奏福建多以鹽抑民，詔：「去歲先帝已立分遣御史、郎官察舉監司之法，福建遣御史黃降，江西遣御史陳次升按之。」繼又以命吏部郎中張汝賢併察舉周輔所立鹽法。降言：「福州緣王氏之舊，每產錢一當餘州之十，其科納以此爲率，餘隨均定，鹽額亦當五倍，而實減半焉。昨王子京奏立產鹽法，失於詳究，遂概以額增，多寡之間，遼遠絕殊，遠民久無以伸。」詔付汝賢。明年，按察司盡以所察事狀聞，於是福建轉運副使賈青、王子京皆坐掊克，謫監湖南鹽酒稅；刑部侍郎蹇周輔坐議江西鹽法，掊克誕謾，削職知和州；郟亶坐倡議運廣鹽江西，張士澄坐附會推行周輔之法，肆志抑擾，並黜官；閩清縣尹徐壽獨用鹽法初行，能守官不撓，民以故不多受課，言於朝加賞焉。汝賢請定福建產賣鹽額，詔從其請；凡抑民爲鹽戶及願退不爲行者，以徒一年坐之，提舉鹽事官知而不舉，論如其罪。

已而殿中侍御史呂陶奏：「朝廷以福建、江西、湖南等路鹽法之弊，流毒生靈，遣使按視，譴黜聚斂之吏，以慰困窮之民，天下皆知公議之不可廢也。然湖南、江西運賣廣鹽添額之害，京東、河北榷鹽，皆章惇所倡，願付有司根治其罪，使賊民罔上之臣，少知所畏。」監察御史孫升繼言：「江西、湖南鹽法之害，兩路之民，殘虐塗炭，甚於兵火，獨提舉官劉誼乃能上言極其利害，誼坐奪官勒停。」詔復誼官，起守韶州。

崇寧以後，蔡京用事，鹽法屢變，獨福建鹽於政和初斤增錢七，用熙寧法聽商人轉廊算請，依六路所算末鹽錢每百千留十之一，輸請鹽處爲鹽本錢。

建炎間，淮、浙之商不通，而閩、廣之鈔法行；未幾，淮、浙之商既通，而閩、廣之鈔法遂罷。舊法，閩之上四州建、劍、汀、邵行官賣鹽法，閩之下四州福、泉、漳、化行產鹽法。隨稅輸鹽也。官賣之法既革，產鹽之法亦弊，鈔法一行，弊若可革，而民俗又有不便。故當時轉運、提舉司請上四州依上法，下四州且令從舊。及鈔法既罷，歲令漕司認鈔錢二十萬緡輸行在所榷貨務，自後或減或增，卒爲二十二萬緡。

二十七年〔一〕，常平提舉張汝楫復申明鈔法，上以問宰執。陳誠之奏曰：「建、劍山溪之險，細民冒法私販，雖官賣鹽猶不能革，若使民自賣，其能免私販乎？私販既多，鈔額必虧。」上曰：「中間曾用鈔法，未幾復罷，若可行，祖宗已行之矣。大抵法貴從俗，不然不可經久。」淳熙五年，詔泰寧、尤溪兩縣計產買鹽之令，更不施行。

八年〔二〕，福建市舶陳峴言：「福建自元豐二年轉運使王子京建運鹽之法，不免有侵盜科擾之弊，且天下州縣皆行鈔法，獨福建膺運鹽之害。紹興初，趙不已嘗措置鈔法，而終不可行者，蓋漕司則藉鹽綱爲增鹽錢，州縣則藉鹽綱以爲歲計，官員則有賣鹽食錢、縻費錢，胥吏則有發遣交納常例錢，公私齟齬，無怪乎不可行也。鈔法未成倫序，而綱運遽罷，百姓率無食鹽，故漕運乘此以爲不便，請抱引錢而罷鈔法。鈔法罷而綱運興，官價高，私價賤，民多食私鹽而官不售，科抑之弊生矣。」於是詔峴措置。峴請從榷貨務自五千斤至百斤〔三〕，分爲五等，造大小鈔給買，仍預措置賣鈔，先以本錢界三倉買鹽，以備商旅請買。九年正月，以福建鹽自來運賣，近爲鈔法數擾害民，於是詔福建轉運司，諸州鹽綱依舊官般官賣。三月，詔轉運傅自得、楊由義廉察官賣鹽未便者，措置以聞。

淳熙十三年，四川安撫制置趙汝愚言：「汀州民貧，而官鹽抑配視他州尤甚，乞以汀州爲客鈔。」事下提舉應孟明及汀州守臣議，孟明等言：「上四州軍有去產鹽之地甚邇者，官不賣鹽則私禁不嚴，民食私鹽則客鈔不售，既無翻鈔之地則客賣銷折，所以鈔法屢行而屢罷。四川闊遠，猶不可翻鈔，汀州將何所往？故鈔法雖良，不可行於汀州，惟裁減本州幷諸縣合輸內錢，而嚴科鹽之禁，庶幾汀民有瘳矣。」復下轉運趙彥操等措置裁減，以歲運二百萬四千斤會之，總減三萬九千三十八緡有奇，又免其分隸諸司，則汀州六邑歲減於民者三萬九千緡有奇，減於官者一萬緡有奇，所補州用又在外。蓋上四州財賦絕少，所恃者官賣鹽耳。

又瀕海諸郡計產輸錢，官給之鹽以供食，其後遂爲常賦，而民不復請鹽矣，此又下四州產鹽之弊也。寧宗嘉定六年，臣僚嘗極言之，於是下轉運司，將福之下四州軍凡二十文產以下合輸鹽五斤之家盡免，其析戶產錢僅及二十文者不輸鹽錢。

寶慶二年，監察御史梁成大言：「福建州縣半係瀕海產鹽之地，利權專屬漕臣，乃其職也。鹽產於福州、興化，而運於劍、建、汀、邵，四郡二十二縣之民食焉。福建提舉司主常平茶事而鹽不預，漕司與認淨鏹以助用，近來越職營利，多取綱運，分委屬縣。縣邑既爲漕司措辦鹽課，今又增提舉司之額，其勢必盡敷於民，殆甚於青苗之害。望將運鹽盡歸漕司，提舉司不得越職，庶幾事權歸一，民瘼少蘇矣。」從之。

景定元年九月，明堂赦曰：「福建上四州縣倚鹽爲課，其間有招趁失時，月解拖欠，其欠在寶祐五年以前者，並與除放，倘敢違法計口科抑者，監司按劾以聞。」三年，臣僚言：「福建上四州山多田少，稅賦不足，州縣上供等錢銀、官吏宗子官兵支遣，悉取辦於賣鹽，轉運司雖拘榷鹽綱，實不自賣。近年創例自運鹽兩綱，後或歲運十綱至二十綱，與上四州縣所運歲額相妨，而綱吏搭帶之數不預焉。州縣被其攙奪，發泄不行，上供常賦，無從趁辦，不免敷及民戶，其害有不可勝言者。」有旨：「福建轉運司視自來鹽法，毋致違戾；建寧府、南劍州、汀州、邵武軍依此施行。」

廣州東莞靜康等十三場，歲鬻二萬四千餘石，以給本路及西路之昭桂州、江南之南安軍。廉州白石、石康二場，歲鬻三萬石，以給本州及容、白、欽、化、蒙、龔、藤、象、宜、柳、邕、潯、貴、賓、梧、横、南儀、鬱林州。又高、竇、春、雷、融、瓊、崖、儋、萬安州各鬻以給本州，無定額。天聖以後，東、西海場十三皆領於廣州，歲鬻五十一萬三千六百八十六石，以給東、西二路。而瓊、崖諸州，其地荒阻，賣鹽不售，類抑配衙前。前後官此者，或擅增鹽數，煎鹽戶力不給，有破產者。元豐三年，朱初平奏鬻鹽之不售者，又約所賣數定爲煎額，以惠遠民。久之，廣西漕司奏民戶逋鹽稅，其縣令監官雖已代，並仕奉勒催，須足乃罷。而廣東漕臣復奏嶺外依六路法，以逐州管幹官爲鹽官，提點刑獄兼提舉鹽事，考較賞罰如之。

瓊、崖等州復請賦鹽於民，斤重視其戶等，而民滋困矣。

南渡，二廣之鹽皆屬於漕司，量諸州歲用而給之鹽。然廣東俗富，猶可通商；廣西地廣莫而彫瘁，食鹽有限，商賈難行。自東廣而出，乘大水無灘磧，其勢甚易；自西廣而出，水小多灘磧，其勢甚難。建炎末鬻鈔，未幾復止，然官般、客鈔，亦屢有更革，東、西兩漕，屢有分合。

紹興元年三月，南恩州陽江縣土生鹹，募民墾之，置竈六十七，產鹽七十萬八千四百斤，收息錢三萬餘緡。十有二月，復置廣西茶鹽司。八年，詔廣西鹽歲以十分爲率，二分令欽、廉、雷、化、高五州官賣，餘八分行鈔法。尋又詔廣東鹽九分行鈔法，一分產鹽州縣出賣。廣南去中州絕遠，土曠民貧，賦入不給，故漕司鬻鹽，以其息什四爲州用，可以粗給，而民無加賦。昭州歲收買鹽錢三萬六千緡，以七千緡代潯、貴州上供赴經略司買馬，餘爲州用。及罷官賣，遂科七千緡於民戶，謂之縻費錢焉。九年，罷廣東官賣，行客鈔法，以其錢助鄂兵之費。

孝宗乾道四年，罷鹽鈔，令廣西漕司自認漕錢二十萬。且廣西之鹽乃漕司出賣，自乾道元年因曾連請併歸廣東，於是度支唐瑑言：「廣西鹽引錢欠幾八千萬緡〔四〕，緣向來二廣鹽事分東西兩司，而西路鹽常爲東路所侵，昔廣西自作一司，故鹽課不至於虧減〔五〕，今既罷西司併入東路，則廣東之鹽無復禁止，廣西坐失一路所入。」故有是命。既而宰執進蔣芾之奏：「鹽利舊屬漕司，給諸州歲計〔六〕，自賣鈔鹽之後，漕司遂以苗米高價折錢。今朝廷更不降鹽鈔，只令漕司認發歲額〔七〕，則漕司自獲鹽息，折米招糴之弊皆去矣。」九年，詔廣州復行官般官賣法。

淳熙三年，詔廣西轉運司歲收官鹽息錢三分撥諸州，七分充漕計，從經略張栻請也。栻去而漕臣趙公瀚增鹽直斤百錢爲百六十，欽州歲賣鹽千斛而五增之。六年，侍御史江溥以爲言，上黜公瀚，詔閩、廣賣鹽自有舊額定直，自今毋得擅增。

九年，詔遣浙西撫幹胡庭直訪求利害，與帥、漕、提舉詳議以聞。使還，尋以庭直提舉廣東同措置廣西鹽事。十年〔八〕，詔曰：「廣南在數千里外，疾痛艱於上聞，朕憫之尤切。蓋鹽者，民資以食，向也官利其贏，轉而自鬻，久爲民疾。朕爲之更令，俾通販而杜官鬻，民固以爲利矣；然利於民者官不便焉，必胥動以浮言，且朕知恤民而已，浮言奚恤？矧置監司、守令以爲民，朕有美意，弗廣其推，顧撓而壞之，可乎？自今如或有此，必寘之法。」於是命詹儀之知靜江府，併廣東、西鹽事爲一司，其兩路賣鹽，歲以十六萬五千籮爲額。儀之等言：「兩路鹽且以十萬籮爲額〔九〕，俟三數年，視其增虧，乃增其額。所有客鈔東西路通貨錢與免，以便商販。」

十六年，經略應孟明言：「廣中自行鈔法，五六年間，州縣率以鈔抑售於民，其害有甚於官般。」詔孟明、朱晞顏與提舉廣南鹽事王光祖從長措置經久利便，毋致再有科抑之弊。寶慶元年，以廣州安撫司水軍大爲興販，罷其統領尹椿、統轄黃受，各降一官。

鬻鹻爲鹽，曰并州永利監，歲鬻十二萬五千餘石，以給本州及忻、代、石、嵐、憲、遼、澤、潞、麟、府州，威勝、岢嵐、火山、平定、寧化、保德軍，許商人販鬻，不得出境。仁宗時，分永利東、西兩監，東隸并州，西隸汾州。籍州民之有鹻土者爲鐺戶，戶歲輸鹽於官，謂之課鹽，餘則官以錢售之，謂之中賣。鹽法亦與海鹽同，歲鬻視舊額減三千四百三十七石。河東唯晉、絳、慈、隰食池鹽，餘皆食永利鹽。其入官，斤爲八錢或六錢，出爲錢三十六，歲課緡錢十八萬九千有奇。

自咸平以來，聽商人輦鹽過河西麟府州、濁輪砦貿易，官爲下其價予之。後積鹽益多，康定初，罷東監鬻鹽三年。皇祐中，又權罷西監鬻鹽，俟鹽少復故。時議者請募商人入芻粟麟府州、火山軍，予券償以鹽，從之。既而芻粟虛估高，券直千錢，爲鹽商所抑，纔售錢四百有餘，而出官鹽五十斤，蠹耗縣官。或請罷入芻粟，第令入實錢，轉運司議以爲非便而止。大抵鹻土或厚或薄，薄則利微，鐺戶破產不能足其課。至和初，韓琦請戶滿三歲，地利盡，得自言，摘他戶代之。明年，又詔鐺戶輸歲課以分數爲率，蠲復有差，遇水災，又聽摘他戶代役，百姓便之。河北、陝西亦有鬻鹻爲鹽者，然其利薄。明道初，嘗詔廢河中府、慶成軍鹻場，禁民鬻鹽以侵池鹽之利。

熙寧八年，三司使章惇言：「兩監舊額歲課二十五萬餘緡，自許商人並邊入中糧草〔一〇〕，增饒給鈔支鹽，商人得鈔千錢，售價半之，縣官陰有所亡，坐賈獲利不貲。又私鹽不禁，歲課日減，今纔十萬四千餘緡，若計糧草虛估，官纔得實錢五萬餘緡，視舊虧十之八。請如解鹽例，募商人入錢請買，或官自運，鬻於本路，重私販之禁，歲課且大增，並邊市糧草，一用見錢。」詔如所奏，官自運鬻於本路。

元豐元年，三司戶部副使陳安石言：「永利東、西監鹽，請如慶曆前商人輸錢於麟、府、豐、代、嵐、憲、忻、岢嵐、寧化、保德、火山等州軍，本州軍給券於東、西監請鹽，以除加饒折糴之弊。仍令商人自占所賣地，即鹽已運至場務者，商人買之加運費。如是則官鹽價平而商販通。」遂行其說，用安石爲河東都轉運使。安石請犯西北青白鹽者，以皇祐敕論罪，首從皆編配；又青白入河東，犯者罪至流，所歷官司不察者罪之。四年，安石自言治鹽歲有羨餘，及增收忻州鹻地鐺戶、馬城池鹽課，詔安石遷官，賞其屬。元祐元年，右司諫蘇轍言：「異時河東除食解鹽，餘仰東、西永利鹽，未嘗闕。元豐三年後，前宰相蔡確、兄礪等始議創增河東忻州馬城池鹽，夾硝味苦，民不願買。乞下轉運司，苟無妨闕，即止勿收。」詔從之。

四年，陳安石坐爲河東轉運使附會時論，興置鹽井，害及一路，降知鄭州。先是，熙寧中，議收熙河蕃部包順鹽井，或以爲非宜，王安石謂邊將苟自以情得之，何害？議者不能奪焉。

六年，詔代州賣鹽年額酌以中數，以八十五萬斤爲額，部內多少均裁之。紹聖元年，河東復行官賣法。崇寧三年，以河東三路鈔無定估，本路尤賤，害於糴買，罷給三路鈔，止給見錢鈔，他如河北新降鈔法。四年，詔河東永利兩監土鹽仍官收，見緡鬻之，聽商人入納算請，定往河東州軍，罷客販東北鹽入河東者。

鬻井爲鹽，曰益、梓、夔、利，凡四路。益州路一監九十八井，歲鬻八萬四千五百二十二石；梓州路二監三百八十五井，十四萬一千七百八十石；夔州路三監二十井，八萬四千八百八十石；利州路一百二十九井，一萬二千二百石：各以給本路。大爲監，小爲井，監則官掌，井則土民幹鬻，如其數輸課，聽往旁境販賣，唯不得出川峽。初，川峽承舊制，官自鬻鹽。開寶七年，詔斤減十錢，令幹鬻者有羨利但輸十之九。

太平興國二年〔三〕，右拾遺郭泌上言：「劍南諸州官糶鹽，斤爲錢七十。鹽井濬深，鬻鹽極苦，樵薪益貴，輦之甚艱，加之風水之虞，或至漂喪；豪民黠吏，相與爲姦，賤市於官，貴糶於民，至有斤獲錢數百，官虧歲額，民食貴鹽。望稍增舊價爲百五十文，則豪猾無以規利，民有以給食。」從之。有司言：「昌州歲收虛額鹽萬八千五百餘斤，乃開寶中知州李佩掊斂以希課最，廢諸井薪錢，歲額外課部民鬻鹽，民不習其事，甚以爲苦，至破產不能償其數，多流入他部，而積年之征不可免。」詔悉除之，其舊額二萬七千六十斤如故。端拱元年七月，西川食鹽不足，許商販階、文州青白鹽、峽路井鹽、永康軍崖鹽，勿收算。

川峽諸州自李順叛後，增屯兵，乃募人入粟，以鹽償之。景德二年，權三司使丁謂言：「川峽糧儲充足，請以鹽易絲帛。」詔諸州軍食及二年、近溪洞州三年者，從其請。大中祥符元年，詔瀘州南井竈戶遇正、至、寒食各給假三日，所收日額，仍與除放。三年，減瀘州淯井監課鹽三之一。

仁宗時，成都、梓、夔三路六監與宋初同，而成都增井三十九，歲課減五萬六千五百九十七石；梓州路增井二十八，歲課減十一萬一十九石；利州路井增十四，歲課減四百九十二石三斗有奇；夔州路井增十五，歲課減三千一百八十四石。各以給一路，夔州則幷給諸鬻，計所入鹽直，歲輸緡錢五分，銀、紬絹五分。又募人入錢貨諸州，即產鹽厚處取鹽，而施、黔並邊諸州，并募人入米。

康定元年，淮南提點刑獄郭維言：「川峽素不產銀，而募人以銀易鹽，又鹽酒場主者亦以銀折歲課，故販者趨京師及陝西市銀以歸，而官得銀復輦置京師，公私勞費。請聽入銀京師榷貨務或陝西並邊州軍，給券受鹽於川峽，或以折鹽酒歲課，願入錢，二千當銀一兩。」詔行之。既而入銀陝西者少，議鹽百斤加二十斤予之，并募入中鳳翔、永興。會西方用兵，軍食不足，又詔入芻粟並邊，俟有備而止。芻粟虛估高，鹽直賤，商賈利之，西方既無事，猶入中如故。夔州轉運使蔣賁以爲入中十餘年，虛費夔鹽計直二十餘萬緡，今陝西用池鹽之利，軍儲有備，請如初。詔許之。

先是，益、利鹽入最薄，故幷食大寧監、解池鹽，商賈轉販給之。慶曆中，令商人入錢貨益州以射大寧監鹽者，萬斤增小錢千緡，小錢十當大錢一。販者滋少，蜀中鹽踊貴，斤爲小錢二千二百，知益州文彥博以爲言，詔皆復故。

四路鹽課，縣官之所仰給，然井源或發或微，而積課如舊，任事者多務增課爲功，往往貽患後人。時方切於除民疾苦，尤以遠人爲意，有司上言，輒爲蠲減。初，鹽課聽以五分折銀、紬、絹，鹽一斤計錢二十至三十，銀一兩、紬絹一匹折錢六百至一千二百，後詔以課利折金帛者從時估。荊湖之歸、峽二州，州二井，歲課二千八百二十石，亦各以給本州。

熙寧中，蜀鹽私販者衆，禁不能止。欲盡實私井，運解鹽以足之，議未決。神宗以問修起居注沈括，對曰：「私井既容其撲買，則不得無私易，一切實之而運解鹽，使一出於官售，此亦省刑罰籠遺利之一端；然忠、萬、戎、瀘間夷界小井尤多，止之實難，若列候加警，恐所得不酬所費。」議遂寢。九年，劉佐入蜀經度茶事，嘗歲運解鹽十萬席。侍御史周尹奏：「成都府路素仰東川產鹽，昨轉運司商度賣陵井場，遂止東鹽及閉卓筒井，失業者衆，言利之臣，復運解鹽，道險續運甚艱；成都鹽踊貴，東川鹽賤，驅民冒法。乞東鹽仍入成都，勿閉卓筒井，罷官運解鹽。」詔商販仍舊，賣解鹽依客商例，禁抑配於民。未幾，官運解鹽竟罷。

元祐元年，詔委成都提點刑獄郭槩體量鹽事。右司諫蘇轍劾槩觀望阿附，奏不以實，且言：「四川數州賣邛州蒲江井官鹽，斤爲錢百二十，近歲鹹泉減耗，多雜沙土，而梓、夔路客鹽及民間販小井白鹽，價止七八十，官司遂至抑配，槩不念民朝夕食此貴鹽。」詔遂罷槩，令黃廉體量以聞。上封事者言：「有司於稅課外，歲令井輸五十緡，謂之官溪錢。」詔付廉悉蠲之。詔自今溪有鹽井輸課利鹽稅外，毋得更增以租。

崇寧二年，川峽利、洋、興、劍、蓬、閬、巴、綿、漢、興元府等州，並通行東北鹽。四年，梓、遂、夔、綿、漢州〔三〕、大寧監等鹽仍鬻於蜀，惟禁侵解鹽地。

紹興二年，四川總領趙開初變鹽法，倣大觀法置合同場，收引稅錢，大抵與茶法相類，而嚴密過之。斤輸引錢二十有五，土產稅及增添約九錢四分，所過稅錢七分，住稅一錢有半，引別輸提勘錢六十，其後又增貼輸等錢。凡四川四千九百餘井，歲產鹽約六千餘萬斤，引法初行，百斤爲一檐，又許增十斤勿算以優之，其後遞增至四百餘萬緡。二十九年，減西和州賣鹽直之半。

孝宗淳熙六年，四川制置胡元質、總領程价言：「推排四路鹽井二千三百七十五、場四百五，除井一千一百七十四、場一百五十依舊額煎輸，其自陳或糾決增額者井一百二十五、場二十四，幷今淯淘舊井亦願入籍者四百七十九，其無鹽之井，卽與刬除，不敷而抱輸者，卽與量減，共減錢引四十萬九千八百八十八道，而增收錢引十三萬七千三百四十九道，庶井戶免困重額。」七年，元質又言：「鹽井推排，所以增有餘減不足〔四〕，有司務求贏餘，盈者過取，涸者略減，盡出私心。今後凡遇推排，以增補虧，不得踰已減之數。」十一年，以京西轉運副使江溥言金州帥司置場拘買商鹽，高價科賣，致商旅坐困，民食貴鹽，詔金州依法聽商人從便買賣，不得置場拘催。

初，趙開之立榷法也，令商人入錢請引，井戶但如額鬻鹽，輸土產稅而已。然鹹脈有盈縮，月額有登耗，間以虛鈔付之，而收其算，引法由是大壞。井戶既爲商人所要，因增其斤重予之，每檐有增至百六十斤者。又逃絕之井，許增額承認，小民利於得井，界增其額，而不能售，其引息土產之輸，無所從出，由是刎縊相尋，公私病之。

光宗紹熙三年，吏部尙書趙汝愚言：「紹興間趙開所議鹽法，諸井皆不立額，惟禁私賣，而諸州縣鎭皆置合同場，以招商販，其鹽之斤重，遠近皆平準之，使彼此均一而無相傾奪，貴賤以時而爲之翕張。今其法盡廢，宜下四川總所視舊法施行。」時楊輔爲總計，去虛額，閉廢井，申嚴合同場法，禁斤重之踰格者，而重私販之罰，鹽直於是頓昂。輔又請罷利州東路安撫司所置鹽店六，及津渡所收鹽錢，與西路興州鹽店。後總領陳曄又盡除官井所增之額焉。

五年，戶部言：「潼川府鹽、酒爲蜀重害。鹽既收其土產錢給賣官引，又從而征之，矧州縣額外收稅，如買酒錢、到岸錢、楊地錢之類，皆是創增。」於是申禁成都、潼川、利路諸司。寧宗嘉定七年，詔四川鹽井專隸總所，既而宣撫使安丙言防秋藉此以助軍興，乃復奪之。

茶

宋榷茶之制，擇要會之地，曰江陵府，曰眞州，曰海州，曰漢陽軍，曰無爲軍，曰蘄州之蘄口，爲榷貨務六。初，京城、建安、襄復州皆置務，後建安、襄復州務廢，京城務雖存，但會給交鈔往還，而不積茶貨。在淮南則蘄、黃、廬、舒、光、壽六州，官自爲場，置吏總之，謂之山場者十三；六州采茶之民皆隸焉，謂之園戶。歲課作茶輸租，餘則官悉市之。其售於官者，皆先受錢而後入茶，謂之本錢；又民歲輸稅願折茶者，謂之折稅茶。總爲歲課八百六十五萬餘斤，其出鬻皆就本場。在江南則宣、歙、江、池、饒、信、洪、撫、筠、袁十州，廣德、興國、臨江、建昌、南康五軍；兩浙則杭、蘇、明、越、婺、處、溫、台、湖、常、衢、睦十二州；荆湖則江陵府、潭澧鼎鄂岳歸峽七州、荆門軍；福建則建、劍二州，歲如山場輸租折稅。總爲歲課江南千二十七萬餘斤，兩浙百二十七萬九千餘斤，荆湖二百四十七萬餘斤，福建三十九萬三千餘斤，悉送六榷務鬻之。

茶有二類，曰片茶，曰散茶。片茶蒸造，實棬模中串之，唯建、劍則既蒸而研，編竹爲格，置焙室中，最爲精潔，他處不能造。有龍、鳳、石乳、白乳之類十二等，以充歲貢及邦國之用。其出虔袁饒池光歙潭岳辰澧州、江陵府、興國臨江軍，有仙芝、玉津、先春、綠芽之類二十六等，兩浙及宣、江、鼎州又以上中下或第一至第五爲號。散茶出淮南、歸州、江南、荆湖，有龍溪、雨前、雨後之類十一等，江、浙又有以上中下或第一至第五爲號者。買臘茶斤自二十錢至一百九十錢有十六等，片茶大片自六十五錢至二百五錢有五十五等，散茶斤自十六錢至三十八錢五分有五十九等；鬻臘茶斤自四十七錢至四百二十錢有十二等，片茶自十七錢至九百一十七錢有六十五等，散茶自十五錢至一百二十一錢有一百九等。

民之欲茶者售於官，其給日用者，謂之食茶，出境則給券。商賈貿易，入錢若金帛京師榷貨務，以射六務、十三場茶，給券隨所射與之，願就東南入錢若金帛者聽，計直予茶如京師。至道末，鬻錢二百八十五萬二千九百餘貫，天禧末，增四十五萬餘貫。天下茶皆禁，唯川峽、廣南聽民自買賣，禁其出境。

凡民茶折稅外，匿不送官及私販鬻者沒入之，計其直論罪。園戶輒毀敗茶樹者，計所出茶論如法。舊茶園荒薄，采造不充其數者，蠲之。當以茶代稅而無茶者，許輸他物。主吏私以官茶貿易，及一貫五百者死。自後定法，務從輕減。太平興國二年，主吏盜官茶販鬻錢三貫以上，黥面送闕下；淳化三年，論直十貫以上，黥面配本州牢城，巡防卒私販茶，依本條加一等論。凡結徒持仗販易私茶、遇官司擒捕抵拒者，皆死。太平興國四年，詔鬻僞茶一斤杖一百，二十斤以上棄市。雍熙二年，民造温桑僞茶，比犯眞茶計直十分論二分之罪。淳化五年，有司以侵損官課言加犯私茶一等，非禁法州縣者，如太平興國詔條論決。

茶之爲利甚博，商賈轉致於西北，利嘗至數倍。雍熙後用兵，切於饋餉，多令商人入芻糧塞下，酌地之遠近而爲其直，取市價而厚增之，授以要券，謂之交引，至京師給以緡錢，又移文江、淮、荊湖給以茶及顆、末鹽。端拱二年，置折中倉，聽商人輸粟京師，優其直，給茶鹽于江、淮。

淳化三年，監察御史薛映、祕書丞劉式等請罷諸榷務，令商人就出茶州軍官場算買，既大省輦運，又商人皆得新茶。詔以三司鹽鐵副使雷有終爲諸路茶鹽制置使，左司諫張觀與映副之。四年二月，廢沿江八務，大減茶價。詔下，商人頗以江路回遠非便，有司又以損直虧課爲言。七月，復置八務，罷制置使、副。至道初，劉式猶固執前議，西京作坊使楊允恭言商人市諸州茶，新陳相糅，兩河、陝西諸州，風土各有所宜，非參以多品則少利，罷榷務令就茶山買茶不可行。太宗欲究其利害之說，命宰相召鹽鐵使陳恕等與式、允恭定議，召問商人，皆願如淳化所減之價，不然，即望仍舊。有司職出納，難於減損，皆同允恭之說，式議遂寢。卽以允恭爲江南、淮南、兩浙發運兼制置茶鹽使。二年，從允恭等請，禁淮南十二州軍鹽，官鬻之，商人先入金帛京師及揚州折博務者，悉償以茶。自是鬻鹽得實錢，茶無滯積，歲課增五十萬八千餘貫，允恭等皆被賞。

初，商人以鹽爲急，趨者甚衆，及禁江、淮鹽，又增用茶，如百千又有官耗，增十千場耗，隨所在饒益。其輸邊粟者，持交引詣京師，有坐賈置鋪，隸名榷貨務，懷交引者湊之。若行商，則鋪賈爲保任，詣京師榷務給錢，南州給茶；若非行商，則鋪賈自售之，轉鬻與茶賈。及南北和好罷兵，邊儲稍緩，物價差減，而交引虛錢未改。既以茶代鹽，而買茶所入不補其給，交引停積，故商旅所得茶，指期於數年之外，京師交引愈賤，至有裁得所入芻粟之實價，官私俱無利。是年，定監買官虧額自一釐以上罰奉、降差遣之制。

景德二年，命鹽鐵副使林特、崇儀副使李溥等就三司悉索舊制詳定，而召茶商論議，別爲新法。其於京師入金銀、綿帛實直錢五十千者，給百貫實茶，若須海州茶者，入見緡五十五千；河北緣邊入金帛、芻粟，如京師之制，而茶增十千，次邊增五千；河東緣邊次邊亦然，而所增有八千六千之差；陝西緣邊亦如之，而增十五千，須海州茶者，納物實直五十二千，次邊所增如河北緣邊之制。其三路近地所入所給，皆如京師。河北次邊、河東緣邊次邊，皆不得射海州茶。茶商所過，當輸算，令記錄，候至京師併輸之。仍約束山場，謹其出納。議奏，三司皆以爲便。五月，以溥爲淮南制置發運副使，委成其事。行之一年，眞宗慮未盡其要，三年，命樞密直學士李濬等比較新舊法利害。時新法方行，商人頗眩惑，特等請罷比較，從之。

有司上歲課：元年用舊法，得五百六十九萬貫〔一四〕，二年用新法，得四百一十萬貫，三年二百八萬貫〔一五〕。特言「所增益官本少而有利〔一六〕」，乃實課也，所虧虛錢耳。四年秋，特等皆遷官，仍詔三司行新法，不得輒有改更。大中祥符二年，特、溥等上編成茶法條貫并課利總數二十三策。

自新法之行，舊有交引而未給者，已給而未至京師者，已至而未磨者，悉差定分數，折納入官。大約商人有舊引千貫者，令依新法歲入二百千〔一七〕，候五歲則新舊皆給足。官府有以茶充公費者〔一八〕，慮其價賤亂法，悉改以他物。山場節其出耗，所過商稅嚴其覺舉。諸榷務所受茶，皆均第配給場務，以交引至先後爲次。大商刺知精好之處，日夜走僮使齎券詣官，率多先焉。初，禁淮南鹽，小商已困，至是，益不能行。

六年，申監買官賞罰之式，凡買到入算茶，及租額遞年迭榷務交足而有羨餘者，即理爲課績，其不入算者，雖多不在此限。大中祥符五年，歲課二百餘萬貫，六年至三百萬貫，七年又增九十萬貫，八年纔百六十萬貫。

是時數年間，有司以京師切須錢，商人舊執交引至場務即付物，時或特給程限，踰限未至者，每十分復令別輸二分見緡，謂之貼納。豪商率能及限，小商或不即知，或無貼納，則賤鬻於豪商。有司徒知移用之便，至有一歲之內文移小改至十數者，商人惑之，顧望不進。乃詔刑部尚書馮拯、翰林學士王曾詳定，拯等深以慎重敦信爲言，而上封者猶競陳改法之弊。九年，乃命翰林學士李迪、權御史中丞凌策、侍御史知雜呂夷簡與三司同議條制。時以茶多不精，給商人罕有饒益，行商利薄，陝西交引愈賤，鬻於市纔八千。知秦州曹瑋請於永興、鳳翔、河中府官出錢市之，詔可。迪等以入中緡錢、金帛，舊從商人所有受之，至是請令十分輸緡錢四五，又定加饒貼納之差。然凡有條奏，多令李溥裁酌，溥務執前制，罕所變革。

天禧二年，太常博士李垂請放行茶貨，左諫議大夫孫奭言：「茶法屢改，商人不便，非示信之道，望重定經久之制。」即詔奭與三司詳定，務從寬簡。未幾，奭出知河陽，事遂止。三司言：「陝西入中芻糧，請依河北例，斗束量增其直，計實錢給鈔，入京以見錢買之，願受茶貨交引，給依實錢數，令榷貨務並依時價納緡錢支茶，不得更用芻糧文鈔貼納茶貨。」詔每入百千，增五千茶與之，餘從其請。時陝西交引益賤，京師裁直五千，有司惜其費茶。五年，出內庫錢五十萬貫，令閤門祗候李德明於京師市而毀之。

乾興以來，西北兵費不足，募商人入中芻粟如雍熙法給券，以茶償之。後又益以東南緡錢、香藥、犀齒，謂之三說；而塞下急於兵食，欲廣儲偫，不愛虛估，入中者以虛錢得實利，人競趨焉。及其法既敝，則虛估日益高，茶日益賤，入實錢金帛日益寡。而入中者非盡行商，多其土人，既不知茶利厚薄，且急於售錢，得券則轉鬻於茶商或京師交引鋪，獲利無幾；茶商及交引鋪或以券取茶，或收蓄貿易，以射厚利。由是虛估之利皆入豪商巨賈，券之滯積，雖二三年茶不足以償，而入中者以利薄不趨，邊備日蹙，茶法大壞。初，景德中丁謂爲三司使，嘗計其得失，以謂邊糴纔及五十萬，而東南三百六十餘萬茶利盡歸商賈。當時以爲至論，厥後雖屢變法以救之，然不能亡敝。

天聖元年，命三司使李諮等較茶、鹽、礬稅歲入登耗，更定其法。遂置計置司，以樞密副使張士遜、參知政事呂夷簡、魯宗道總之。首考茶法利害，奏言：「十三場茶歲課緡錢五十萬，天禧五年纔及緡錢二十三萬，每券直錢十萬，鬻之售錢五萬五千，總爲緡錢實十三萬，除九萬餘緡爲本錢，歲纔得息錢三萬餘緡，而官吏廩給雜費不預，是則虛數多而實利寡，請罷三說，行貼射法。」其法以十三場茶買賣本息併計其數，罷官給本錢，使商人與園戶自相交易，一切定爲中估，而官收其息。如鬻舒州羅源場茶，斤售錢五十有六，其本錢二十有五，官不復給，但使商人輸息錢三十有一而已。然必輦茶入官，隨商人所指予之，給券爲驗，以防私售〔九〕，故有貼射之名。若歲課貼射不盡，或無人貼射，則官市之如舊。園戶過期而輸不足者，計所負數如商人入息。舊輸茶百斤，益以二十斤至三十五斤，謂之耗茶，亦皆罷之。其入錢以射六務茶者如舊制。

先是，天禧中，詔京師入錢八萬，給海州、荆南茶，入錢七萬四千有奇，給眞州、無爲、蘄口、漢陽幷十三場茶，皆直十萬，所以饒裕商人；而海州、荆南茶善而易售，商人願得之，故入錢之數厚於他州。其入錢者，聽輸金帛十之六。至是，既更爲十三場法，又募入錢六務，而海州、荆南增爲八萬六千，眞州、無爲、蘄口、漢陽增爲八萬。商人入芻粟塞下者，隨所在實估，度地里遠近，量增其直。以錢一萬爲率，遠者增至七百，近者三百，給券至京，一切以緡錢償之，謂之見錢法；願得金帛、若他州錢、或茶鹽、香藥之類者聽。大率使茶與邊糴，各以實錢出納，不得相爲輕重，以絕虛估之敝。朝廷皆用其說。

行之期年，豪商大賈不能爲輕重，而論者謂邊糴償以見錢，恐京師府藏不足以繼，爭言其不便。會江、淮制置司〔一〇〕言茶有滯積壞敗者，請一切焚棄。朝廷疑變法之敝，下書責計置司，又遣官行視茶積。諸等因條上利害，且言：「嘗遣官視陝西、河北，以鎭戎軍、定州爲率，鎮戎軍入粟直二萬八千，定州入粟直四萬五千，給茶皆直十萬。以蘄州市茶本錢視鎮戎軍粟直，反亡本錢三之一，得不償失，蔽在茶與邊糴相須爲用，故更今法。以新舊二法較之，乾興元年用三說法，每劵十萬，茶售錢五萬一千至六萬二千，香藥、象齒售錢四萬一千有奇，東南緡錢售錢八萬三千，而京師實入緡錢五十七萬有奇，邊儲芻二百五萬餘圍，粟二百九十八萬石。天聖元年用新法，至二年，茶及香藥、東南緡錢每給直十萬，茶入實錢七萬四千有奇至八萬，香藥、象齒入錢七萬二千有奇，東南緡錢入錢十萬五百，而京師實入緡錢增一百四萬有奇，邊儲芻增一千一百六十九萬餘圍，粟增二百一十三萬餘石。舊以虛估給劵者，至京師爲出錢售之，或折爲實錢給茶，貴賤從其市估。其先賤售於茶商者，劵錢十萬，使別輸實錢五萬〔三〕，共給天禧五年茶直十五萬，小商百萬以下免輸錢，每劵十萬，給茶直七萬至七萬五千；天禧茶盡，則給乾興以後茶，仍增別輸錢五萬者爲七萬，並給耗如舊，俟舊劵盡而止。如此又省合給茶及香藥、象齒、東南緡錢總直緡錢一百七十一萬。」二府大臣亦言：「所省及增收計爲緡錢六百五十餘萬。時邊儲有不足以給一歲者，至是，多者有四年，少者有二年之蓄，而東南茶亦無滯積之弊。其制置司〔三〕請焚棄者，特累年壞敗不可用者爾。推行新法，功緒已見。蓋積年侵蠹之源一朝閉塞，商賈利於復故，欲有以動搖，而論者不察其實，助爲游說。願力行之，毋爲流言所易。」於是詔有司牓諭商賈以推行不變之意，賜典吏銀絹有差，然論者猶不已。

校勘記

〔一〕二十七年　據宋會要食貨二六之三六，趙構與宰執議福建鹽法事在紹興二十七年，此處失書「紹興」紀元。

〔二〕八年　按宋會要食貨二七之三八，陳峴上言是乾道八年事；下文九年正月、三月兩條亦爲乾道九年事。此處失書「乾道」紀元。

〔三〕自五千斤至百斤　「自」下原衍「立」字，據宋會要食貨二七之四〇刪；又「百斤」，同上書同卷作「五百斤」。

〔四〕廣西鹽引錢欠幾八千萬緡　「千」，宋會要食貨二七之二四作「十」。按周去非嶺外代答卷五，廣西鹽歲額八萬籮，每籮鈔錢五緡，歲得四十萬緡。今所欠鹽引錢至八千萬緡，數字過大，疑有訛誤。

〔五〕故鹽課不至於虧減　「課」字原脫，據宋會要食貨二七之二四補。

〔六〕給諸州歲計　「計」字原脫。按同上書同卷載蔣芾奏，「鹽利舊屬漕司，應副諸州歲計。」「歲」下當有「計」字，據補。

〔七〕只令漕司認發歲額　「令」原作「今」，據同上書同卷改。

〔八〕十年　「十」下原衍「五」字，據宋會要食貨二八之一七、中興聖政卷六〇刪。

〔九〕十萬籮爲額　「十萬」，宋會要食貨二八之二五作「十五萬」。

〔一〇〕並邊入中糧草　「入」字原脫，據長編卷二六五、通考卷一六征榷考補。

〔一一〕太平興國二年　「二」原作「三」。宋會要食貨二三之二一、長編卷一八都繫郭泌上言事於太平興國二年，據改。

〔一二〕梓遂夔綿漢州　「夔」下原衍「路」字。按宋代四川無路州，通考卷一六征榷考此處無「路」字，據刪。

〔一三〕增有餘減不足　「減」原作「補」。按下文說：「盈者過取，涸者略減。」「補」似當作「減」；宋會要食貨二八之一一正作「減」。

〔一四〕五百六十九萬貫　「萬」字原脫，按下文所上二年、三年歲課，單位都作「萬貫」，此處「九」下亦當有「萬」字；長編卷六六本句正有「萬」字，據補。

〔一五〕二百八萬貫　長編卷六六景德四年八月己酉條作「二百八十五萬貫」。

〔一六〕所增益官本少而有利　「益」原作「蓋」，據文義及長編卷六六改。

〔一七〕令依新法歲入二百千　「依」字原脫，據長編卷八五補。

〔一八〕有以茶充公費者　「以」字原脫，據長編卷八五補。

〔一九〕以防私售　「售」原作「害」，據長編卷一〇〇改。

〔二〇〕江淮制置司　「制置」原作「計置」。按計置司之名見上文，當係只設於東京。其在江、淮，則由淮南、江、浙、荆湖制置茶鹽司，或由發運使兼領茶事，分別見宋會要食貨三〇之七至八、本書卷一六七職官志。長編卷一〇二記此事作「制置司」，「計」字當爲「制」字之誤，據改。

〔二一〕別輸實錢五萬　「輸」原作「諭」，據上下文和長編卷一〇二改。

〔二二〕制置司　原作「計直司」，據上文和長編卷一〇二改。參考本卷校勘記〔二〇〕。

宋史卷一百八十四

志第一百三十七

食貨下六

茶下

茶　天聖三年八月，詔翰林侍講學士孫奭等同究利害，奭等言：「十三場茶積而未售者六百一十三萬餘斤，蓋許商人貼射，則善者皆入商人，其入官者皆粗惡不時，故人莫肯售。又園戶輸歲課不足者，使如商人入息，而園戶皆細民，貧弱力不能給，煩擾益甚。又姦人倚貼射爲名，強市盜販，侵奪官利，其弊不可不革。」十月，遂罷貼射法，官復給本錢市茶。商人入錢以售茶者，奭等又欲優之，請凡入錢京師售海州、荊南茶者，損爲七萬七千，售眞州等四務十三場茶者，又第損之，給茶皆直十萬。自是，河北入中復用三說法，舊給東南緡錢者，以京師榷貨務錢償之。

奭等議旣用，益以李諮等變法爲非。明年，撫計置司所上天聖二年比視增虧數差謬，詔令嘗典議官張士遜等條析。夷簡言：「天聖初，環慶等路數奏芻糧不給，京師府藏常闕緡錢，吏兵月奉僅能取足。自變法以來，京師積錢多，邊計不聞告乏，中間蕃部作亂，調發兵馬，仰給有司，無不足之患。以此推之，頗有成效。三司比視數目差互不同，非執政所能親自較計。」然士遜等猶被罰，諮罷三司使。初，園戶負歲課者如商人入息，後不能償。至四年，太湖等九場凡逋息錢十三萬緡，詔悉蠲之。然自奭等改制，而茶法寖壞。

景祐中，三司吏孫居中等言：「自天聖三年變法，而河北入中虛估之敝，復類乾興以前，蠹耗縣官，請復行見錢法。」時諮已執政矣。三年，河北轉運使楊偕亦陳三說法十二害，見錢法十二利，以謂止用三說所支一分緡錢，足以贍一歲邊計。遂命諮與參知政事蔡齊等合議，且令詔商人訪其利害。是歲三月，諮等請罷河北入中虛估，以實錢償芻粟，實錢售茶，皆如天聖元年之制。又以北商持券至京師，舊必得交引鋪爲之保任，幷得三司符驗，然後給錢，以是京師坐賈率多邀求，三司吏稽留爲姦，乃悉罷之，命商持券徑趣榷貨務驗實，立償之錢。初，奭等雖增商人入錢之數，而猶以爲利薄，故競市虛估之券，以射厚利，而入錢者寡，縣官日以侵削，京師少蓄藏。至是，諮等請視天聖三年入錢數第損一千有奇，入中增直亦視天聖元年數第加三百。詔皆可之。前已用虛估給券者，給茶如舊，仍給景祐二年已前茶。

既而諸等又言：「天聖四年，嘗許陝西入中願得茶者，每錢十萬，所在給券，徑趣東南受茶十一萬一千。茶商獲利，爭欲售陝西券，故不復入錢京師，請禁止之。」幷言商人所不便者，其事甚悉，請爲更約束，重私販之禁，聽商人輸錢五分，餘爲置籍召保，期半年悉償，失期者倍其數。事皆施行。諮等復言：「自奭等變法，歲損財利不可勝計，且以天聖九年至景祐二年較之，五年之間，河北入中虛費緡錢五百六十八萬；今一旦復用舊法，恐豪商不便，依託權貴，以動朝廷，請先期申諭。」於是帝爲下詔戒敕，而縣官濫費自此少矣。

久之，上書者復言：「自變法以來，歲輦京師金帛，易芻粟於河北，配擾居民，內虛府庫，外困商旅，非便。」寶元元年，命御史中丞張觀等與三司議之。觀等復請入錢京師以售眞州等四務十三場茶，直十萬者，又視景祐三年數損之，爲錢六萬七千，入中河北願售茶者，又損一千。既而詔又第損二千，於是入錢京師止爲錢六萬五千，入中河北爲錢六萬四千而已。

康定元年，葉淸臣爲三司使，是歲河北穀賤，因請內地諸州行三說法，募人入中，且以東南鹽代京師實錢。詔糴止二十萬石〔一〕。慶曆二年，又請募人入芻粟如康定元年法，數足而止，自是三說稍復用矣。八年，三司鹽鐵判官董沔亦請復三說法，三司以爲然，因言：「自見錢法行，京師錢入少出多，慶曆七年，榷貨務緡錢入百十九萬，出二百七十六萬，以此較之，恐無以贍給，請如沔議，以茶、鹽、香藥、緡錢四物予之。」於是有四說之法。初，詔止行於並邊諸州，而內地諸州有司蓋未嘗請，卽以康定元年詔書從事。自是三說、四說二法並行於河北，不數年間，茶法復壞。芻粟之直，大約虛估居十之八，米斗七百，甚者千錢。券至京師，爲南商所抑，茶每直十萬，止售錢三千，富人乘時收蓄，轉取厚利。三司患之，請行貼買之法，每券直十萬，比市估三千，倍爲六千，復入錢四萬四千，貼爲五萬，給茶直十萬。詔又損錢一萬，然亦不足以平其直。久之，券比售錢三千者，纔得二千，往往不售，北商無利，入中者寡，公私大弊。

皇祐二年，知定州韓琦及河北轉運司皆以爲言，下三司議。三司奏：「自改法至今，凡得穀二百二十八萬餘石，芻五十六萬餘圍，而費緡錢一百九十五萬有奇，茶、鹽、香藥又爲緡錢一千二百九十五萬有奇。茶、鹽、香藥，民用有限，榷貨務歲課不過五百萬緡，今散於民間者既多，所在積而不售，故券直亦從而賤。茶直十萬，舊售錢六萬五千，今止二千，以至香一斤，舊售錢三千八百，今止五六百，公私兩失其利。請復行見錢法，一用景祐三年約束。」乃下詔曰：「比食貨法壞，芻粟價益倍，縣官之費日長，商賈不行，豪富之家，乘時牟利，吏緣爲姦。自今有議者，須究厥理，審可施用，若事已上而驗問無狀者，寘之重罰。」

是時雖改見錢法，而京師積錢少，恐不足以支入中之費，帝又出內藏庫錢帛百萬以賜三司。久之，入中者寖多，京師帑藏益乏，商人持券以俟，動彌歲月，至損其直以售於蓄賈之家。言利者請出內藏庫錢稍增價售之，歲可得遺利五十萬緡。旣行，而諫官范鎭謂內藏庫、榷貨務皆領縣官，豈有榷貨務故稽商人，而令內藏乘時射利？傷體壞法，莫斯爲甚。詔卽罷之，然自此並邊虛估之弊復起。

至和三年〔二〕，河北提舉糴便糧草薛向建議：「並邊十七州軍，歲計粟百八十萬石，爲錢百六十萬緡，豆六十五萬石，芻三百七十萬圍，並邊租賦歲可得粟、豆、芻五十萬，其餘皆商人入中。請罷並邊入粟，自京輦錢帛至河北，專以見錢和糴。」時楊察爲三司使，請用其說。因輦絹四十萬匹當緡錢七十萬，又蓄見錢及擇上等茶場八，總爲緡錢百五十萬，儲之京師，而募商人入錢並邊，計其道里遠近，優增其直，以是償之，且省輦運之費，唯入中芻豆計直償以茶如舊。行未數年，論者謂輦運科折，煩擾居民，且商人入錢者少，芻豆虛估益高，茶益賤。詔翰林學士韓絳等卽三司經度。絳等言：「自改法以來，邊儲有備，商旅頗通，未宜輕變。唯輦運之費，悉從官給，而本路舊輸稅絹者，毋得折爲見錢，入中芻豆罷勿給茶，所在平其市估，至京償以銀、紬、絹。」自是茶法不復爲邊糴所須〔三〕，而通商之議起矣。

初，官既榷茶，民私蓄盜販皆有禁，臘茶之禁又嚴於他茶，犯者其罪尤重，凡告捕私茶皆有賞。然約束愈密而冒禁愈繁，歲報刑辟，不可勝數。園戶困於征取，官司並緣侵擾，因陷罪戾至破產逃匿者，歲比有之。又茶法屢變，歲課日削。至和中，歲市茶淮南纔四百二十二萬餘斤，江南三百七十五萬餘斤，兩浙二十三萬餘斤，荆湖二百六萬餘斤，唯福建天聖末增至五十萬斤，詔特損五萬，至是增至七十九萬餘斤，歲售錢并本息計之，纔百六十七萬二千餘緡。官茶所在陳積，縣官獲利無幾，論者皆謂宜弛禁便。

先是，天聖中，有上書者言茶、鹽課虧，帝謂執政曰：「茶鹽民所食，而強設法以禁之，致犯者衆。顧經費尚廣，未能弛禁爾！」景祐中，葉清臣上疏曰：

山澤有產，天資惠民。兵食不充，財臣兼利，草芽木葉，私不得專，封園置吏，隨處立筦。一切官禁，人犯則刑，既奪其資，又加之罪，黥流日報，踰冒不悛。誠有厚利重貲，能濟國用，聖仁恤隱，矜赦非辜，猶將弛禁緩刑，爲民除害。度支費用甚大，榷易所收甚薄，刳剝園戶，資奉商人，使朝廷有聚斂之名，官曹滋虐濫之罰，虛張名數，刻蠹黎元。

建國以來，法斂輒改，載詳改法之由，非有爲國之實，皆商吏協計，倒持利權，幸在更張，倍求奇羨。富人豪族，坐以賈贏，薄販下估，日皆朘削，官私之際，俱非遠策。臣竊嘗校計茶利所入，以景祐元年爲率，除本錢外，實收息錢五十九萬餘緡，又天下所售食茶，并本息歲課亦祇及三十四萬緡，而茶商見通行六十五州軍，所收稅錢已及五十七萬緡。若令天下通商，祇收稅錢，自及數倍，卽榷務、山場及食茶之利，盡可籠取。又況不費度支之本，不置榷易之官，不興輦運之勞，不濫徒黥之辟。

臣意生民之弊，有時而窮，盛德之事，俟聖不惑。議者謂榷賣有定率，征稅無彝準，通商之後，必虧歲計。臣按管氏鹽鐵法，計口受賦，茶爲人用，與鹽鐵均，必令天下通行，以口定賦，民獲善利，又去嚴刑，口數出錢，人不厭取。景祐元年，天下戶千二十九萬六千五百六十五，丁二千六百二十萬五千四百四十一，三分其一爲產茶州軍，內外郭鄉又居五分之一，丁賦錢三十，村鄉丁賦二十，不產茶州軍郭鄉村鄉如前計之，又第損十錢，歲計已及緡錢四十萬。榷茶之利，凡止九十餘萬緡，通商收稅，且以三倍舊稅爲率，可得一百七十餘萬緡，更加口賦之入，乃有二百一十餘萬緡，或更於收稅則例，微加增益，卽所增至寡，所聚逾厚，比於官自榷易，驅民就刑，利病相須，炳然可察。

時下三司議，皆以爲不可行。

至嘉祐中，著作佐郎何鬲、三班奉職王嘉麟又皆上書請罷給茶本錢，縱園戶貿易，而官收租錢與所在征算，歸榷貨務以償邊糴之費，可以疏利源而寬民力。嘉麟爲登平致頌書十卷、隆衍視成策二卷上之，淮南轉運副使沈立亦集茶法利害爲十卷，陳通商之利。時富弼、韓琦、曾公亮執政，決意嚮之，力言於帝。三年九月，命韓絳、陳升之、呂景初卽三司置局議之。十月，三司言：「茶課緡錢歲當入二百二十四萬八千，嘉祐二年纔及一百二十八萬，又募人入錢，皆有虛數，實爲八十六萬，而三十九萬有奇是爲本錢，纔得子錢四十六萬九千，而輦運糜耗喪失，與官吏、兵夫廩給雜費，又不預焉。至於園戶輸納，侵擾日甚，小民趨利犯法，刑辟益繁，獲利至少，爲弊甚大。宜約至和以後一歲之數，以所得息錢均賦茶民，恣其買賣，所在收算，請遣官詢察利害以聞。」詔遣官分行六路，還言如三司使議便。

四年二月，詔曰：「古者山澤之利，與民共之，故民足於下，而君裕於上，國家無事，刑罰以淸。自唐建中時，始有茶禁，上下規利，垂二百年。如聞比來爲患益甚，民被誅求之困，日惟咨嗟，官受濫惡之入，歲以陳積，私藏盜販，犯者實繁，嚴刑重誅，情所不忍，是於江湖之間幅員數千里，爲陷穽以害吾民也。朕心惻然，念此久矣，間遣使者往就問之，而皆驩然願弛其禁，歲入之課以時上官。一二近臣，條析其狀，朕猶若慊然，又於歲輸裁減其數，使得饒阜，以相爲生，俾通商利。歷世之敝，一旦以除，著爲經常，弗復更制，損上益下，以休吾民。尙慮喜於立異之人，緣而爲姦之黨，妄陳奏議，以惑官司，必寘明刑，無或有貸。」

初，所遣官既議弛禁，因以三司歲課均賦茶戶，凡爲緡錢六十八萬有奇，使歲輸縣官。比輸茶時，其出幾倍，朝廷難之，爲損其半，歲輸緡錢三十三萬八千有奇，謂之租錢，與諸路本錢悉儲以待邊糴。自是唯臘茶禁如舊，餘茶肆行天下矣。論者猶謂朝廷志於恤人，欲省刑罰，其意良善；然茶戶困於輸錢，而商賈利薄，販鬻者少，州縣征稅日蹙，經費不充，學士劉敞、歐陽脩頗論其事。敞疏大要以謂先時百姓之摘山者，受錢於官，而今也顧使之納錢於官，受納之間，利害百倍；先時百姓冒法販茶者被罰耳，今悉均賦於民，賦不時入，刑亦及之，是良民代冒法者受罪；先時大商富賈爲國懋遷，而州郡收其稅，今大商富賈不行，則稅額不登，且乏國用。脩言新法之行，一利而有五害，大略與敞意同。時朝廷方排衆論而行之，敞等雖言，不聽也。

治平中，歲入臘茶四十八萬九千餘斤，散茶二十五萬五千餘斤，茶戶租錢三十二萬九千八百五十五緡，又儲本錢四十七萬四千三百二十一緡，而內外總入茶稅錢四十九萬八千六百緡，推是可見茶法得失矣。自天聖以來，茶法屢易，嘉祐始行通商，雖議者或以爲不便，而更法之意則主於優民。

熙寧四年，神宗與大臣論昔茶法之弊，文彥博、吳充、王安石各論其故，然於茶法未有所變。及王韶建開湟之策，委以經略。七年，始遣三司幹當公事李杞入蜀經畫買茶，於秦鳳、熙河博馬。而韶言西人頗以善馬至邊，所嗜唯茶，乏茶與市。卽詔趣杞據見茶計水陸運致，又以銀十萬兩、帛二萬五千、度僧牒五百付之，假常平及坊場餘錢，以著作佐郎蒲宗閔同領其事。初，蜀之茶園，皆民兩稅地，不殖五穀，唯宜種茶。賦稅一例折輸，蓋爲錢三百，折輸紬絹皆一匹；若爲錢十，則折輸綿一兩；爲錢二，則折輸草一圍。役錢亦視其賦。民賣茶資衣食，與農夫業田無異，而稅額總三十萬。杞被命經度，又詔得調舉官屬，迺卽蜀諸州創設官場，歲增息爲四十萬，而重禁榷之令。其輸受之際，往往壓其斤重，侵其價直，法既加急矣。八年，杞以疾去。

先是，杞等歲增十萬之息，既而運茶積滯，歲課不給，卽建畫於彭、漢二州歲買布各十萬匹，以折脚費，實以布息助茶利，然茶亦未免積滯。都官郎中劉佐復議歲易解鹽十萬席，雇運回車船載入蜀，而禁商販，蓋恐布亦難敷也。詔既以佐代杞，未幾，鹽法復難行，遂罷佐。而宗閔乃議川峽路民茶息收十之三，盡賣於官場，更嚴私交易之令，稍重至徒刑，仍沒緣身所有物，以待賞給。於是蜀茶盡榷，民始病焉。

十年，知彭州呂陶言：「川峽四路所出茶，比東南十不及一，諸路既許通商，兩川却爲禁地，虧損治體。如解州有鹽池，民間煎者乃是私鹽，晉州有礬山，民間煉者乃是私礬，今川蜀茶園，皆百姓已物，與解鹽、晉礬不同。又市易司籠制百貨，歲出息錢不過十之二，然必以一年爲率；今茶場司務重立法，盡榷民茶，隨買隨賣，取息十之三，或今日買十千之茶，明日即作十三千賣之，變轉不休，比至歲終，豈止三分？」因奏劉佐、李杞、蒲宗閔等苟希進用，必欲出息三分，致茶戶被害。始詔息止收十之一，佐坐措置乖方罷，以國子博士李稷代之，而陶亦得罪。稷依李杞例兼三司判官，仍委權不限員舉劾。

侍御史周尹論蜀中榷茶爲民害，罷爲提點湖北刑獄。利州路漕臣張宗諤、張升卿議廢茶場司，依舊通商，詔付稷，稷方以茶利要功，言宗諤等所陳皆疏謬，罪當無赦。雖會赦，猶皆坐貶秩二等。於是稷建議賣茶官非材，許對易，如闕員，於前資待闕官差；茶場司事，州郡毋得越職聽治。又以茶價增減或不一，裁立中價，定歲入課額，及設酬賞以待官吏，而三路三十六場大小使臣並不限員。重園戶採造黃老秋葉茶之禁，犯者沒官。蒲宗閔亦援稷比，許舉劾官吏，以重其權，二人皆務浚利刻急。茶場監官買茶精良及滿五千馱以及萬馱，第賞有差，而所買粗惡僞濫者，計虧坐贓論。凡茶場州軍知州、通判並兼提舉，經略使所在，即委通判。又禁南茶入熙河、秦鳳、涇原路〔四〕，如私販臘茶法。

自熙寧十年冬推行茶法，至元豐元年秋〔五〕，凡一年，通課利及舊界息稅七十六萬七千六十餘緡。帝謂稷能推原法意，日就事功，宜速遷擢，以勸在位，遂落權發遣，以爲都大提舉茶場，而用永興軍等路提舉常平范純粹同提舉。久之，用稷言徙司秦州，而錄李杞前勞，以子珏試將作監主簿。蒲宗閔更請巴州等處產茶並用榷法。

五年，李稷死永樂城，詔以陸師閔代之。師閔言稷治茶五年，百費外獲淨息四百二十八萬餘緡，詔賜田十頃。而師閔榷利，尤刻於前，建言：「文、階州接連，而茶法不同，階爲禁地，有博馬、賣茶場，文獨爲通商地。乞文、龍二州並禁榷；仍許川路餘羨茶貨入陝西變賣，於成都府置博賣都茶場。」事皆施行。初，羣牧判官郭茂恂言，賣茶買馬，事實相須，詔茂恂同提舉茶場。至是，師閔以買馬司兼領茶場，茶法不能自立，詔罷買馬司兼領；令茶場都大提舉視轉運使，同管幹視轉運判官，以重其任。賈種民更立茶法，師閔論奏茶場與他場務不同，詔並用舊條。初，李杞增諸州茶場，自熙寧七年至元豐八年，蜀道茶場四十一，京西路金州爲場六，陝西賣茶爲場三百三十二，稅息至稷加爲五十萬，及師閔爲百萬。

元祐元年，侍御史劉摯奏疏曰：「蜀茶之出，不過數十州，人賴以爲生，茶司盡榷而市之。園戶有茶一本，而官市之，額至數十斤。官所給錢，靡耗於公者，名色不一，給借保任，輸入視驗，皆牙儈主之，故費於牙儈者又不知幾何。是官於園戶名爲平市，而實奪之。園戶有逃而免者，有投死以免者，而其害猶及鄰伍。欲伐茶則有禁，欲增植則加市，故其俗論謂地非生茶也，實生禍也。願選使者，考茶法之敝，以蘇蜀民。」右司諫蘇轍繼言：「呂陶嘗奏改茶法，止行長引，令民自販，每緡長引錢百，詔從其請，民方有息肩之望。孫迥、李稷入蜀商度，盡力掊取，息錢、長引並行，民間始不易矣。且盜賊贓及二貫，止徒一年，出賞五千，今民有以錢八百私買茶四十斤者，輒徒一年，賞三十千，立法苟以自便，不顧輕重之宜。蓋造立茶法，皆傾險小人，不識事體。」且備陳五害。呂陶亦條上利害，詔付黃廉體量；未至，摯又言陸師閔恣爲不法，不宜仍任事。詔卽罷之。先是，師閔提舉榷茶，所行職務，他司皆不得預聞，事權震灼，爲患深密。及黃廉就領茶事，乃請凡緣茶事有侵損戾法，或措置未當及有訴訟，依元豐令，聽他司關送。十一月，蒲宗閔亦以附會李稷賣茶罷。

明年，熙河、秦鳳、涇原三路茶仍官爲計置，永興、鄜延、環慶許通商，凡以茶易穀者聽仍舊，毋得踰轉運司和糴價，其所博斛斗勿取息。七年，詔成都等路茶事司，以三百萬緡爲額本。

紹聖元年，復以陸師閔都大提舉成都等路茶事，而陝西復行禁榷。師閔乃奏龍州仍爲禁茶地，凡茶法並用元豐舊條。師閔自復用，以訖哲宗之世，其掊克之迹，不若前日之著，故建明亦罕見焉。

茶之在諸路者，神宗、哲宗朝無大更革。熙寧八年，嘗詔都提舉市易司歲買商茶，以三百萬斤爲額。元祐五年，立六路茶稅租錢諸州通判轉運司月暨歲終比較都數之法。七年，以茶隸提刑司，稅務毋得更易爲雜稅收受。紹聖四年，戶部言：「商旅茶稅五分，治平條立輸送之限既寬，復慮課入無準，故定以限約，毋得更展。元祐中，輒展以季，課入漏失。且茶稅歲計七十萬緡，積十年未嘗檢察，請內外委官，期一年驅算以聞。」詔聽其議，展限令出一時，毋承用。

崇寧元年，右僕射蔡京言：「祖宗立禁榷法，歲收淨利凡三百二十餘萬貫，而諸州商稅七十五萬貫有奇，食茶之算不在焉，其盛時幾五百餘萬緡。慶曆之後，法制寖壞，私販公行，遂罷禁榷，行通商之法。自後商旅所至，與官爲市，四十餘年，利源寖失。謂宜荊湖、江、淮、兩浙、福建七路所產茶，仍舊禁榷官買，勿復科民，即產茶州郡隨所置場，申商人園戶私易之禁，凡置場地園戶租折稅仍舊。產茶州軍許其民赴場輸息，量限斤數，給短引，於旁近郡縣便鬻；餘悉聽商人於榷貨務入納金銀、緡錢或並邊糧草，即本務給鈔，取便算請於場，別給長引，從所指州軍鬻之。商稅自場給長引，沿道登時批發，至所指地，然後計稅盡輸，則在道無苛留。買茶本錢以度牒、末鹽鈔、諸色封樁、坊場常平剩錢通三百萬緡爲率，給諸路，諸路措置，各分命官。」詔悉聽焉。

俄定諸路措置茶事官置司：湖南於潭州，湖北於荆南，淮南於揚州，兩浙於蘇州，江東於江寧府，江西於洪州。其置場所在：蘄州卽其州及蘄水縣，壽州以霍山、開順，光州以光山、固始，舒州卽其州及羅源、太湖，黃州以麻城，廬州以舒城，常州以宜興，湖州卽其州及長興、德淸、安吉、武康，睦州卽其州及青溪、分水、桐廬、遂安，婺州卽其州及東陽、永康、浦江，處州卽其州及遂昌、靑田，蘇、杭、越各卽其州，而越之上虞、餘姚、諸暨、新昌、剡縣皆置焉，衢、台各卽其州，而溫州以平陽。大法既定，其制置節目，不可毛擧。四年，京復議更革，遂罷官置場，商旅並卽所在州縣或京師給長短引，自買於園戶。茶貯以籠篰，官爲抽盤，循第敍輸息訖，批引販賣，茶事益加密矣。

大觀元年，議提擧茶事司須保驗一路所產茶色高下、價直低昂，而請茶短引以地遠近程以三等之期。復慮商旅影挾舊引，冒詐規利，官吏因得擾動，以御筆申飭之。又以諸路再定茶息，多寡或不等，令斤各增錢十。三年，計七路一歲之息一百二十五萬一千九百餘緡，榷貨務再歲一百十有八萬五千餘緡。京專用是以舞智固權，自是歲以百萬緡輸京師所供私奉，掊息益厚，盜販公行，民滋病矣。

政和二年，大增損茶法。凡請長引再行者，輸錢百緡，卽往陝西，加二十，茶以百二十斤；短引輸緡錢二十，茶以二十五斤。私造引者如川錢引法。歲春茶出，集民戶約三歲實直及今價上戶部。茶籠篰並皆官製，聽客買，定大小式，嚴封印之法。長短引輒竄改增減及新舊對帶、繳納申展、住賣轉鬻科條悉具。初，客販茶用舊引者，未嚴斤重之限，影帶者衆。於是又詔凡販長引斤重及三千斤者，須更買新引對賣，不及三千斤者，即用新引以一斤帶二斤鬻之，而合同場之法出矣。場置於產茶州軍，而簿給於都茶場。凡不限斤重茶，委官司秤製，毋得止憑批引爲定，有贏數即沒官，別定新引限程及重商旅規避秤製之禁，凡十八條，若避匿抄劄及擅賣，皆坐以徒。復慮茶法猶輕，課入不羡，定園戶私賣及有引而所賣踰數，保內有犯不告，並如煎鹽亭戶法。短引及食茶闕子輒出本路，坐以二千里流，賞錢百萬。

重和元年，詔：「客販輸稅，檢括抵保，吏因擾民，其罷之」。未幾，復輸稅如舊。大抵茶、鹽之法，主於蔡京，務巧掊利，變改法度，前後相踰，民聽眩惑。初，令茶戶投狀籍於官，非在籍者，禁與商旅貿易，未幾即罷。初，限計斤重，令買新引，茶有贏者，即及一千五百斤，須用新引貼販，或止願販新茶帶賣者聽；未幾，以帶賣者多，又罷其令。

陝西舊通蜀茶，崇寧二年，始通東南茶。政和中，陝西沒官茶令估賣，繼以妨商旅，下令焚棄。俄令正茶沒官者聽興販，引外剩茶及私茶數以給告者。長引限以一年，短引限以半歲繳納。久之，令已買引而未得於園戶者，期七年，許民間同見緡流轉，長引聽即本路住賣，以二浙鹽香司有言而止。其科條纖悉紛更，不可勝記，慮商旅疑豫，茶貨不通，迺重扇搖之令。於時掊克之吏，爭以贏羨爲功，朝廷亦嚴立比較之法。州郡樂賞畏刑，惟恐負課，優假商人，陵轢州郡，蓋莫有言者。獨邠州通判張益謙奏：「陝西非產茶地，奉行十年，未經立額，歲歲比較，第務增益，稍或虧少，程督如星。州縣懼殿，多前路招誘豪商，增價以幸其來，故陝西茶價，斤有至五六緡者，或稍裁之，則批改文引，轉之他郡。及配之鋪戶，安能盡售？均及稅農，民實受害，徒令豪商坐享大利。」言竟不行。

然自茶法更張，至政和六年，收息一千萬緡，茶增一千二百八十一萬五千六百餘斤。及方臘竊發，乃詔權罷比較。臘誅，有司議招集園戶，借貸優恤，止於文具，姦臣仍用事，蠹國害民，又慮人言，扇搖之令復出矣。靖康元年，詔川茶侵客茶地者，以多寡差定其罪。

初，熙寧五年，以福建茶陳積，乃詔福建茶在京、京東西、淮南、陝西、河東仍禁榷，餘路通商。元豐七年，王子京爲福建轉運副使，言「建州臘茶，舊立榷法，自熙寧權聽通商，自此茶戶售客人茶甚良，官中所得惟常茶，稅錢極微，南方遺利，無過於此，乞仍舊行榷法。建州歲出茶不下三百萬斤，南劍州亦不下二十餘萬斤，欲盡買入官，度逐州軍民戶多少及約鄰路民用之數計置，卽官場賣，嚴立告賞禁。建州賣私末茶，借豐國監錢十萬緡爲本。」

並從之；所請均入諸路榷賣，委轉運司官提舉：福建王子京，兩浙許懋，江東杜偉，江西朱彥博，廣東高鎛，然子京蓋未免抑配於民。

時遠方若桂州修仁諸縣、夔州路達州有司皆議榷茶，言利者踵相躡，然神宗聞鄂州失催茶稅，輒蠲之。建州園戶等以茶粗濫當剝納，爲錢三萬六千餘緡，慮其不能償，令準輸茶。初，成都帥司蔡延慶言邛部川蠻主苴剋等願賣馬，卽詔延慶以茶招來，後聞邊計蠻情非便，卽罷之。哲宗嗣位，御史安惇首劾王子京買臘茶抑民，詔罷子京事任，令福建禁榷州軍視其舊，餘並通商。桂州修仁等縣禁榷及陝西碎賣芽茶皆罷。

崇寧二年，尚書省言：「建、劍二州茶額七十餘萬斤，近歲增盛，而本錢多不繼。」詔更給度牒四百，仍給以諸色封樁。繼詔商旅販臘茶蠲其稅，私販者治元售之家，如元豐之制。臘茶舊法免稅，大觀三年，措置茶事，始收焉。四年，私販勿治元售之家，如元符令。政和初，復增損爲新法。三年，詔免輸短引，許依長引於諸路住賣，後末骨茶每長引增五百斤，短引倣此；諸路監司、州郡公使食茶禁私買，聽依商旅買引。六年，詔福建茶園如鹽田，量土地產茶多寡，依等第均稅。重和元年，以改給免稅新引，重定福建骨茶斤重，長引以六百斤爲率。

元豐中，宋用臣都提舉汴河隄岸，創奏修置水磨，凡在京茶戶擅磨末茶者有禁，並許赴官請買，而茶鋪入米豆雜物揉和者募人告，一兩賞三千，及一斤十千，至五十千止。商賈販茶應往府界及在京，須令產茶山場州軍給引，並赴京場中賣，犯者依私販臘茶法。諸路末茶入府界者，復嚴爲之禁。訖元豐末，歲獲息不過二十萬，商旅病焉。

元祐初，寬茶法，議者欲罷水磨。戶部侍郎李定以失歲課，持不可廢，侍御史劉摯、右司諫蘇轍等相繼論奏，遂罷。紹聖初，章惇等用事，首議修復水磨。乃詔即京、索、天源等河爲之，以孫迥提舉，復命兼提舉汴河隄岸。四年，場官錢景逢獲息十六萬餘緡，呂安中二十一萬餘緡，以差議賞。元符元年，戶部上凡獲私末茶并雜和者，即犯者未獲，估價給賞，並如私臘茶獲犯人法。雜和茶宜棄者，斤特給二十錢，至十緡止。

初，元豐中修置水磨，止於在京及開封府界諸縣，未始行於外路。及紹聖復置，其後遂於京西鄭、滑、潁昌府，河北澶州皆行之，又將即濟州山口營置。崇寧二年，提舉京城茶場所奏：「紹聖初，興復水磨，歲收二十六萬餘緡。四年，於長葛等處京、索、潩水河增修磨二百六十餘所，自輔郡榷法罷，遂失其利，請復舉行。」從之。尋詔商販臘茶入京城者，本場盡買之，其翻引出外者，收堆垜錢。裁元豐制更立新額，歲買山場草茶以五百萬斤爲率。客茶至京者，許官場買十之三，即索價故高，驗元引買價量增。三年，詔罷之。

明年，改令磨戶承歲課視酒戶納麴錢法。五年，復罷民戶磨茶，官用水磨仍依元豐法，應緣茶事併隸都提舉汴河堤岸司。大觀元年，改以提舉茶事司爲名，尋命茶場、茶事通爲一司。三年，復撥隸京城所，一用舊法。政和元年，京城所請商旅販茶起引定入京住賣者，卽許借江入汴，如元豐舊制；其借江入汴却指他路住賣者禁，已請引者並令赴京。二年，以課入不登，商賈留滯，詔以其事歸尚書省。於是尚書省言：「水磨茶自元豐創立，止行於近畿，昨乃分配諸路，以故致弊，欲止行於京城，仍通行客販，餘路水磨並罷。」從之。四年，收息四百萬貫有奇，比舊三倍，遂創月進。

高宗建炎初，於眞州印鈔，給賣東南茶鹽。當是時，茶之產於東南者，浙東西、江東西、湖南北、福建、淮南、廣東西，路十，州六十有六，縣二百四十有二。霅川顧渚生石上者謂之紫笋，毗陵之陽羨，紹興之日鑄，婺源之謝源，隆興之黃龍、雙井，皆絕品也。建炎三年，置行在都茶場，罷合同場十有八，惟洪、江、興國、潭、建各置場一，監官一。罷食茶小引，捕私茶法視捕私鹽。二十一年，秦檜等始進茶鹽法。先是，臣僚或因事建明，朝廷亦因時損益，至是審訂成書，上之。

孝宗隆興二年，淮東宣諭錢端禮言：「商販長引茶，水路不許過高郵，陸路不許過天長，如願往楚州及盱眙界，引貼輸翻引錢十貫五百文，如又過淮北，貼輸亦如之。」當是時，商販自榷場轉入虜中，其利至博，幾禁雖嚴，而民之犯法者自若也。乾道二年，戶部言：「商販至淮北榷場折博，除輸翻引錢，更輸通貨儈息錢十一緡五百文。」八年，減輸翻引錢止七緡，通貨儈息錢止八緡。淳熙二年，以長短茶引權以半依元引斤重錢數，分作四緡小引印給，而翻引貼輸錢隨小引輸送。光宗紹熙初，潭州守臣朱熹奏除屬邑科茶七千餘緡。臣僚申明長短小引相兼，從人之便。戶部言給賣小引，除金銀、會子分數入輸，餘願專以會子算請者聽。

寧宗嘉泰四年，知隆興府韓邈奏請：「隆興府惟分寧縣產茶，他縣無茶，而豪民武斷者乃請引，窮索一鄉，使認茶租，非便。」於是禁非產茶縣不許民擅認茶租。

建寧臘茶，北苑爲第一，其最佳者曰社前，次曰火前，又曰雨前，所以供玉食，備賜予。太平興國始置，大觀以後製愈精，數愈多，胯式屢變，而品不一，歲貢片茶二十一萬六千斤。建炎以來，葉濃、楊勍等相因爲亂，園丁亡散，遂罷之。紹興二年，蠲未起大龍鳳茶一千七百二十八斤。五年，復減大龍鳳及京鋌之半。十二年，興榷場，遂取臘茶爲榷場本，凡胯、截、片、鋌，不以高下多少，官盡榷之，申嚴私販入海之禁。議者請鬻建茶於臨安，移茶事司於建州買發〔六〕，明年，以失陷引錢，復令通商。自是上供龍鳳、京鋌茶料，凡製作之費、筐筥之式，令漕司專之。

蜀茶之細者，其品視南方已下，惟廣漢之趙坡，合州之水南，峨眉之白牙，雅安之蒙頂，土人亦珍之，但所產甚微，非江、建比也。舊無榷禁，熙寧間，始置提舉司，收歲課三十萬；至元豐中，累增至百萬。建炎元年，成都轉運判官趙開言榷茶、買馬五害，請「用嘉祐故事盡罷榷茶，而令漕司買馬。或未能然，亦當減額以蘇園戶，輕價以惠行商，如此則私販衰而盜賊息」。遂以開同主管川、秦茶馬。二年，開至成都，大更茶法，倣蔡京都茶場法，以引給茶商，即園戶市茶，百斤爲一大引，除其十勿算。置合同場以譏其出入，重私商之禁，爲茶市以通交易。每斤引錢春七十、夏五十，市利頭子錢不預焉。所過征一錢，所止一錢五分。自後引息錢至一百五萬緡。至十七年，都大茶馬韓球盡取園戶加饒之茶爲額，茶司歲收二百萬，而買馬之數不加多。

乾道末年，青羌作亂，茶司增長細馬名色等錢歲三十萬。淳熙六年以後，累減園戶重額錢十六萬，又減引息錢十六萬。至紹熙初，楊輔爲使，遂定爲法。成都府、利州路二十三場，歲產茶二千一百二萬斤，通博馬物帛歲收錢二百四十九萬三千餘緡。朝廷歲以一百一十三萬緡隸總領所贍軍，然茶馬司率多難之；乾道以後，歲撥止一二十萬緡，至淳熙十年，遂以五十萬緡爲準。

自熙、豐以來，茶司官權出諸司之上。初，元豐開川、秦茶場，園戶既輸二稅，又輸土產，隆安縣園戶二稅、土產兼輸外，又催理茶課估錢，建炎元年立爲額，至寧宗慶元初，始除之。六年，詔四川產茶處歲輸經總制頭子錢五千四十一道有奇，又科租錢三千一百四十道有奇。

宋初，經理蜀茶，置互市于原、渭、德順三郡，以市蕃夷之馬；熙寧間，又置場于熙河。南渡以來，文、黎、珍、敍、南平、長寧、階、和凡八場，其間盧甘蕃馬歲一至焉，洮州蕃馬或一月或兩月一至焉，疊州蕃馬或半年或三月一至焉，皆良馬也。其他諸蕃馬多駑，大率皆以互市爲利，宋朝曲示懷遠之恩，亦以是羈縻之。紹興二十四年，復黎州及雅州碉門靈西砦易馬場，乾道初，川、秦八場馬額九千餘匹，淳熙以來，爲額萬二千九百九十四匹，自後所市未嘗及焉。

校勘記

〔一〕詔糴止二十萬石　「十」原作「百」，據本書卷一八二食貨志、長編卷一二九改。

〔二〕至和三年　按行並邊見錢和糴法事編年綱目卷一五、長編卷一八一均繫於至和二年十一月；長編卷一八四嘉祐元年（卽至和三年）十月亦載薛向建議，但屬追敍。此處「三年」當爲「二年」

之誤。

〔三〕自是茶法不復爲邊糴所須　編年綱目卷一六、長編卷一八八，「須」均作「傾」。

〔四〕又禁南茶入熙河秦鳳涇原路　「茶」字原脫，據宋會要食貨三〇之一五、長編卷二八九補。

〔五〕自熙寧十年冬推行茶法至元豐元年秋　「至」字原脫，據長編卷二九七補。

〔六〕移茶事司於建州買發　「事司」二字原倒，據宋會要食貨三一之六、朝野雜記甲集卷一四乙正。

宋史卷一百八十五

志第一百三十八

食貨下七

酒　阬冶　礬　香附

酒　宋榷酤之法：諸州城內皆置務釀酒，縣、鎮、鄉、閭或許民釀而定其歲課，若有遺利，所在多請官酤。三京官造麴，聽民納直以取。

陳滑蔡潁隨郢鄧金房州、信陽軍舊皆不榷。太平興國初，京西轉運使程能請榷之，所在置官吏局署，取民租米麥給釀，以官錢市薪槱及吏工奉料。歲計獲無幾，而主吏規其盈羨，及醞齊不良，酒多醨薄，至課民婚葬，量戶大小令酤，民甚被其害。歲儉物貴，殆不償其費。太宗知其弊，淳化五年，詔募民自釀，輸官錢減常課三之二，使其易辦；民有應募者，檢視其貲產，長吏及大姓共保之，後課不登則均償。是歲，取諸州歲課錢少者四百七十二處，募民自酤，或官賣麴收其直。其後民應募者寡，猶多官釀。

陝西雖榷酤，而尚多遺利。咸平五年，度支員外郎李士衡請增課以助邊費，乃歲增十一萬餘貫。兩浙舊募民掌榷，雍熙初，以民多私釀，遂蠲其禁，其榷酤歲課如麴錢之制，附兩稅均率。二年，詔曰：「有司請罷杭州榷酤，乃使豪舉之家坐專其利，貧弱之戶歲責所輸，本欲惠民，乃成侵擾。宜仍舊榷酒，罷納所均錢。」天禧四年，轉運副使方仲荀言：「本道酒課舊額十四萬貫，遺利尚多。」乃歲增課九萬八千貫。

川峽承舊制，賣麴價重，開寶二年，詔減十之二。既而頗興榷酤，言事者多陳其非便，太平興國七年罷，仍舊賣麴。自是，惟夔達開施瀘黔涪黎威州、梁山雲安軍，及河東之麟、府州，荊湖之辰州，福建之福泉汀漳州、興化軍，廣南東、西路不禁。

自春至秋，醞成卽鬻，謂之「小酒」，其價自五錢至三十錢，有二十六等；臘釀蒸鬻，候夏而出，謂之「大酒」，自八錢至四十八錢，有二十三等。凡醞用秫、糯、粟、黍、麥等及麴法、酒式，皆從水土所宜。諸州官釀所費穀麥，準常糴以給，不得用倉儲。酒匠、役人當受糧者給錢。凡官麴，麥一斗爲麴六斤四兩。賣麴價：東京、南京斤直錢百五十五，西京減五。

咸平末，江、淮制置增榷酤錢，頗爲煩刻。景德二年，詔毋增榷，自後制置使不得兼領酒榷。四年，又詔中外不得更議增課以圖恩獎。天禧初，著作郎張師德使淮南，上言：「鄉村酒戶年額少者，望並停廢。」從之。

至道二年，兩京諸州收榷課銅錢一百二十一萬四千餘貫、鐵錢一百五十六萬五千餘貫，京城賣麴錢四十八萬餘貫。天禧末，榷課銅錢增七百七十九萬六千餘貫，鐵錢增一百三十五萬四千餘貫，麴錢增三十九萬一千餘貫。

五代漢初，犯私麴者並棄市〔一〕；周，至五斤者死。建隆二年，以周法太峻，犯私麴至十五斤、以私酒入城至三斗者始處極刑，餘論罪有差；私市酒、麴者減造人罪之半。三年，再下酒、麴之禁，凡私造差定其罪：城郭二十斤、鄉閭三十斤，棄市；民持私酒入京城五十里、西京及諸州城二十里者，至五斗處死；所定里數外，有官署酤酒而私酒入其地一石，棄市。乾德四年，詔比建隆之禁第減之：凡至城郭五十斤以上、鄉閭百斤以上、私酒入禁地二石三石以上，至有官署處四石五石以上者，乃死。法益輕而犯者鮮矣。

端拱二年令：民買麴釀酒酤者，縣鎮十里如州城二十里之禁。天聖以後，北京售麴如三京法，官售酒、麴亦畫疆界，戒相侵越，犯皆有法。其不禁之地，大概與宋初同，唯增永興軍、大通監、川峽之茂州、富順監。

時天下承平既久，戶口寖蕃，爲酒醪以靡穀者益衆。乾興初，言者謂：「諸路酒課，月比歲增，無有藝極，非古者禁羣飲、敎節用之義。」遂詔：「鄉村毋得增置酒場，已募民主之者，期三年；他人雖欲增課以售，勿聽；主者自欲增課，委官吏度異時不至虧額負課，然後上聞。」既而御史中丞晏殊請酒場利薄者悉禁增課。天聖七年，詔：「民間有吉凶事酤酒，舊聽自便，毋抑配，而江、淮、荊湖、兩浙酒戶往往豪制良民，至出引目，抑使多售。其嚴禁止，犯者聽人告，募人代之。」慶曆初，三司言：「陝西用兵，軍費不給，尤資榷酤之利。請較監臨官歲課，增者第賞之。」繼令蕭定基、王琪等商度利害。

初，酒場歲課不登，州縣多責衙前或伍保輸錢以充其數，嘉祐、治平中，數戒止之。治平四年，手詔蠲京師酒戶所負麴錢十六萬緡，又江南比歲所增酒場，強率人酤酒者禁止。皇祐中，酒麴歲課合緡錢一千四百九十八萬六千一百九十六，至治平中，減二百一十二萬三千七百三；而皇祐中，又入金帛、絲纊、芻粟、材木之類，總其數四百萬七百六十，治平中，乃增一百九十九萬一千九百七十五。

熙寧三年，詔諸郡遇節序毋得以酒相饋。初，知渭州蔡挺言：「陝西有醞公使酒交遺，至踰二十驛，道路煩苦。」詔禁之。至是，都官郎中沈衡復言：「知莫州柴貽範饋他州酒至九百餘瓶，用兵夫踰二百人。」故幷諸路禁焉。

四年，三司承買酒麴坊場錢率千錢稅五十，儲以祿吏。六月，令式所删定官周直孺言：「在京麴院酒戶鬻酒虧額，原於麴數多則酒亦多，多則價賤，賤則人戶損其利。爲今之法，宜減數增價，使酒有限而必售，則人無耗折之患，而官額不虧。請以百八十萬斤爲定額，閏年增十五萬斤。舊直，斤百六十八，百以八十五爲數，請增爲二百〔三〕，百用省數，以便入出。」七年，諸郡舊不釀酒者許釀，以公使錢率百緡爲十石，溢額者以違制論。在京酒戶歲用糯三十萬石，九年，江、浙災傷，米直騰貴，詔選官至所產地預給錢，俟成稔折輸於官。未幾，詔勿行，止以所糴在京新米與已糴米半用之。

元豐元年，增在京酒戶麴錢，較年額損麴三十萬斤，閏年益造萬斤。二年，詔：「在京鬻麴，歲以百二十萬斤爲額，斤直錢二百五十，俟鬻及舊額，令復舊價。酒戶負糟、糯錢，更期以二年帶輸，幷蠲未請麴數十萬斤。」先是，京師麴法，自熙寧四年更定後，多不能償，雖屢閣未請麴數，及損歲額爲百五十萬斤，斤增錢至二百四十，未免逋負。至是，命畢仲衍與周直孺講求利病，請：「損額增直，均給七十店，令月輸錢〔三〕，周歲而足，月輸不及數，計所負倍罰；其炊醞非時、擅益器量及用私麴，皆立告賞法。」悉施行之，而裁其價。三年，詔：「帶輸舊麴錢及倍罰錢，仍寬以半歲，未經免罰者蠲三之一。」五年，外居宗室酒，止許於舊宮院尊長及近屬寄醞。增永興軍乾祐縣十酒場。酒戶負糟、糯錢，更令三年之內均月限以輸，並除限內罰息，其倍罰麴錢已蠲三之一，下戶更免一分。

元祐元年，刪監司鬻酒及三路饋遺條。紹聖二年，左司諫翟思言：諸郡釀酒，非沿邊並復熙寧之數。詔：「熙寧五年以前，諸郡不釀酒、及有公使錢而無酒者，所釀並依熙寧編敕數，仍令諸郡所減勿逾百石，舊不及數者如舊，毋得於例外供饋。」後又以陝西沿邊官監酒務課入不足，乃令邊郡非帥府並酌條制定釀酒數，諸將幷城砦止許於官務寄釀。

崇寧二年，知漣水軍錢景允言建立學舍，請以承買醋坊錢給用。詔常平司計無害公費如所請，仍令他路準行之。初，元祐臣僚請罷榷醋，戶部謂本無禁文。後翟思請以諸郡醋坊日息用餘悉歸常平，至是，景允有請，故令常平計之。十月，諸路官監酒直，上者升增錢二，中下增一，以充學費，餘裨轉運司歲用。

大觀四年，以兩浙轉運司之請，官監鬻糟錢別立額比較。又詔：「諸郡榷酒之地，入出酒米，並別遣倉官。賣醋毋得越郡城五里外，凡縣、鎭、村並禁，其息悉歸轉運司，舊屬常平者如故。

政和二年，淮南發運副使董正封言：「杭州都酒務甲於諸路，治平前歲課三十萬緡，今不過二十萬。請令分務爲三，更置比較務二，毋增官吏兵匠，仍請本路諸郡並增務比較。」從之。四年，兩浙轉運司亦請置務比較，定課額釀酒收息，以增虧爲賞罰。詔：「酒務官二員者分兩務，三員者復增其一，員雖多毋得過四務。內有官雖多而課息不廣者，聽如舊。」是歲，以湖南路諸務糟酵錢分入提舉司，令斤增錢三，爲直達糧綱水工之費。立酒匠闕聽選試淸務廂軍之法。淸務者，本州選刺供踏麴糵蒸之役，闕則募人以充。

宣和二年，公使庫假用米麴及因耗官課者，以坐贓罪之，監官移替。三年，發運使陳遘奏：「江、淮等路官監酒直，上者升權增錢五，次增三，爲江、浙新復州縣之用。」其後尙書省請令他路悉行之。詔如其請，所收率十之三以給漕計，餘輸大觀庫。五年，罷䕫路榷酤，未幾復舊，以轉運司言新邊城砦藉以供億故也。六年，在任官以奉酒抑賣坊戶轉鬻者，論以違制律。先是，政和末，嘗詔毋得令人置肆以鬻，今倂禁之。諸路增酒錢，如元豐法，悉充上供，爲戶部用，毋入轉運司。七年，諸路鬻醋息，率十五爲公使，餘如鈔旁法，令提刑司季具儲備之數，毋得移用。靖康元年，兩浙路酒價屢增，較熙、豐幾倍，而歲稔米麴直賤，民規利，輕冒法，遂令罷所增價。

渡江後，屈於養兵，隨時增課，名目雜出，或主於提刑，或領於漕司，或分隸於經、總制司，惟恐軍資有所未裕。建炎三年，總領四川財賦趙開遂大變酒法：自成都始，先罷公帑賣供給酒〔四〕，卽舊撲買坊場所置隔釀，設官主之，民以米入官自釀，斛輸錢三十，頭子錢二十二。明年，偏下其法於四路，歲遞增至六百九十餘萬緡，凡官槽四百所，私店不預焉，於是東南之酒額亦日增矣。四年，以米麴價高，詔上等升增二十文，下等升增十八文，俟米麴價平依舊。

紹興元年，兩浙酒坊於買撲上添淨利錢五分，季輸送戶部。又增諸酒錢上升二十文，下十文。其諸州軍賣酒虧折，隨宜增價，一分州用，一分漕計，一分隸經制司。先是，酒有定價，每增須上請。是後，郡縣始自增，而價不一矣。五年，令諸州酒不以上下，升增五文，隸總制司〔五〕。六年，以紹興二年以後三年中一年中數立額，其增羨給郡縣用。罷四川州、軍、縣、鎭酒官百七員，其酒息微處並罷之。

七年，以戶部尚書章誼等言，行在置贍軍酒庫。四川制置使胡世將卽成都、潼川、資、普、廣安立清酒務，許民買撲，歲爲錢四萬八千餘緡。自趙開行隔槽法，增至十四萬六千餘緡，紹興元年。及世將改官監，所入又倍，自後累增至五十四萬八千餘緡，紹興二十五年。而外邑及民戶坊場又爲三十九萬緡。淳熙二年。然隔槽之法始行，聽就務分槽醞賣，官計所入之米而收其課，若未病也。行之既久，醞賣虧欠，則責入米之家認輸，不復覈其米而第取其錢，民始病矣。

十年，罷措置贍軍酒庫所，官吏悉歸戶部，以左曹郎中兼領，以點檢贍軍酒庫爲名，與本路漕臣共其事。十五年，弛夔路酒禁。以南北十一庫並充贍軍激賞酒庫，隸左右司。十七年，省四川淸酒務監官，成都府二員，興元遂寧府、漢綿邛蜀彭簡果州、富順監幷漢州綿竹縣〔六〕各一員。

二十一年，詔諸軍買撲酒坊監官賞格依舊。四萬、三萬貫已上場務：增及一倍，減一年磨勘，二倍減二年磨勘，三倍減三年磨勘，四倍減四年磨勘。二萬、一萬貫已上場務：增及一倍，減三季磨勘，二倍減一年磨勘，三倍減三年磨勘。七千貫以上場務：增及一倍，升三季名次，二倍減一年磨勘，三倍減一年半磨勘，四倍減二年磨勘。七千貫以下場務：增及一萬貫，減一年磨勘，二萬貫減二年磨勘，三萬貫減三年磨勘，四萬貫減四年磨勘。二十五年，罷諸路漕司寄造酒。二十七年，以隔槽酒擾民，許買撲以便民。罷官監，後復置之。

三十年，以點檢措置贍軍酒庫改隸戶部。既而戶部侍郎邵大受等言：「歲計賴經、總制，窠名至多，今諸路歲虧二百萬，皆緣諸州公使庫廣造，別置店酤賣，以致酒務例皆敗壞。」詔罷諸州別置酒庫，如軍糧酒庫、防月庫〔七〕、月椿庫之類，并省務寄造酒及帥司激賞酒庫〔八〕，凡未分隸經、總制錢處，並立額分隸，補趁虧額。三十一年，殿帥趙密以諸軍酒坊六十六歸之戶部，見九年。同安郡王楊存中罷殿帥，復以私撲酒坊九上之；歲通收息六十萬緡有奇，以十分爲率，七分輸送行在，三分給漕計。蓋自軍興以來，諸帥擅榷酤之利，由是，縣官始得資之以佐經費焉。

孝宗乾道元年，以浙東、西犒賞庫六十四隸三衙，輸課於左藏南庫，餘錢充隨年贍軍及造軍器。二年，詔：「臨安府安撫司酒庫悉歸贍軍；并贍軍諸庫及臨安府安撫司酒務，令戶部取三年所收一年中數立額。」日售錢萬緡，歲收本錢一百四十萬，息錢一百六十萬，麴錢二萬，羨餘獻以內藏者又二十萬，其後增爲五十萬。四年，立場務官賞格。七年，以淮西總領周閎言，總所庫四，安撫司庫五，都統司庫十八，馬軍司庫一，增置行宮庫一，共爲庫二十九，以三年最高年爲額；其行宮新庫息錢，除分認諸處錢及糜費，以淨息三分爲率，一分輸御前酒庫；以提領建康府戶部贍軍酒庫爲名，遂鑄印及改庫名。八年，知常德府劉邦翰言：「湖北之民困於酒坊〔九〕，至貧之家，不捐萬錢則不能舉一吉凶之禮。」乃檢乾道重修敕令，申嚴抑買之禁。淳熙三年詔：「四川酒課折估困弊，可減額錢四十七萬三千五百餘緡，令禮部給降度牒六百六十一道，補還今歲減數，明年於四川合給湖廣總所錢補之。」

寧宗開禧元年，知臨安府兼點檢贍軍激賞庫趙善防、轉運判官提領戶部犒賞酒庫詹徽之言，官吏冗費，請諸司官屬兼管。明年，又以都省言課額失陷，依舊辟置。

初，趙開之立隔釀法也，蓋以紓一時之急，其後行之諸郡，國家贍兵，郡縣經費，率取給於此。故雖罷行、增減，不一而足，而其法卒不可廢云。

阬冶　凡金、銀、銅、鐵、鉛、錫監冶場務二百有一：金產商、饒、歙、撫四州，南安軍。銀產鳳、建、桂陽三州，有三監；饒、信、虔、越、衢、處、道、福、汀、漳、南劍、韶、廣、英、連、恩、春十七州，建昌、邵武、南安三軍，有五十一場；秦、隴、興元三州，有三務。銅產饒、處、建、英、信、汀、漳、南劍八州，南安、邵武二軍，有三十五場；梓州有一務。鐵產徐、兗、相三州，有四監；河南、鳳翔、同、虢、儀、蘄、黃、袁、英九州，興國軍，有十二冶；晉、磁、鳳、澧、道、渠、合、梅、陝、耀、坊、虔、汀、吉十四州，有二十務；信、鄂、連、建、南劍五州，邵武軍，有二十五場。鉛產越、建、連、英、春、韶、衢、汀、漳、南劍十州，南安、邵武二軍，有三十六場、務。錫產河南、南康、虔、道、賀、潮、循七州，南安軍，有九場。水銀產秦、階、商、鳳四州，有四場。朱砂產商、宜二州，富順監，有三場。

開寶三年，詔曰：「古者不貴難得之貨，後代賦及山澤，上加侵削，下益彫弊，每念茲事，深疚于懷，未能捐金於山，豈忍奪人之利。自今桂陽監歲輸課銀，宜減三分之一。」民鑄銅爲佛像、浮圖及人物之無用者禁之，銅鐵不得闌出蕃界及化外。

至道二年，有司言：「定州諸山多銀礦，而鳳州山銅礦復出，採鍊大獲，而皆良焉。請置官署掌其事。」太宗曰：「地不愛寶，當與衆庶共之。」不許。東、西川鹽酒商稅課半輸銀帛外，有司請令二分入金。景德三年，詔以非土產罷之。

天聖中，登、萊採金，歲益數千兩。仁宗命奬勸官吏，宰相王曾曰：「採金多則背本趨末者衆，不宜誘之。」景祐中，登、萊饑，詔弛金禁，聽民採取，俟歲豐復故。然是時海內承平已久，民間習俗日漸侈靡，糜金以飾服器者不可勝數，重禁莫能止焉。景祐、慶曆中，屢下詔申敕之，語在輿服志。大率山澤之利有限，或暴發輒竭，或採取歲久，所得不償其費，而歲課不足，有司必責主者取盈。仁宗、英宗每降赦書，輒委所在視冶之不發者，或廢之，或蠲主者所負歲課，率以爲常；而有司有請，亦輒從之，無所吝。故冶之興廢不常，而歲課增損隨之。

皇祐中，歲得金萬五千九十五兩，銀二十一萬九千八百二十九兩，銅五百一十萬八百三十四斤，鐵七百二十四萬一千斤，鉛九萬八千一百五十一斤，錫三十三萬六百九十五斤，水銀二千二百斤。

其後，以赦書從事或有司所請，廢冶百餘。既而山澤興發，至治平中，或增冶或復故者六十有八，而諸州阬冶總二百七十一：登、萊、商、饒、汀、南恩六州，金之冶十一；登、虢、秦、鳳、商、隴、越、衢、饒、信、虔、郴、衡、潭、汀、泉、建、福、南劍、英、韶、連、春二十三州，南安、建昌、邵武三軍，桂陽監，銀之冶八十四；饒、信、虔、建、潭、汀、南劍、泉、韶、英、梓十一州，邵武軍，銅之冶四十六；登、萊、徐、兗、鳳翔、陝、儀、邢、虢、磁、虔、吉、袁、信、澧、汀、泉、建、南劍、英、韶、渠、合、資二十四州，興國、邵武二軍，鐵之冶七十七；越、衢、信、汀、南劍、英、韶、春、連九州，邵武軍，鉛之冶三十；商、虢、虔、道、賀、潮、循七州，錫之冶十六；而水銀、丹砂州冶，與至道、天禧之時則一，皆置吏主之。是歲，視皇祐金減九千六百五十六，銀增九萬五千三百八十四，銅增一百八十七萬，鐵、錫增百餘萬，鉛增二百萬，又得丹砂二千八百餘斤，獨水銀無增損焉。

熙寧元年，詔：「天下寶貨阬冶，不發而負歲課者蠲之。」八年，令近阬冶坊郭鄉村并淘採烹鍊，人並相爲保；保內及於阬冶有犯，知而不糾或停盜不覺者，論如保甲法。

元豐元年，諸阬冶金總收萬七百一十兩，銀二十一萬五千三百八十五兩，銅千四百六十萬五千九百六十九斤，鐵五百五十萬一千九十七斤，鉛九百十九萬七千三百三十五斤，錫二百三十二萬一千八百九十八斤，水銀三千三百五十六斤，朱砂三千六百四十六斤十四兩有奇。

先是，熙寧七年，廣西經略司言：「邕州右江塡乃洞產金，請以鄧闢監金場。」後五年，凡得金爲錢二十五萬緡，闢遷官者再焉。元豐四年，始以所產薄罷貢，而虔、吉州界鉛悉禁之。七年，戶部尚書王存等請復開銅禁〔10〕，各展磨勘年有差。是歲，阬冶凡一百三十六所，領於虞部。

紹聖元年，戶部尚書蔡京奏：「岑水場銅額寖虧，而商、虢間苗脉多，陝民不習烹採，久廢不發。請募南方善工詣陝西經畫，擇地興冶。」於是以許天啓同管幹陝西阬冶事。元符三年，天啓罷領阬冶，以其事歸之提刑司。初，新舊阬冶合爲一司，而漕司兼領。天啓爲同管幹，欲專其事，慮有所牽制，乃請川、陝、京西路阬冶自爲一司，許檢束州縣，刺舉官吏，而漕司不復兼阬冶。至是，中書奏天啓所領，首末六歲，總新舊銅止收二百六萬餘斤，而兵匠等費繁多，故罷之。

崇寧元年，提舉江、淮等路銅事游經言：「信州膽銅古阬二：一爲膽水浸銅，工少利多，其水有限；一爲膽土煎銅，土無窮而爲利寡〔二〕。計置之初，宜增本損息，浸銅斤以錢五十爲本，煎銅以八十。」詔用其言。諸路阬冶，自川、陝、京西之外，並令常平司同管幹。所收息薄而煩官監者，如元符、紹聖敕立額，許民封狀承買。四年，湖北旺溪金場，以歲收金千兩，乃置監官。廣東漕臣王覺自言嘗領常平，講求山澤之利，岑水一場去年收銅，比祖額增三萬九千一百斤，較之常年亦增六十六萬一千斤。遂增其秩。是歲，山澤阬冶名數，令監司置籍，非所當收者別籍之，若弛興、廢置、移併，亦令具注，上於虞部。

大觀二年，詔：「金銀阬發，雖告言而方檢視，私開淘取者以盜論。阬冶舊不隸知縣、縣丞者，並令兼監，賞罰減正官一等。」有冶地，知縣月一行點閱。言者論其職在宣導德澤，平征賦獄訟，不宜爲課利走山谷間，遂已之。八月，提舉陝西阬冶司改併入轉運司。

政和元年，張商英言：「湖北產金，非止辰、沅、靖溪峒，其峽州夷陵、宜都縣，荊南府枝江、江陵縣赤湖城至鼎州，皆商人淘採之地。漕司既乏本錢，提舉司買止千兩，且無專司定額。請置專切提舉買金司，有金苗無官監者，許遣部內州縣官及使臣掌幹。」詔提舉官措畫以聞，仍於荊南置司。廣東漕司復奏：「端州高明、惠州信上立溪場皆宜停閉；韶州曹峒場、英州銀岡場皆併入英之清溪場，惟黃阬場欲權存，俟歲終會所入別奏；惠州楊梅東阬、康州雲烈〔三〕、潮州豐政、連州元魚銅阬黃田白寶、廣州大利宜祿、韶州伍注岑水銅岡、循州大佐羅翊、英州鍾峒〔三〕凡十六場，請並如舊；循之夜明、英之竹溪、韶之思溪、連之同安請更遣攝官。」從之。

三年，尚書省言：「陝西路阬冶已遣官提轄措置，川路金銀阬冶興發，慮失利源。」詔：「令陝西措置官兼行川路事。阬冶所收金、銀、銅、鉛、錫、鐵、水銀、朱砂物數，令工部置籍籤注，歲半消補，上之尚書省。」自是，戶工部、尚書省皆有籍鉤考，然所憑唯帳狀，至有有額而無收，有收而無額，乃責之縣丞、監官及曹、部奉行者，而更督遞年違負之數。九月，措置陝西阬冶蔣彝奏：本路阬冶收金千六百兩，他物有差。詔輸大觀西庫，彝增秩，官屬各減磨勘年。四年，令監司遣官同諸縣丞遍視阬冶之利，爲圖籍籤注，監司覆實保奏，議遣官再覆，酌重輕加賞，異同、脫漏者罪之。六年，川、陝路各置提轄措置。阬冶官劉芑計置萬、永州產金，一歲收二千四百餘兩，特與增秩。十二月，廣東漕司言：「本路鐵場阬冶九十二所，歲額收鐵二百八十九萬餘斤，浸銅之餘無他用。」詔令官悉市以廣浸，仍以諸司及常平錢給本。尚書省奏：「五路阬冶已有提轄措置專司，淮南、湖北、廣東西亦監司兼領，其餘路請並令監司領之。」於是江東西、福建、兩浙漕臣皆領阬冶。

七年，提舉東南九路阬冶徐禋奏：「太平瑞應，史不絕書。今部內山澤、阬冶，若獲希世珍物及古寶器，請赴書藝局上進。」蓋自政和初，京西漕臣王璹奏太和山產水精，知桂州王覺奏枕門等處產金及生花金田，提轄京西阬冶王景文奏汝州靑嶺鎮界產瑪瑙，其後湟州界蕃官結彪地內金阬千餘，收生熟金四等，凡百三十四兩有奇。蔡京請宣付史館，帥百官表賀，故涶復有是請焉。是時，河北、京東西及徐涶所領九路興修阬冶，類鑿空擾下，抑州縣承額，於是降黜河北提轄官，遣廉訪使者鄭諶并諸路廉訪悉究陳利病眞僞。八月，中書奏阬冶寖已卽緒，詔京東西、河北路并提舉東南九路阬冶並罷。十一月，尙書省言：「徐涶以東南黑鉛留給鼓鑄之餘，悉造丹粉，鬻以濟用。」詔諸路常平司以三十萬輸大觀西庫，餘從所請。

明年，令諸路鐵倣茶鹽法榷鬻，置爐冶收鐵，給引召人通市。苗脈微者聽民出息承買，以所收中賣於官，私相貿易者禁之。先是，元豐六年，京東漕臣吳居厚奏：「徐、鄆、靑等州歲製軍器及上供簡鐵之類數多，而利國、萊蕪二監鐵少不能給。請鐵從官興煽，所獲可多數倍。」自是，官榷鐵造器用以鬻於民，至元祐罷之。其後大觀初，入內皇城使裴絢爲涇原幹當，奏上渭州通判苗沖淑之言：「石河鐵冶既令民自採鍊，中賣於官，請禁民私相貿易。農具、器用之類，悉官爲鑄造，其冶坊已成之物，皆以輸官而償其直。」乃禁毋得私相貿易，農具、器用勿禁，官自賣鐵唯許鑄瀉戶市之。

政和初，臣僚言：「鹽鐵利均，今鹽筴推行已備，而鐵貨尙未講畫。請卽冶戶未償之錢，收其已鍊之鐵，爲器鬻之。兼京東二監所出尤多，河北固鎮等冶並官監，其利不貲，而河東鐵、炭最盛，若官榷爲器，以贍一路，旁及陝、雍，利入甚廣，且以銷盜鑄之弊。又夏人荼山鐵冶既入中國，乞鐵爲器，聞以鹽易鐵錢於邊，若官自爲器，則鐵與錢俱重，可伐其謀。請榷諸路鐵，擇其最盛者，可置監設官總之，概諸路不越數十處，餘止爲鑄瀉之地，屬之都監或監當官兼領。凡農具、器用皆官鑄造，表以字號，官本之餘，取息二分以上，仍置鐵引以通諸路，儲其錢助三路鈔本。」詔戶部下諸路漕臣詳度。會次年，廣東路請以可監之地如舊法收其淨利，苗脉微者召人承買，官不榷取，遂并諸路詳度之旨不行。至是，臣僚復以爲言，故嚴貿易之禁，而鐵利盡榷於官，然農具、器用從民鑄造，卒如舊法。

四月，廣東廉訪黃烈等言：「廣惠英康韶州、興慶府，政和中，寶貨司立阬冶金銀等歲額，或苗脉微，或無人承買，而浮冗之人虛託其名，發毀民田，騷動邀路。」詔：「政和六年所立額並罷，舊有苗脉可給歲課者如故。」十一月，復諸路元罷提舉阬冶官，其江南路仍令江西漕臣劉蒙同措置。

宣和元年，石泉軍江溪沙磧麩金，許民隨金脉淘採，立課額，或以分數取之。十月，復置相州安陽縣銅冶村監官。先是，詔留邢州綦村、磁州固鎮兩冶，餘創置冶並罷，而常平司謂銅冶村近在河北，得利多，故有是命。六年，詔：「阬冶之利，二廣爲最，比歲所入，稽之熙、豐，十不逮一。令漕臣鄭良提舉經畫，分任官屬典掌計置，取元豐以來歲入多數立額，定爲常賦，阬冶司毋預焉。」時江、淮、荆、浙等九路，阬冶凡二百四十五，鑄錢院監十八，歲額三百餘萬緡。五月，詔：「阬冶舊隸轉運司者，如熙、豐、紹聖法；崇寧以後隸常平司者，如崇寧法；其江、淮等路阬冶官屬，如熙、豐員數，餘路官屬並罷，仍令中書選提點官。」

靖康元年，諸路阬冶苗礦既微，或舊有今無，悉令蠲損，凡民承買金場並罷。宋初，舊有阬冶，官置場監，或民承買以分數中賣於官。初隸諸路轉運司，本錢亦資焉，其物悉歸之內帑。崇寧已後，廣搜利穴，榷賦益備。凡屬之提舉司者，謂之新阬冶，用常平息錢與剩利錢爲本，金銀等物往往皆積之大觀庫，自蔡京始。政和間數罷數復，然告發之地多壞民田，承買者立額重，或舊有今無，而額不爲損。欽宗即位，詔悉罷之。

南渡，阬冶廢興不常，歲入多寡不同。今以紹興三十二年金、銀、銅、鐵、鉛、錫之冶廢興之數一千一百七十，及乾道二年鑄錢司比較所入之數附之：

湖南、廣東、江東西金冶二百六十七，廢者一百四十二；湖南、廣東、福建、浙東、廣西、江東西銀冶一百七十四，廢者八十四；潼川、湖南、利州、廣東、浙東、廣西、江東西、福建銅冶一百九，廢者四十五。舊額歲七百五萬七千二百六十斤有奇，乾道歲入二十六萬三千一百六十斤有奇。

淮西、夔州、成都、利州、廣東、福建、浙東、廣西、江東西鐵冶六百三十八，廢者二百五十一，舊額歲二百一十六萬二千一百四十斤有奇，乾道歲入八十八萬三百斤有奇。

淮西、湖南、廣東、福建、浙東、江西鉛冶五十二，廢者一十五，舊額歲三百二十一萬三千六百二十斤有奇，乾道歲入一十九萬一千二百四十斤有奇。

湖南、廣東、江西錫冶一百一十八，廢者四十四，舊額歲七十六萬一千二百斤有奇，乾道歲入二萬四百五十斤有奇。

宋初，諸冶外隸轉運司，內隸金部；崇寧二年，始隸右曹；建炎元年，復隸金部、轉運司。隆興二年，阬冶監官歲收買金及四千兩、銀及十萬兩、銅錫及四十萬斤、鉛及一百二十萬斤者，轉一官；守倅部內歲比祖額增金一萬兩、銀十萬兩、銅一百萬斤，亦轉一官；令丞歲收買及監官格內之數，減半推賞。

慶元二年，宰執言：「封樁銀數比淳熙末年虧額幾百五十萬。今務場所入歲不滿三十萬，而歲奉三宮及册寶費約四十萬，恐愈侵銀額。欲權以三分爲率，一分支銀，二分支會子。」上曰：「善。」

端平三年，敕曰：「諸路州縣阬冶興發，在觀寺、祠廟、公宇、居民墳地及近墳園林地者，在法不許人告，亦不得受理。訪聞官司利於告發，更不究實，多致擾害。自今許人戶越訴，官吏幷訟者重寘典憲。及有阬冶停閉、苗脉不發之所，州縣勒令阬戶虛認歲額，提點鑄錢司覈實追正。」

礬　唐於晉州置平陽院以收其利，開成三年，度支奏罷之，乃以礬山歸之州縣。五代以來，復創務置官吏，宋因之。

白礬出晉慈坊州、無爲軍及汾州之靈石縣，綠礬出慈、隰州及池州之銅陵縣，皆設官典領，有鑊戶鬻造入官市。晉、汾、慈州礬，以一百四十斤爲一馱，給錢六千。隰州礬馱減三十斤，給錢八百。博賣白礬價：晉州每馱二十一貫五百，慈州又增一貫五百；綠礬：汾州每馱二十四貫五百，慈州又增五百，隰州每馱四貫六百。散賣白礬：坊州斤八十錢，汾州百九十二錢，無爲軍六十錢；綠礬，斤七十錢。

建隆中，詔：「商人私販幽州礬，官司嚴捕沒入之。」繼定私販河東幽州礬一兩以上、私鬻礬三斤、及盜官礬至十斤者，棄市。開寶三年，增私販至十斤、私鬻及盜滿五十斤者死，餘論罪有差。太平興國初，以歲鬻不充，迺詔私販化外礬一兩以上、及私鬻至十斤，並如律論決，再犯者悉配流，還復犯者死。淳化元年，有司言：「慈礬滯積，小民多於山谷僻奧之地私鬻侵利，而綠礬價賤，不宜與晉礬均法。」詔同犯私茶罪賞。

先是，建隆二年，命左諫議大夫〔四〕劉熙古詣晉州制置礬，許商人輸金銀、布帛、絲綿、茶及緡錢，官償以礬，凡歲增課八十萬貫。太平興國初，歲博緡錢、金銀計一十二萬餘貫，茶計三萬餘貫。端拱初，銀、絹帛二萬餘貫，茶計十四萬貫。至是，言者謂：「礬直酬以見錢，商人以陳茶入博，有利豪商，無資國用。」詔今後惟聽金銀、見錢入博。

至道中，白礬歲課九十七萬六千斤，綠礬四十萬五千餘斤，鬻錢一十七萬餘貫。眞宗末，白礬增二十萬一千餘斤，綠礬增二萬三千餘斤，鬻錢增六萬九千餘貫。天聖以來，晉、慈二州礬募民鬻之，季鬻礬一盆，多者千五六百斤，少者六七百斤，四分輸一入官，餘則官市之。無爲軍亦置務鬻礬，後聽民自鬻，官置場售之，私售礬禁如私售茶法。六年，詔弛兩蜀榷礬之禁。

時河東礬積益多，復聽入金帛、芻粟。芻粟虛估高，商人利於入中。麟州粟斗實直錢百，虛估增至三百六十，礬之出官爲錢二萬一千五百，纔易粟六石，計粟實直錢纔六千，而礬一馱已費本錢六千。縣官徒有榷礬之名，其實無利。嘉祐六年，罷入芻粟，復令入緡錢。礬以百四斤爲一馱，入錢京師榷貨務者，爲錢十萬七千；入錢麟、府州者，又減三千。自是商賈不得專其利矣。皇祐中，晉、慈入礬二百二十七萬三千八百斤，以易芻粟之類，爲緡錢十三萬六千六百；無爲軍礬售緡錢三萬三千一百。治平中，晉、慈礬損一百九萬六千五百四斤；無爲軍礬售錢歲有常課，發運使領之，視皇祐數無增損；隰州礬至是入三十九萬六千斤，亦以易緡錢助河東歲糴。

熙寧元年，命河東轉運司經畫礬、鹽遺利。李師中言：「官積礬三百斤，走鹵消耗，恐後爲棄物。」詔令商人入中糧草，即以償之。三年，罷潞州交子務，以妨中納糧草、算請礬鹽故也。知慶州王廣淵言：「河東，礬爲利源之最，請河東、京東、河北、陝西別立礬法，專置提舉官。」詔遣光祿丞楊蟠會議以聞。蟠言：「坊州產礬，官雖置場，而商多私售。請置鑊戶，定其數，許於陝西北界黃河，東限潼關，南及京西均房襄鄧金州、光化軍，令鑊戶遞相保察。或私賣越界，禁如私白礬法，仍增官獲私礬輒以夾雜減斤重之法。」從之。

元豐元年，定畿內及京東、西五路許賣晉、隰礬；陝西自潼關以西、黃河以南，達于京西均、房、襄、鄧、金州則售坊州礬；礬之出於西山、保霸州者，售於成都、梓州路；出無爲軍者，餘路售之。私鬻與越界者，如私礬法。

自熙寧初，礬法始變。歲課所入，元年爲錢三萬六千四百緡有奇，併增者五年，乃取熙寧六年中數，定以十八萬三千一百緡有奇爲新額；至元豐六年，課增至三十三萬七千九百緡，而無爲軍礬歲課一百五十萬斤，用本錢萬八千緡；自治平至元豐數無增損。元祐元年，戶部言：「商旅販礬，舊聽其便，迺者發運司請用河東例，令染肆鋪戶連保豫買，頗致抑擾。」詔如舊制。元符三年，崇儀使林像奏：「禁河北土礬非便。若卽河北產礬地置場官買，增價出之，罷運晉礬，則官獲淨利，無運載之勞，民資地產，省犯法之弊。」詔下戶部。

初，熙、豐間，東南九路官自賣礬，發運司總之。元祐初通商，紹聖復熙、豐之制。大觀元年，定河北、河東礬額各二十四萬緡，淮南九萬緡，罷官賣，從商販，而河東、河北、淮南各置提舉官。政和初，復官鬻，罷商販如舊制。淮南礬事司罷歸發運司，上供礬錢責以三萬三千一百緡爲額。三年，有司奏減河北、河東并淮南礬額，計十六萬緡。四年，礬額復循大觀之制。五年，河北、河東綠礬聽客販於東南九路，民間見用者，依通商地籍之，聽買新引帶賣，大率循倣鹽法。宣和中，舉比較增虧賞罰，未幾，以擾民罷。

建炎三年，措置財用黃潛厚奏許商人販淮南礬入東南諸路，聽輸錢行在，而持引據赴場支礬。

紹興十一年，以鑄錢司韓球言，撫州青膽礬斤錢一百二十文，土礬斤三十文省，鉛山場所產品高於撫，青膽礬斤作一百五十文，黃礬斤作八十文。二十九年，以淮西提舉司言，取紹興二十四年至二十八年所收礬錢一年中數四萬一千五百八十五緡爲定額。其他產礬之所，若潭州瀏陽之永興場、韶州之岑水場，皆置場給引，歲有常輸。惟潭州之東，去海甚邇，大山深阻，雖有采礬之利，而潮、梅、汀、贛四州之姦民聚焉，其魁傑者號大洞主、小洞主，土著與負販者，皆盜賊也。

香　宋之經費，茶、鹽、礬之外，惟香之爲利博，故以官爲市焉。建炎四年，泉州抽買乳香一十三等，八萬六千七百八十斤有奇。詔取赴榷貨務打套給賣，陸路以三千斤、水路以一萬斤爲一綱。

紹興元年，詔：「廣南市舶司抽買到香，依行在品答成套，召人算請，其所售之價，每五萬貫易以輕貨輸行在。」六年，知泉州連南夫奏請，諸市舶綱首能招誘舶舟、抽解物貨、累價及五萬貫十萬貫者，補官有差。大食蕃客囉辛販乳香直三十萬緡，綱首蔡景芳招誘舶貨，收息錢九十八萬緡，各補承信郎。閩、廣舶務監官抽買乳香每及一百萬兩，轉一官；又招商入蕃興販，舟還在罷任後，亦依此推賞。然海商入蕃，以興販爲招誘，僥倖者甚衆。

淳熙二年，郴、桂寇起，以科買乳香爲言。詔：「湖南路見有乳香並輸行在榷貨務，免科降。」十二年，分撥榷貨務乳香於諸路給賣，每及一萬貫，輸送左藏南庫。十五年，以諸路分賣乳香擾民，令止就榷貨務招客算請。

紹熙三年，以福建舶司乳香虧數，詔依前博買。開禧三年，住博買。嘉定十二年，臣僚言以金銀博買，洩之遠夷爲可惜。乃命有司止以絹帛、錦綺、瓷漆之屬博易，聽其來之多寡，若不至則任之，不必以爲重也。

校勘記

〔一〕犯私麴者並棄市　「私」字原脫，據羣書考索後集卷五八、通考卷一七征榷考補。

〔二〕請增爲二百　「請」原作「後」，據宋會要食貨二〇之九、長編卷二二四改。

〔三〕令月輸錢　「月」原作「日」，據宋會要食貨二〇之一〇、長編卷二九九改。

〔四〕先罷公帑賣供給酒　「賣」原作「實」，據朝野雜記甲集卷一四、通考卷一七征榷考改。

〔五〕總制司　「總制」二字原倒。按通考卷一七征榷考引止齋陳氏說：「（五年）六月五日，令州縣見賣酒務，不以上下每升各增五文隸總制，而總制錢始於此。」朝野雜記甲集卷一五：「五年春，高宗在平江，命富文提領措置財用。富文請以總制司爲名，專察内外官司隱漏遺欠。從之。」據改。

〔六〕漢州綿竹縣　「綿竹」原作「綿州」，據本書卷八九地理志、宋會要食貨二〇之一九改。

〔七〕防月庫　通考卷一七征榷考作「防椿庫」。

〔八〕帥司激賞酒庫　「賞」原作「買」，據宋會要食貨二〇之一三和上文「贍軍激賞酒庫」例改。

〔九〕湖北之民困於酒坊　「湖北」原作「江北」，據宋會要食貨二一之一〇、通考卷一七征榷考改。

〔一〇〕戶部尚書王存等請復開銅禁　按長編卷三五〇，王存等各展磨勘年是因「坐言乞復銅禁，不知增錢監用銅多」。

〔一一〕土無窮而爲利寡　「土」字原脫。按宋會要食貨三四之二五說：「膽土煎銅，工多利少，其土無窮。」「無」字上當有「土」字，據補。

〔一二〕雲烈　原作「雲列」，據本書卷九〇地理志、宋會要食貨三三之一七改。

〔一三〕鍾峒　「峒」原作「銅」，據本書卷九〇地理志、宋會要食貨三三之一六改。

〔一四〕左諫議大夫　「議」字原脫，據本書卷二六三本傳補。

宋史卷一百八十六

志第一百三十九

食貨下八

商稅　市易　均輸　互市舶法

商稅

凡州縣皆置務，關鎭亦或有之，大則專置官監臨，小則令、佐兼領，諸州仍令都監、監押同掌。行者齎貨，謂之「過稅」，每千錢算二十；居者市鬻，謂之「住稅」，每千錢算三十，大約如此。然無定制，其名物各隨地宜而不一焉。行旅齎裝，非有貨幣當算者，無得發篋搜索。凡販夫販婦細碎交易，嶺南商賈齎生藥及民間所織縑帛，非鬻於市者皆勿算。常稅名物，令有司件析頒行天下，揭于版，置官署屋壁，俾其遵守。應算物貨而輒藏匿，爲官司所捕獲，沒其三分之一，以半畀捕者。販鬻而不由官路者罪之。有官須者十取其一，謂之「抽稅」。

自唐室藩鎮多便宜從事，擅其征利，以及五季，諸國益務掊聚財貨以自贍，故征算尤繁。宋興，所下之國，必詔蠲省，屢敕官吏毋事煩苛、規羨餘以徼恩寵。大中祥符六年，始免諸路州軍農器之稅。

諸州津渡舊皆有算，或水涸改置橋梁，有司猶責主者備償。建隆初，詔除滄、德、棣、淄、齊、鄆乾渡三十九處算錢，水漲聽民置渡，勿收其算。自是，有類此者多因恩宥蠲除。其餘橘園、魚池、水磑、社酒、蓮藕、鵝鴨、螺蚌、柴薪、地鋪、枯牛骨、溉田水利等名，皆因諸國舊制，前後屢詔廢省。緣河州縣民船載粟亦輸算，三年，始罷。

陳州私置蔡河鎖，民船勝百斛者取百錢，有所載倍其征，太平興國三年，乃悉除之。至道元年詔：「江南溪渡，多公吏豪民典其事，量輸官課而厚算行旅。州縣宜加嚴禁，所輸年額錢五千以下者並免，不係色役近便人戶掌船濟渡，毋得擾人。」至道中，歲入稅課錢四百萬貫；天禧末，增八百四萬貫。

天聖以來，國用寖廣，有請算緡錢以助經費者。仁宗曰：「貨泉之利，欲流天下通有無，何可算也？」一日，內出蜀羅一端，爲印朱所漬者數重，因詔天下稅務，毋輒汚壞商人物帛。康定元年，西邊兵費不給，州縣或增所算名物，朝廷知之，悉命蠲去。既而下詔敕勵，且戒毋搜索行者家屬，歲儉則免算耕牛，水鄉又或弛蒲、魚、果、蓏之稅，民流而渡河者亦爲之免算。應算而匿不自言者，雖聽人捕告，抵罪如舊法，然須物皆見在乃聽，以防誣罔。至於歲課贏縮，屢詔有司裁定，前後以詔蠲放者，不可勝數。

皇祐中，歲課緡錢七百八十六萬三千九百。嘉祐以後，弛茶禁，所歷州縣收算錢。至治平中，歲課增六十餘萬，而茶稅錢居四十九萬八千六百。

熙寧以來，河北、河東、陝西三路支移，民以租賦齎貨至邊貿易以輸官者，勿稅；河北流民復業者所過免算。後以歲稔，慮逸歲課，復舊。五年，以在京商稅院隸提舉市易務。七年，減國門之稅數十種，錢不滿三十者蠲之。其先，外城二十門皆責以課息，近令隨閑、要分等，以檢捕獲失之數爲賞罰；既而以歲旱，復有是命。

元豐元年，濱、棣、滄州竹木、魚果、炭箔稅不及百錢者蠲之。二年，熙河路制置邊防財用李憲擅榷本路商貨，令漕臣蔣之奇劾其罪。導洛通汴司請置堆垛場於泗州，賈物至者，先入官場，官以船運至京，稍輸船算。明年，詔：近京以通津水門外順成倉爲場。非導洛司船而載商人稅物入汴者〔一〕，許糾告，雖自請稅，猶如私載法。惟日用物非販易，若蘆箔〔二〕、柴草、竹木之類勿禁。瓊管奏：「海南收稅，較船之丈尺，謂之『格納』。其法分三等，有所較無幾，而輸錢多寡十倍。貫物自泉、福、兩浙、湖、廣至者，皆金銀物帛，直或至萬餘緡；自高、化至者，唯米包、瓦器、牛畜之類，直纔百一，而槪收以丈尺。故高、化商人不至，海南遂乏牛米。請自今用物貴賤多寡計稅，官給文憑，聽鬻於部內，否則許糾告，以船貨給賞。」詔如所奏。六年，京東漕臣吳居厚言：「商人負正稅七萬六千餘緡，倍稅十五萬二千餘緡。」詔蠲其倍稅，納正稅，百千以下期以三年，百千以上五年。

元祐元年，戶部請令在京商稅院，酌取元豐八年錢五十五萬二千二百六十一緡有奇，以爲新額，自明年始。三年，又以天聖歲課爲額，蓋戶部用五年併增之法，立額既重，歲課不登，故言者論而更之。七年，罷諸路承買土產稅場。初，罷江南路承買，而河東轉運司以爲較元祐六年官監額增三萬餘緡〔三〕，遂行之諸路。

八年，權蠲商人載米入京糶賣力勝之稅。先是，熙寧六年，蘇、湖歲稔，穀價比淮南十五，而商船以力勝稅不至，嘗命權蠲。惠止一方，未爲定法。及汴泗染場法行，穀船毋得增置，而力勝之稅益三之一。至是，蘇軾言：「法不稅五穀，請削去力勝錢之條，而行天聖免稅之制。」既而尙書省亦言在京穀貴，欲平其直，復權蠲之。後徽宗宣和中，以州縣災傷并贍給都下，亦一再免，旋復如舊；惟兩浙并東北鹽，以鹽事司之請，遂不復征。

自哲宗卽位，罷導洛物貨場。紹聖四年，藍從熙提舉京城所，欲復其事，令泗州及京師洛口各置垛場，并請復麵市、牛羊圈。詔下尙書省，久之遂寢。至是，提舉汴河隄岸王憲復言之，且請假温、明州運船給用。命太府少卿鄭僅同詳度〔四〕，明年，竟詔勿行。五年，令戶部取天下稅務五年所收之數，酌多寡爲中制，頒諸路揭版示之，率十年一易；其增名額及多稅者，並論以違制。

大觀元年，凡典買牛畜、舟車之類未印契者，更期以百日，免倍稅。二年，詔在京諸門，凡民衣屨、穀菽、鷄魚、蔬果、柴炭、瓷瓦器之類，並蠲其稅；歲終計所蠲數，令大觀庫給償。宣和二年，宮觀、寺院、臣僚之家商販，令關津搜閱，如元豐法輸稅，歲終以次數報轉運司取旨。初，元符令，品官供家服用物免稅。至建中靖國初，馬、牛、駝、驢、騾已不入服用例，而比年臣僚營私牟利者衆，宮觀寺院多有專降免稅之旨，皆以船艘買販，故有是詔。漕臣劉既濟起應奉物，兩浙、淮南等路稅例外，增一分以供費；三年，詔罷之。凡以蠶織農具、耕牛至兩浙、江東者，給文憑蠲稅一年。四年，令諸路近歲所增稅錢，悉歸應奉司。七年，以歲歉之後，用物少而民艱食，在京及畿內油、炭、麵、布、絮稅幷力勝錢並權免。提舉京東常平楊連奏：「本路牛價貴，田多荒萊，請令販牛至本路者，仍給文憑蠲稅，俟二年足如舊。」從之。

靖康元年詔：「都城物價未平，凡稅物，權更蠲稅一年。」臣僚上言：「祖宗舊制幷政和新令，場務立額之法，並以五年增虧數較之，併增者取中數，併虧者取最高數，以爲新額，故課息易給而商旅可通。近諸路轉運司不循其法，有益無損，致物價騰踴，官課愈負。請令諸路提刑下諸郡，準舊法釐正立額。」詔依所奏。

高宗建炎元年詔，販貨上京者免稅。明年又詔，販糧草入京抑稅者罪之；凡殘破州縣免竹木、磚瓦稅，北來歸正人及兩淮復業者亦免路稅。紹興三年，臨安火，免竹木稅。然當時都邑未奠，兵革未息，四方之稅，間有增置，及於江灣浦口量收海船稅，凡官司回易亦並收稅；而寬弛之令亦錯見焉，如諸路增置之稅場，山間迂僻之縣鎮，經理未定之州郡，悉罷而免之。又以稅網太密，減併者一百三十四，罷者九，免過稅者五，至於牛、米、薪、麵民間日用者並罷。

孝宗繼志，凡高宗省罷之未盡者，悉推行之；又以臨安府物價未平，免淳熙七年稅一年〔五〕。光、寧以降，亦屢與放免商稅，或一年，或五月，或三月。凡遇火，放免竹木之稅亦然。光、寧嗣服，諸郡稅額皆累有放免。然當是時，雖寬大之旨屢頒，關市之征迭放，而貪吏並緣，苛取百出。私立稅場，算及緡錢、斗米、束薪、菜茹之屬，擅用稽察措置，添置專欄收檢。虛市有稅，空舟有稅，以食米爲酒米，以衣服爲布帛，皆有稅。遇士夫行李則搜囊發篋，目以興販。甚者貧民貿易瑣細于村落，指爲漏稅，輒加以罪。空身行旅，亦白取百金，方紓路避之，則欄截叫呼；或有貨物，則抽分給賞，斷罪倍輸，倒囊而歸矣。聞者咨嗟，指爲大小法場，與斯民相刃相劘，不啻讎敵，而其弊有不可勝言矣。

市易之設，本漢平準，將以制物之低昂而均通之。其弊也，以官府作賈區，公取牙儈之利，而民不勝其煩矣。

熙寧三年，保平軍節度推官王韶倡爲緣邊市易之說，丐假官錢爲本。詔秦鳳路經略司以川交子易物貨給之，因命韶爲本路帥司幹當兼領市易事。時欲移司於古渭城，李若愚等以爲多聚貨以啓戎心，又妨秦州小馬、大馬私貿易，不可。文彥博、曾公亮、馮京皆韙之，韓絳亦以去秦州爲非，唯王安石曰：「古渭置市易利害，臣雖不敢斷，然如若愚奏，必無可慮。」七月，詔轉運司詳度，復問陳升之。升之謂古渭極邊，恐啓羣羌闚覬心。安石乃言：「今蕃戶富者，往往蓄緡錢二三十萬，彼尙不畏劫奪，豈朝廷威靈，乃至衰弱如此？今欲連生羌，則形勢欲張，應接欲近。古渭邊砦〔六〕，便於應接，商旅並集，居者愈多，因建爲軍，增兵馬，擇人守之，則形勢張矣。且蕃部得與官市，邊民無復逋負，足以懷來其心，因收其贏以助軍費，更闢荒土，異日可以聚兵。」時王安石爲政，汲汲焉以財利兵革爲先，其市易之說，已見於熙寧二年建議立均輸平準法之時，故王韶首迎合其意，而安石力主之，雖以李若愚、陳升之、韓絳諸人之議，而卒不可回。五年，遂詔出內帑錢帛，置市易務于京師。

先是，有魏繼宗者，自稱草澤，上言：「京師百貨無常價，貴賤相傾，富能奪，貧能與，乃可以爲天下。今富人大姓，乘民之亟，牟利數倍，財既偏聚，國用亦屈。請假榷貨務錢，置常平市易司，擇通財之官任其責，求良賈爲之轉易。使審知市物之價，賤則增價市之，貴則損價鬻之，因收餘息，以給公上。」於是中書奏在京置市易務官。凡貨之可市及滯於民而不售者，平其價市之，願以易官物者聽。若欲市於官，則度其抵而貸之錢，責期使償，半歲輸息十一，及歲倍之。凡諸司配率，並仰給焉。以呂嘉問爲提舉，賜內庫錢百萬緡、京東路錢八十七萬緡爲本。三司請立市易條，有「兼幷之家，較固取利，有害新法，本務覺察，三司按治」之文，帝削去之。

七月，以榷貨務爲市易西務下界，市易務爲東務上界，以在京商稅院、雜買務、雜賣場隸焉。又賜錢帛五十萬，于鎭洮軍置司。市易極苛細，道路怨謗者籍籍。上以諭安石，請宣示事實，帝以鬻冰、市梳樸等數事語之，安石皆辯解。後帝復言：「市易鬻果太煩碎，罷之如何？」安石謂：「立法當論有害於人與否，不當以煩碎廢也。」自是諸州上供簾席、黃蘆之類六十色，悉令計直，從民願鬻者市之以給用。

六年，詔在京市易幹當公事孫迪同兩浙、淮東轉運司，議置杭州市易務利病以聞〔七〕。其後以市易上界所償內帑錢三十萬緡假之爲本。又賜夔州路轉運司度僧牒五百，置市易于黔州，選本路在任已替官監之，仍以知州或通判提舉。令在京市易務及開封府司錄同詳度諸行利病，於是詳定所請：「約諸行利入薄厚，輸免行錢以祿吏，蠲其供官之物。禁中所須，並下雜賣場、雜買務。置市司估物價低昂，凡內外官司欲占物價，悉於是乎取決。」從之。改提舉在京市易務爲都提舉市易司，諸州市易務皆隸焉。又詔三司幹當公事李杞等同詳度成都置市易務。

七年，帝與輔臣論及成都市易事。馮京曰：「曩因榷市物，致王小波之亂，今頗以市易爲言。」安石曰：「彼以饑民衆，官不之恤，相聚爲盜耳。」帝問：「李杞行邪？」安石曰：「未也。

然保市易必不能致亂。」帝猶慮蜀人騷擾，安石謂：「已遣使乃遽罷，豈不爲四方笑？」乃已。然其後竟罷杞等詳度。

三月，詔權三司使曾布、翰林學士呂惠卿同究詰市易事。先是，帝出手詔付布，謂市易司市物，頗害小民之業，衆言喧譁。布乃引監市易務魏繼宗之言，以爲呂嘉問多取息以干賞，商旅所有者盡收，市肆所無者必索，率賤市貴鬻，廣裒贏餘，是挾官府爲兼并也。王安石具奏，明其不然。乃更令惠卿偕布究詰之。帝尋復以手札賜布，令求對，布即上行人所訴，并疏惠卿姦欺狀，且言：「臣自立朝以來，每聞德音，未嘗不欲以王道治天下，今市易之爲虐，凜凜乎間架、除陌之事矣。嘉問奏：『近遣官往湖南販茶，陝西販鹽，兩浙販紗，皆未敢計息。』臣以謂如此政事，書之簡牘，不獨唐、虞、三代所無，歷觀秦、漢以來衰亂之世，恐未之有也。」四月，布復陳薛向罪茶僉不當，帝憫然咨嗟；及言三司決責商人多濫，時帝猶必欲按治，而安石主用惠卿不可去，蓋謀變其事也，帝疑焉，故仍以屬布。

既而中書奏事已，帝論及市易，且曰：「朝廷設此，本欲爲平準之法以便民，今正爾相反，使中下之民失業若此，宜修補其法。」令元詳定呂嘉問、吳安持同韓維、孫永問行人輸錢免行利病。參知政事馮京曰：「開封祥符縣給民錢，有出息抵當銀絹米麥、緩急喪葬之目七八種，其初給錢，往往願請，積數既多，實艱輸送。」帝曰：「如此，吾民安得泰然也。」時布與惠卿方究市易事，率數日一對，帝初是布言，已而從惠卿之請，拘魏繼宗於開封府。既而布與惠卿即東府再詰行人，所訴狀如前不變。而安石懇求去位，引惠卿執政。

提舉楚州市易蔣之奇奏：「監務王景彰榷市商人物非法，及虛作中糴入務，立詭名糴之，白輸息錢，謂之『乾息』；又抑賈販毋得至他郡，多爲留難〔八〕。」帝謂輔臣曰：「景彰違法害人，宜卽治其罪。」時呂惠卿已參朝政，而究詰市易未竟，詔促之，惠卿請令中書悉取枝牘異同以奏。後二日，布對延和殿，條析先後所陳，并較治平、熙寧入出錢物數以聞。帝方慮歲費寖廣，令布送中書。五月，乃詔章惇、曾孝寬卽軍器監鞫布所究市易事，又令戶房會財賦數，與布所陳異；而呂嘉問亦以雜買務多入月息不覺，皆從公坐有差。未幾，布褫職，與嘉問俱出守郡，魏繼宗仍奪秩勒停。初，市易之建，布實預之。後揣上意有疑，遂急治嘉問，而惠卿與布有夙怨，故卒擠之，而市易如故。

三司使章惇請假內藏錢五百萬緡，令市易司有幹局者，分四路入中，計見鹽引及乘賤糴買。詔假二百萬緡。八年，復呂嘉問提舉市易。二月，鳳翔、大名、眞定府，永興、安肅軍，秦、瀛、定、越、眞州，並置市易司。以惠州阜民監錢十萬緡給廣州市易務，司農寺坊場錢三十萬緡給鄆州市易。九年，又以在京市易司物貨十五萬緡給熙河市易司。九月，中書言：市易息錢并市例錢，總收百三十三萬二千緡有奇。詔嘉問、安持等推恩有差。自後凡二年一較。十年，定上界本錢以七百萬緡爲額，不足，以歲所收息益之；其貸內帑錢，歲償以息二十萬緡。

元豐元年，以都提舉王居卿請，令貸市易錢貨者，許用金帛等爲抵，收息毋過一分二釐，不及年者月計之，願皆得錢或欲以物貨兼給者聽。市易司請遣官以物貨至諸路貿易，十萬緡以上期以二年，二十萬緡以上三年，斂及三分者比遞年推恩，八分者理爲任，期盡不及者勿賞，官吏廩給並罷。

二年，經制熙河路邊防財用李憲言：「蕃賈與牙儈私市，其貨皆由他路避稅入秦州。乃令秦熙河岷州、通遠軍五市易務，募牙儈引蕃貨赴市易務中賈，私市者許糾告，賞倍所告之數。以田宅抵市易錢久不償者，估實直，如賣坊場、河渡法；若未輸錢者，官收其租息，在京市易務亦如之。

三年，詔免行月納錢不及百者皆免，凡除八千六百五十四人。九月，王居卿又言：「市易法有三：結保貸請，一也；契要金銀爲抵，二也；貿遷物貨，三也。三者惟保貸法行之久，負失益多，往歲罷貸錢而物貨如故。請自今所貸歲約毋過二百萬緡，聽舊戶貸請以相濟續，非舊戶惟用抵當、貿遷之法。」詔中書立法以聞。於是中書奏：「在京物貨，許舊戶貸請，斂而復散，通所負毋過三百萬緡，諸路毋過四之一。」詔如所奏。是歲，經制熙河邊防財用司會其置司以來所收息：元豐初四十一萬四千六百二十六緡、石，次年六十八萬四千九十九緡、石。四年，從都提舉賈青請，於新舊城外內置四抵當所〔九〕，遣官掌之，罷市易上界等處抵當以便民。

五年，詔外內市易務所負錢，寬以三歲，均月限以輸，限內罰息並除之。先是，王安禮在開封日，有負市易錢者，累訴於庭。安禮既執政，言於帝曰：「市易法行，取息滋多，而輸官不時者有罰息，民至窮困。願詔蠲之。」帝曰：「羣臣未有爲朕言者，其令民以限輸，免其罰息。」安禮退，批詔加「內外」字。蔡確曰：「方帝有旨，無外內字，公欲增詔邪？」安禮曰：「亦不止言內字。」卒加之。八月，置饒州景德鎮瓷窰博易務。

六年，蘭州增置市易務，以通蕃漢貿易。七年，改市易下界爲権貨務。令諸州旬估物價既定，報提舉司，提舉司下所部州，州下所屬，募民出抵或錢以市，收息毋過二分。詔諸路常平司錢留其半，以二分爲市易抵當。蓋自五年賈青以平準物價與金銀之類，行抵當於畿縣，次年行之諸路，以常平、市易賒貸及寬剩錢爲本，五路各十萬緡，餘路五萬緡。至是，復有是詔。若無抵當而物貨宜易者，亦聽變鬻。八年，罷諸鎮砦市易抵當。八月，詔諸郡抵當，有取息薄、可濟民乏者存之，其餘抵當并州縣市易並罷。

元祐元年，內外監督市易及坊場淨利錢，許以所入息并罰錢比計，若及官本者，並釋之。紹聖四年，三省言熙寧興置市易，元祐一切罷去，不原立法之意。詔戶部、太府寺詳度，復置市易務，惟以錢交市，收息毋過二分，勿令貸請。元符三年，改市易務爲平準務，戶部、太府寺市易案改爲平準案。尚書省言：「平準務官吏等給費多，并遣官市物，搔動于外，近官鬻石炭，市直遽增，皆不便民。」詔罷平準務及官鬻石炭，其在官物貨，令有司轉易錢鈔，償元給之所。

崇寧元年，戶部奏：平準務錢物毋得他司移用。二年，以平準爲南北兩務，如舊分置官吏。歲終考察能否，行勸沮法。五年，郡縣應置市易者，凡歲收息，官吏用度之餘，及千緡以上置官監，五百緡以上令場務兼領，餘並罷。先是，嘗詔府界萬戶縣及路在衝要，市易抵當已設官置局；其不及萬戶、非衝要，并諸鎭有官監而商販所會，並如元豐令監當官兼領。至是，戶部復詳度以聞，遂行其議。建炎二年，言者以爲得不償費，遂罷之，而以其錢輸左藏庫，惟抵當庫仍舊。

紹興元年，罷諸州軍免行錢及行戶供應，見任官買賣並依時直〔10〕，違者以盜論。四年，兩浙轉運司檄婺州市御爐炭，須胡桃紋、鵓鴿色，守臣王居正以爲言，上曰：「隆冬附火，取温煖而已，豈問炭之紋色乎？」命罷之，諸類此者並禁止焉。十三年，蠲雷、化、高、融、宜、廉、邕、欽、賀、貴免行錢。十四年，以開州兩縣在夔部尤爲僻遠，減免行錢之半。十五年，以知漢陽軍韓昕言，諸路收免行錢，定數外多取一文以上，以擅增稅賦法罪之。十七年，蠲百姓見輸免行錢三分之一。十九年，南郊赦，盡蠲百姓免行錢欠。是後凡赦皆然。二十五年，罷見輸免行錢，禁下行買物，以害及小商、敷於鄉村故也。

淳熙元年，罷市令司。詔臨安府及屬縣交易儈保錢減十之五。七年，諸路州縣交易儈保錢，亦以十分爲率，與減五分。

嘉定二年，以臣僚言，輦轂之下，買物於鋪戶，無從得錢。凡臨安府未支物價，令即日盡數給還，是後買物須給見錢，違許陳訴於臺。

嘉熙三年，臣僚言：「今官司以官價買物，行鋪以時直計之，什不得二三。重以遷延歲月而不償，胥卒並緣之無藝，積日既久，類成白著，至有遷居以避其擾、改業以逃其害者。甚而蔬菜魚肉，日用所需瑣瑣之物，販夫販婦所資錐刀以營斗升者，亦皆以官價強取之。

終日營營，而錢本俱成乾沒。商旅不行，衣食路絕。望特降睿旨，凡諸路州縣官司買物，並以時直，不許輒用官價，違者以贓定罪。」從之。

均輸之法，所以通天下之貨，制爲輕重斂散之術，使輸者既便，而有無得以懋遷焉。熙寧二年，制置三司條例司言：「天下財用無餘，典領之官拘於弊法，內外不相知，盈虛不相補。諸路上供，歲有常數。豐年便道，可以多致而不能贏；年儉物貴，難於供億而不敢不足。遠方有倍蓰之輸，中都有半價之鬻，徒使富商大賈乘公私之急，以擅輕重斂散之權。今發運使實總六路賦入，其職以制置茶、鹽、礬、酒稅爲事，軍儲國用，多所仰給。宜假以錢貨，資其用度，周知六路財賦之有無而移用之。凡糴買稅斂上供之物，皆得徙貴就賤，用近易遠。令預知中都帑藏年支見在之定數，所當供辦者，得以從便變易蓄買，以待上令。稍收輕重斂散之權歸之公上，而制其有無，以便轉輸，省勞費，去重斂，寬農民。庶幾國用可足，民財不匱。」詔本司具條例以聞，而以發運使薛向領均輸平準事，賜內藏錢五百萬緡、上供米三百萬石。時議慮其爲擾，多以爲非。向既董其事，乃請設置官屬，神宗使自擇之。向於是辟劉忱、衞琪、孫珪、張穆之、陳倩爲屬，又請有司具六路歲當上供數、中都歲用及見儲度可支歲月，凡當計置幾何，皆預降有司。從之。

八月，侍御史劉琦、侍御史裏行錢顗等言：「向小人，假以貨泉，任其變易，縱有所入，不免奪商賈之利。」琦、顗皆坐貶。條例司檢詳文字蘇轍言：「昔漢武外事四夷，內興宮室，財用匱竭，力不能支，用賈人桑弘羊之說，買賤賣貴，謂之均輸。雖曰民不加賦而國用饒足，然法術不正，吏緣爲姦，掊克日深，民受其病。孝昭既立，學者爭排其說，霍光順民所欲，從而予之，天下歸心，遂以無事。今此論復興，衆口紛然，皆謂其患必甚於漢。何者？方今聚斂之臣，材智方略，未見有桑弘羊比；而朝廷破壞規矩，解縱繩墨，使得馳騁自由，唯利是嗜，其害必有不可勝言者矣。」轍亦坐去官。

於是知諫院范純仁〔二〕言：「向儉巧刻薄，不可爲發運使。人主當務農桑、節用，不當言利。」自後，罷純仁諫職，而諫官李常復論均輸不便，權開封府推官蘇軾亦言：「均輸徙貴就賤，用近易遠。然廣置官屬，多出緡錢，豪商大賈皆疑而不敢動，以爲雖不明言販賣，既已許之變易，變易既行，而不與商賈爭利，未之聞也。夫商賈之事，曲折難行，其買也先期而予錢，其賣也後期而取直，多方相濟，委曲相通，倍稱之息，由此而得。今先設官置吏，簿書廩祿，爲費已厚，非良不售，非賄不行。是官買之價比民必貴，及其賣也，弊復如前，商賈之利，何緣而得？朝廷不知慮此，乃捐五百萬緡以予之，此錢一出，恐不可復。縱使其間薄有所獲，而征商之額所損必多矣。」

帝方惑於安石之說，言皆不行。乃以向爲天章閣待制，遣太常少卿羅拯爲使，手詔賜向曰：「政事之先，理財爲急。朕托卿以東南賦入，皆得消息盈虛、翕張斂散之。而卿忠誠內固，能倡舉職業，導揚朕意，底于成績，朕甚嘉之。覽奏慮流言致惑，朕心匪石，豈易轉也？卿其濟之以彊，終之以不倦，以稱朕意。」然均輸後迄不能成。

互市舶法　自漢初與南越通關市，而互市之制行焉。後漢通交易於烏桓、北單于、鮮卑，北魏立互市於南陲，隋、唐通貿易于西北。開元定令，載其條目，後唐亦然。而高麗、回鶻、黑水諸國，又各以風土所產與中國交易。

宋初，循周制，與江南通市。乾德二年，禁商旅毋得渡江，於建安、漢陽、蘄口置三榷署，通其交易；內外羣臣輒遣人往江、浙販易者，沒入其貨。緣江百姓及煎鹽亭戶，恣其樵漁，所造屨席之類，榷署給劵，聽渡江販易。開寶三年，徙建安榷署於揚州。江南平，榷署雖存，止掌茶貨。四年，置市舶司于廣州，後又於杭、明州置司。凡大食、古邏、闍婆、占城、勃泥、麻逸、三佛齊諸蕃並通貨易，以金銀、緡錢、鉛錫、雜色帛、瓷器，市香藥、犀象、珊瑚、琥珀、珠琲、鑌鐵、鼊皮、瑇瑁、瑪瑙、車渠、水精、蕃布、烏樠、蘇木等物。

太宗時，置榷署于京師，詔諸蕃香藥寶貨至廣州、交阯、兩浙、泉州，非出官庫者，無得私相貿易。其後乃詔：「自今惟珠貝、玳瑁、犀象、鑌鐵、鼊皮、珊瑚、瑪瑙、乳香禁榷外，他藥官市之餘，聽市於民。」

雍熙中，遣內侍八人齎敕書金帛，分四路招致海南諸蕃。商人出海外蕃國販易者，令並詣兩浙市舶司〔三〕請給官券，違者沒入其寶貨。淳化二年〔三〕，詔廣州市舶，除榷貨外，他貨之良者止市其半。大抵海舶至，十先征其一，價直酌蕃貨輕重而差給之，歲約獲五十餘萬斤、條、株、顆。太平興國初，私與蕃國人貿易者，計直滿百錢以上論罪，十五貫以上黥面流海島，過此送闕下。淳化五年申其禁，至四貫以上徒一年，稍加至二十貫以上，黥面配本州爲役兵。

天聖以來，象犀、珠玉、香藥、寶貨充牣府庫，嘗斥其餘以易金帛、芻粟，縣官用度實有助焉。而官市貨數，視淳化則微有所損。皇祐中，總歲入象犀、珠玉、香藥之類，其數五十三萬有餘。至治平中，又增十萬。

熙寧五年，詔發運使薛向曰：「東南之利，舶商居其一。比言者請置司泉州，其創法講求之。」七年，令舶船遇風至諸州界，亟報所隸，送近地舶司榷賦分買；泉、福瀕海舟船未經賦買者，仍赴司勘驗。時廣州市舶虧歲課二十萬緡，或以爲市易司擾之，故海商不至，令提舉司究詰以聞。既而市易務呂邈入舶司闌取蕃商物，詔提舉司劾之。九年，集賢殿修撰程師孟請罷杭、明州市舶，諸舶皆隸廣州一司。令師孟與三司詳議之。是年，杭、明、廣三司市舶，收錢、糧、銀、香、藥等五十四萬一百七十三緡、匹、斤、兩、段、條、箇、顆、臍、隻、粒，支二十三萬八千五十六緡、匹、斤、兩、段、條、箇、顆、臍、隻、粒。

元豐二年，賈人入高麗，貲及五千緡者，明州籍其名，歲責保給引發船，無引者如盜販法。先是，禁人私販，然不能絕；至是，復通中國，故明立是法。

三年，中書言，廣州市舶已修定條約，宜選官推行。詔廣東以轉運使孫迥，廣西以陳倩，兩浙以副使周直孺，福建以判官王子京，罷廣東帥臣兼領。五年，廣西漕臣吳潛言：「雷、化州與瓊島對境，而發船請引於廣州舶司，約五千里。乞令廣西瀕海郡縣，土著商人載米穀、牛酒、黃魚及非舶司賦取之物，免至廣州請引。」詔孫迥詳度行之。

知密州范鍔言：「板橋瀕海，東則二廣、福建、淮、浙，西則京東、河北、河東三路，商賈所聚，海舶之利顓於富家大姓。宜即本州置市舶司，板橋鎮置抽解務。」六年，詔都轉運使吳居厚條析以聞。

元祐三年，鍔等復言：「廣南、福建、淮、浙賈人，航海販物至京東、河北、河東等路，運載錢帛絲綿貿易，而象犀、乳香珍異之物，雖嘗禁榷，未免欺隱。若板橋市舶法行，則海外諸物積於府庫者，必倍於杭、明二州。使商舶通行，無冒禁罹刑之患，而上供之物，免道路風水之虞。」乃置密州板橋市舶司。而前一年，亦增置市舶司於泉州。

賈人由海道往外蕃〔四〕，令以物貨名數并所詣之地，報所在州召保，毋得參帶兵器或可造兵器及違禁之物，官給以券。擅乘船由海入界河及往高麗、新羅、登萊州境者，罪以徒，往北界者加等。

崇寧元年，復置杭、明市舶司，官吏如舊額。三年，令蕃商欲往他郡者，從舶司給券，毋雜禁物、姦人。初，廣南舶司言，海外蕃商至廣州貿易，聽其往還居止，而大食諸國商亦丐通入他州及京東販易，故有是詔。凡海舶欲至福建、兩浙販易者，廣南舶司給防船兵仗，如詣諸國法。廣南舶司鬻所市物貨，取息毋過二分。政和三年，詔如至道之法：凡知州、通判、官吏并舶司、使臣等，毋得市蕃商香藥、禁物。

宣和元年，秀州開修青龍江浦，舶船輻輳，請復置監官。先是，政和中，置務設官於華亭縣，後江浦湮塞，蕃舶鮮至，止令縣官兼掌。至是，復設官專領焉。四年，蕃國進奉物，如元豐法，令舶司即其地鬻之，毋發至京師，違者論罪。

契丹在太祖時，雖聽緣邊市易，而未有官署。太平興國二年，始令鎭、易、雄、霸、滄州各置榷務，輦香藥、犀象及茶與交易。後有范陽之師，罷不與通。雍熙三年，禁河北商民與之貿易。時累年興師，千里饋糧，居民疲乏，太宗亦頗有厭兵之意。端拱元年，詔曰：「朕受命上穹，居尊中土，惟思禁暴，豈欲窮兵？至於幽薊之民，皆吾赤子，宜許邊疆互相市易。自今緣邊戍兵，不得輒恣侵略。」未幾復禁，違者抵死，北界商旅輒入內地販易，所在捕斬之。淳化二年，令雄霸州、靜戎軍、代州鴈門砦置榷署如舊制，所鬻物增蘇木，尋復罷。咸平五年，契丹求復置署，朝議以其翻覆，不許。知雄州何承矩繼請，乃聽置於雄州；六年，罷。景德初，復通好，請商賈即新城貿易。詔北商齎物貨至境上則許之。二年，令雄霸州、安肅軍置三榷場，北商趨他路者，勿與爲市。遣都官員外郞孔揆等乘傳詣三榷場，與轉運使劉綜幷所在長吏平互市物價，稍優其直予之。又於廣信軍置場，皆廷臣專掌，通判兼領焉。三年，詔民以書籍赴沿邊榷場博易者，非九經書疏悉禁之。凡官鬻物如舊，而增繒帛、漆器、秔糯，所入者有銀錢、布、羊馬、橐駝，歲獲四十餘萬。

天聖中，知雄州張昭遠請歲會入中金錢，仁宗曰：「先朝置互市以通有無，非以計利。」不許。終仁宗、英宗之世，契丹固守盟好，互市不絕。

熙寧八年，市易司請假奉宸庫象、犀、珠直總二十萬緡，於榷場貿易，明年終償之。詔許。九年，立與化外人私貿易罪賞法。河北四榷場，自治平四年，其貨物專掌於三司之催轄司，而度支賞給案判官置簿督計之。至是，以私販者衆，故有是命。未幾，又禁私市硫黃、焰硝及以盧甘石入他界者，河東亦如之。元豐元年，復申賣書北界告捕之法。

西夏自景德四年，於保安軍置榷場，以繒帛、羅綺易駝馬、牛羊、玉、氈毯、甘草，以香藥、瓷漆器、薑桂等物易蜜蠟、麝臍、毛褐、羱羚角、硇砂、柴胡、蓯蓉、紅花、翎毛，非官市者聽與民交易，入貢至京者縱其爲市。

天聖中，陝西榷場二、并代路亦請置場和市，許之。及元昊反，卽詔陝西、河東絕其互市，廢保安軍榷場；後又禁陝西並邊主兵官與屬羌交易。久之，元昊請臣，數遣使求復互市。慶曆六年，復爲置場于保安、鎭戎二軍。繼言驅馬羊至，無放牧之地，爲徙保安軍榷場于順寧砦。既而蕃商卒無至者。嘉祐初，西人侵耕屈野河地，知并州龐籍謂：「非絕其互市，則內侵不已。且聞出兀臧訛龐之謀，若互市不通，其國必歸罪訛龐，年歲間，然後可與計議。」從之。初，第禁陝西四路私與西人貿易，未幾，乃悉絕之。治平四年，河東經略司言，西界乞通和市。自夏人攻慶州大順城，詔罷歲賜，嚴禁邊民無得私相貿易。至是，上章謝罪，乃復許之。後二年，令涇原熟戶及河東、陝西邊民勿與通市。又二年，因回使議立和市，而私販不能止，遂申詔諸路禁絕。既而河東轉運司請罷吳堡，於寧星和市如舊。而麟州復奏夏人之請，乃令鬻銅、錫以市馬，而纖縞與急須之物皆禁。西北歲入馬，事具兵志。

楚、蜀、南粵之地，與蠻獠溪峒相接者，以及西州沿邊羌戎，皆聽與民通市。熙寧三年，王韶置市易司於秦鳳路古渭砦，六年，增置市易於蘭州。自後，於熙、河、蘭、湟、慶、渭、延等州，又各置折博務。湖北路及沅、錦、黔江口，蜀之黎、雅州皆置博易場。重和元年，燕瑛言交人服順久，毋令阻其貿易。初，廣西帥曾布請卽欽、廉州各創驛，令交人就驛博買。至是，卽用瑛兼廣西轉運副使，同王蕃計畫焉。

建炎四年三月，宣撫使張浚奏，大食國遣人進珠玉寶貝。上曰：「大觀、宣和間，川茶不以博馬，惟市珠玉，故武備不修，遂致危弱如此。今復捐數十萬緡易無用之物，曷若惜財以養戰士乎？」諭張浚勿受，量賜予以答之。六月，罷宜州歲市朱砂二萬兩。

紹興三年，邕州守臣言大理請入貢。上諭大臣，止令賣馬，不許其進貢。四年，詔川、陝即永興軍、威茂州置博易場；移廣西買馬司于邕管，歲捐金帛，倍酬其直。然言語不通，一聽譯者高下其手，吏得因緣爲姦。六年，大理國獻象及馬五百匹，詔償其馬直，卻象勿受，而賜書勞遣之。十九年，罷國信所博易。十二年，盱眙軍置榷場官監，與北商博易，淮西、京西、陝西榷場亦如之。十九年，罷廉州貢珠，散蜑丁。蓋珠池之在廉州凡十餘，接交阯者水深百尺，而大珠生焉。蜑往採之，多爲交人所取，又爲大魚所害。至是，罷之。二十九年，存盱眙軍榷場，餘並罷。

乾道元年，襄陽鄧城鎮、壽春花靨鎮、光州光山縣中渡市皆置榷場，以守臣措置，通判提轄。五年，省提轄官。淳熙二年，臣僚言：溪峒緣邊州縣置博易場，官主之。七年，塞外諸戎販珠玉入黎州，官常邀市之。臣僚言其黷貨啓釁，非便，止合聽商賈、百姓收買。詔從之。

建炎元年，詔：「市舶多以無用之物費國用，自今有博買篤耨香環、瑪瑙、猫兒眼睛之類，皆寘于法；惟宣賜臣僚象笏、犀帶，選可者輸送。」胡人謂三百斤爲一婆蘭，凡舶舟最大者曰獨檣，載一千婆蘭。次者曰牛頭，比獨檣得三之一。又次曰木舶，曰料河，遞得三之一。

隆興二年，臣僚言：「熙寧初，立市舶以通物貨。舊法抽解有定數，而取之不苛，輸稅寬其期，而使之待價，懷遠之意實寓焉。邇來抽解既多，又迫使之輸，致貨滯而價減〔三五〕。擇其良者，如犀角、象齒十分抽二，又博買四分；珠十分抽一，又博買六分。舶戶懼抽買數多，止販麤色雜貨。若象齒、珠犀比他貨至重，乞十分抽一，更不博買。」

乾道二年，罷兩浙路提舉，以守倅及知縣、監官共事，轉運司提督之。三年，詔廣南、兩浙市舶司所發舟還，因風水不便、船破檣壞者，卽不得抽解。七年，詔見任官以錢附綱首商旅過蕃買物者有罰，舶至除抽解和買，違法抑買者，許蕃商越訴，計贓罪之。

舊法，細色綱龍腦、珠之類，每一綱五千兩，其餘犀象、紫礦、乳檀香之類，爲麤色，每綱一萬斤。凡起一綱，遣衙前一名部送，支脚乘贍家錢一百餘緡。大觀以後，張大其數，象犀、紫礦皆作細色起發，以舊日一綱分爲三十二綱，多費脚乘贍家錢三千餘貫。至于乾道七年，詔廣南起發麤色香藥物貨，每綱二萬斤，加耗六百斤，依舊支破水脚錢一千六百六十二貫有奇。淳熙二年，戶部言：「福建、廣南市舶司麤細物貨，並以五萬斤爲一全綱。」

南渡，三路舶司歲入固不少，然金銀銅鐵，海舶飛運，所失良多，而銅錢之泄尤甚。法禁雖嚴，姦巧愈密，商人貪利而貿遷，黠吏受賕而縱釋，其弊卒不可禁。

校勘記

〔一〕載商人稅物入汴者　「人」「物」二字原脫，據宋會要食貨一七之二五、長編卷三〇三補。

〔二〕廢箔　原作「發箔」，據長編三〇三改。

〔三〕較元祐六年官監額增三萬餘緡　「監」原作「鹽」。按長編卷四七五元祐七年七月戊子詔作「今比較元祐六年一路官監所收稅額已增三萬餘貫。」此處「鹽」字爲「監」字之訛，據改。

〔四〕至是提舉汴河隄岸王憲復言之且請假溫明州運船給用命太府少卿鄭僅同詳度　據宋會要食貨一七之二八，本條係崇寧元年事，下文「明年」、「五年」條係崇寧二年和五年事。此處失書崇寧紀年。

〔五〕免淳熙七年稅一年　「一年」原作「一半」，據宋會要食貨一八之一〇淳熙六年十二月二十八日詔改。本書卷三五孝宗紀所載也大致與會要同。

〔六〕古渭　原作「古謂」，據上文文義和長編卷二一三改。

〔七〕議置杭州市易務利病以聞　據長編卷二四二熙寧六年正月丁卯詔，「杭州」下多「楚州」二字。按楚州屬淮東，此事旣委淮東轉運司共同計議，又下文有「提舉楚州市易蔣之奇奏」云云，長編似可信。

〔八〕多爲留難　「多」原作「名」。長編卷二五二作「多爲留難以阻抑之」，據改。

〔九〕置四抵當所　「所」字原脫，據宋會要食貨三七之三〇、長編卷三二一補。

〔一〇〕見任官買賣並依時直　「直」字原脫。按繫年要錄卷四三紹興元年三月甲寅詔作「州縣官市買方物如民間之直」，又下文亦有「凡諸路州縣官司買物並以時直」語。據補。

〔一一〕知諫院范純仁　按東都事略卷五九下、編年綱目卷一八都作「同知諫院」，本書卷三一四本傳同，此處疑脫「同」字。

〔一二〕兩浙市舶司　「兩浙」下原衍「司」字，據宋會要職官四四之一刪。

〔一三〕淳化二年　「淳化」原作「淳熙」。按本段是敍述宋太宗時事，「雍熙」之後、「淳化五年」之前，不應插入「淳熙」紀年。宋會要職官四四之二作「淳化二年」。

〔一四〕賈人由海道往外蕃　本句以下至「往北界者加等」一段事實，宋會要職官四四之八、通考卷二〇市糴考都繫於元祐五年，此處「賈人」上應有「五年」二字。

〔一五〕致貨滯而價減　按通考卷二〇市糴考，本句下有「所得無幾，恐商旅不行，乞下市舶司約束。從之。既而市舶司條具利害，謂抽解舊法十五取一，其後十取其一。又後，」一段文字，才接下文「擇其良者」。又據宋會要職官四四之二七，下文「擇其良者」云云是另一件事，疑此下有脫文。